国家社会科学基金项目成果

中华民族精神家园的生命精神研究

胡海波 等 著

人民出版社

目　录

引　论　探寻人的信仰与价值

生命的奥秘不仅在我们的肉体生命当中，更主要的是在我们的精神生命当中。虽然人们现在还不能完全把握自己的精神生命，但是这并不影响人们对人的精神生命的本质拥有自己的理解和体会。当然，我们对精神生命现有的基本理解和体会，也不会妨碍我们在无尽的人类生命延续的过程当中，去继续观察、理解和体悟。人类的所有人文学说，包括哲学、历史、文学、艺术和神学，都在怎样理解和把握人类的精神生命的问题上，提出了有意义和有价值的见解，从而构成了人类的思想史、文化史，成为人类文明史中非常重要的内容。生命对于我们来说永远是奥秘性的存在。我们要用无尽的生命时间体悟我们的精神生命和精神生活，这样，我们才可能获得更自觉、更纯粹的生命意识与观念。

一、信仰与价值的前提性问题

按照马克思的理解，人的生命是一个历史的存在和实践的存在，因为生命的实践性和历史性，使人获得了多重多义的生命本性。"动物和自己的生命活动是直接同一的。动物不把自己同自己的生命活动区别开来。它就是自己的生命活动。人则使自己的生命活动本身变成自己意志的和自己意识的对象。他具有有意识的生命活动。"[1]也就是说，动物的生命就是由

---

① 《马克思恩格斯文集》第 1 卷，人民出版社 2009 年版，第 162 页。

它们的物种所规定的自然生命，而人的生命不仅有受物种所规定的自然性、自在性，还有通过自己的活动和追求所形成的超越自己的物种限制的第二生命，即文化生命、超自然的生命。我们把自身的主观性、主体性都贯注到这第二重生命中。人的第一重生命是由他的肉体构成的，肉体的有限性决定第一重生命的有限性。人的第二重生命是由精神元素构成的，精神的追求性和超越性使人的生命具有了无限性，具有了更多的可能性，也具有了更大的可以被创作、被创造的空间。当然，这种创造也不是绝对无限的，要受到人自然生命的某种限制。我们强调的是人有一重不同于动物的伟大的生命。因为人存在着这样的双重生命，不仅使其生命、生命活动具有某种自在性，而且使其具有了自为性。这种自在性和自为性的结合，使人对自己生命的意识和体悟有了自觉性，这些自觉性就体现在道德、价值、信仰、信念等一系列的精神维度之中。

（一）人的经验性问题与精神性问题

对于人生问题，我们要从两个维度来理解。换句话来说，我们可以把人生问题分成两类：一类是经验性问题，另一类是精神性问题。经验性问题，主要体现在实际的生活中，是我们实际所面对或遭遇的问题。精神性问题，是我们在理想与信仰中所产生的问题。经验性的问题，我们每个人都会经历很多，而且这些问题有些是我们所面临的，有些是我们直接遭遇到的。我们所面临或遭遇的问题，总是有情境的。这是经验性问题的特点。

还有一类问题，即精神性问题。相对于事实性问题的时空界限，它有更大的永恒性。这是精神性问题一个很重要的特点。为什么精神性问题具有这样的特点呢？因为它和我们面对未来的追求有关。当精神性问题发生的时候，我们可能捕捉不到、意识不到。我们可能需要在很长的一段时间内才能逐渐意识到这个精神性问题的永恒意义和终极性，甚至可能会伴随一生。在这个意义上来说，精神性问题可能对我们影响更大一些。然而，我们对它的意识可能会看轻，甚至不自觉，因为精神性问题在我们面前轻易不会产生强烈的刺激，甚至在某些时候我们还意识不到它是我们的人生问题与生命问题。

人的精神生活和精神生命奥秘无限。在不同的情境下，面对不同的困难，人的精神生命就能体现出相应的力量，来解决我们所面对的实际的生活问题和生命问题。真实的、原生态的人的生命究竟是怎样的，这对于我们人类来说，是一个永恒的难题与奥秘。在医学中，人们常用解剖的方式对人体结构作出精确的观察与了解，但是对于中医所说的人体经络，似乎现代医学的解剖也是无济于事。在现代医学极为发达的情况下，我们认为我们对自己的肉体已经了如指掌，已经对其进行了确定的和精确的观察分析了，但是肉体生命对我们来说仍然还有很多待解之谜。经络不是一种实体的东西，是一种"存在着的无"。可以说，就连肉体生命这样一个自然的存在，今天我们都不能做到完全的认识，给出确定无误的答案，更何况是面对无形的、具有无限可能的、极为丰富的人的第二生命——人的精神生命。

尽管如此，我们还是可以根据我们的生命体验在文化精神的意义上作出如下判断：在精神问题中，我们涉及两类重要问题，一类是终极性的信仰问题，还有一类是现实性的价值问题。我们往往把信仰等同于价值问题，但是严格说来信仰问题不是价值问题。我们在精神世界的分类和理解上过于简单，把终极性的信仰问题简单归结为现实性的价值问题，而对信仰问题认识不足，对终极性问题的理解过于现实化。

在精神性问题当中信仰与价值是很突出的问题。价值问题离我们比较近，相对于信仰而言，还比较好理解。难于理解的，且首先需要研究、思考的问题是信仰问题，然后才是价值问题。人总是要吃饭的，吃饭是人自然生命的第一需要。同样，信仰也是人精神生命内在的第一需要。在这样一个物化的、个人独立的时代，每个个人都要需要通过自己努力去解决自己实际的生存与生活问题。在解决这些实际的问题时，我们是否为信仰、信念、理想留下了空间，是否能够在精神层面去思考这些问题？这的确是一件需要我们在精神上有很高的素养，在思想、文化上有很深的底蕴才能做到的事情。

（二）精神生命的基本维度

在我们的精神生命当中，最基本的维度是艺术、道德、信仰和价值。这些最基本的维度，构成了我们精神生命的基本结构。

艺术、道德、信仰和价值是四个不同的概念。然而对于非常精致的精神生命，我们常常予以粗糙的理解。在人的精神世界的结构中，道德和信仰对精神世界的丰盈和成长是最重要的。所以，能否做一个有道德、有信仰的人，是精神生命是否有所追求、是否成熟的很重要的一个标志。道德，对于我们而言具有一种基础性，是人之为人的底线。信仰具有更特殊的地位，是最重要的。因为当现实生活中道德、价值等发生问题的时候，其实最根本的是信仰出了问题。只有当信仰成为真正的问题的时候，道德问题、价值问题才会凸显出来，作为显性的问题呈现出来。所以，要想解决道德、价值的问题，最根本的还是要解决信仰的问题。信仰的问题如果不被重视，不在灵魂深处得到解决，那么道德、价值问题都不能得到彻底的解决。

在人精神生命的结构中，艺术表征的是人的生命态度、生命情调。艺术是基于直观、向外的生命绽放，具体表现为情志的流露，彰显了人精神生命的冲动、激情。这种生命态度、情调的理想境界，用孔子的话来讲，就是"游"。"子曰：志于道，据于德，依于仁，游于艺。"（《论语·述而》）朱熹在解释"游于艺"时说："游者，玩物适情之谓。"[1] 照曾点所言，"游"就是"咏而归"。"莫春者，春服既成，冠者五六人，童子六七人，浴乎沂，风乎舞雩，咏而归。"（《论语·先进》）"游"、"咏而归"，体现的是传统中国文化中哲人的生命态度、生命情调。这一生命态度、生命情调，又逐渐

---

① 朱熹：《四书章句集注》，中华书局 1983 年版，第 94 页。

凝结为中华民族精神生命的基本维度。

　　道德和个人的生命状态有关，属于个人的心性问题。中国人对"道德"的解释是分开的，即"道"与"德"。道德，对于我们中国人来说首先是"道"，然后才是"德"。在中国文化中，"道"是一个最为核心的概念。从某种意义上来说，西方文化、西方哲学是论"理"的，中国文化和中国思想则是讲"道"的。在中国文化的语境中，道有天道、地道和人道。人生于天地之间，秉承天地之道，所以在根本上天道、地道、人道又是合一的。中国文化特别强调天道、地道对人的重要性，但人们不免仍有不少的误解。比如，有人认为，《易经》讲的就是天道、地道、人道，是"兼三才而两之"，演八卦为六十四卦。其实这种观点是值得商榷的。《易经》主要讲的是天道、地道，即乾坤阴阳之道。如果说《易经》中有人道的成分，那也只是反映了处于囚禁状态的周文王的某些想法。身处困局，或许他会想，对人而言，天道、地道究竟有何意义。虽然人能被困，但天地之道不能被困。所以他在羑里所画的六十四卦，更多的不是在讲人，而是在讲天地。或许通过领会天地之道，他在内心深处才能可能得到更多的支持和安慰。真正讲天、地、人，是在《易传》中的事情。"德"是每个个人秉持天地之道做人做事所能和合的程度。也就是说，人契合天地之道的程度越高，那么人的德性就越高，反之就越低。所以，德也是"得"。道德是基于我们每个人的生命活动、生命历程，去合于天地之道的一种追求和领悟。道德，在西方文化的领域中，是一种与强制性的法律相对应的伦理规范。相比于西方这种道德的外化和实证化，中国人的道德是内在的。从这个意义上来讲，在人生命的所有维度当中，道德是最基本的东西，是属于天地之道的。但道德本身还不是信仰。

　　信仰是道德之上的选择。虽然信仰需要在每个个体的生命当中确立起来，但是信仰又不是纯粹个人的事情。信仰是超越个人、超乎自身的共同体的灵魂。道德主要是个人的事情，尽管会波及社会生活。但是信仰一开始就是属于共同体的，是超我的。道德是体悟的，在做人做事中领会天地之道。但是信仰更多的不是体悟，而是对自己生命的终极关怀。这个关怀是对生命永恒性和绝对性的一种判断。一旦作出这种判断，他就要高度的、自觉的相信，并且要仰视与坚守。从这个意义上来说，信仰是在人们有一定道德的基础上，对自己的未来、永恒、绝对和更真实的东西作出一种选择、判断与坚守。信仰的仰视是形上的，它超出了我们生活里的实际事物，超出了我们所认识的各种存在，因而信仰还具有某种神圣性。

价值是我们非常熟悉却又歧义较多的概念。那么，究竟什么是价值？目前我们对价值和价值观的理解是有所错位的，主要的错位在于把经济学上那种人和物之间需要和满足需要的价值关系平移到社会生活、社会关系中去。这样的价值错位造成了我们理解价值的很多盲区。比如，在个人与国家、集体和社会的关系问题上，我们就深受这种价值错位的影响，常把这种关系理解为个人要满足集体、社会和国家的需要。其实个人与国家、集体和社会的关系，是一体的，是一个整体。也就是说，每个个人是主体，国家、集体和社会则是每个个人生活的环境、方式和条件。在这个意义上说，在价值观上没有个人与集体的绝对对立，没有个人与集体、国家和社会的分离。在个人与集体、国家和社会一体的基础上，价值的内涵就是个人在一定的社会关系生活中，对这个群体所选择的目的、理想和追求。简单地说，价值是一种目的性、理想性，是一种追求与要实现的东西。不仅是我们一个人的理想、追求和实现，而且是我们的团体、阶级、自由人的联合体的理想、目的和实现。今天，很多人把信仰和价值、理想混为一谈。我们的精神生活还是要有所精致、有所区分的。所以，道德是用来体悟的，信仰是用来坚守的，而理想是用来实现的。

理念作为精神的具体概念，是把信仰和价值结合起来，是要把信仰贯注在实现价值的过程当中所要坚守的基本观念。在面对实际生活中各种困难，需要我们克服、逾越某种障碍的时候，理念才会在实践中凸显出来。理念是当我们从精神生活进入到社会生活，要去贯彻、坚守和建构某种道德、信仰、理想、价值的总体精神和信念。在生活实践的现实当中，理念已经走出纯粹的精神世界，进入现实生活。也就是说，在现实世界中才有理念的问题，理念是一个现实生活、现实世界的概念。具体的理念，总是依据某种信仰在追求价值的活动当中去坚持和信奉的一种观念。

（三）终极信仰与现实价值的双重准则

美国学者亨廷顿认为，当代世界由七八种主要的文明构成，即中华文明、日本文明、印度文明、伊斯兰文明、西方文明、东正教文明、拉丁美洲文明和可能存在的非洲文明。[①] 在他看来，"人类历史上的主要文明在很大程度上被基本等同于世界上的伟大宗教"[②]。"人类群体之间的关键差别是他们的价值、信仰、体制和社会结构，而不是他们的体形、头形和肤色。"[③] 就西方文明来说，它与其他文明的不同之处，"不在于发展方式的不同，而在于它的价值观和体制的独特性。这些特性包括最为显著的基督教、多元主义、个人主义和法制，它们使得西方能够创造现代性，在全球范围内扩张，并成为其他社会羡慕的目标。这些特性作为一个整体是西方所独有的"[④]。可以说，这七八种文明之间的冲突是不同的信仰和价值观的冲突。在亨廷顿对文明、文明的冲突的理解中，特别重视信仰和价值观，并没有单说不同的信仰的冲突，也没有单独说不同的价值观的冲突。可见，他把信仰和价值观看作是两个不同的概念。

当把信仰作为一种职业、作为一种事业的事情来对待的时候，就可能造成信仰与价值的混同。但当把信仰和人生结合起来，而不是和某项事情结合起来的时候，就不能说信仰就是价值。价值是作为目标用来实现的，或者是作为目的用来达到的。而信仰则是对人所仰望的一种存在的信任、

---

① 参见亨廷顿：《文明的冲突与世界秩序的重建》，周琪等译，新华出版社 1998 年版，第29—32 页。

② 亨廷顿：《文明的冲突与世界秩序的重建》，周琪等译，新华出版社 1998 年版，第25 页。

③ 亨廷顿：《文明的冲突与世界秩序的重建》，周琪等译，新华出版社 1998 年版，第26 页。

④ 亨廷顿：《文明的冲突与世界秩序的重建》，周琪等译，新华出版社 1998 年版，第360 页。

追求、向往的精神状态或精神追求。所以，信仰，是一种带有终极性、永恒性的终极追求。它不仅面对未来，关注今天，也通达过去。在这个意义上来说，信仰更具有终极性、更具有时间的永恒性。信仰对人生的意义，或者人生在怎么样的意义上来对待信仰呢？信仰是要寻找到一个比自己更高大、更深远、更具有永恒性的存在，并且通过它去安顿自己的生命、解释自己的生活，甚至用它去化解我们所遇到的、遭遇的各种各样的实际问题。这样的一种精神活动、精神追求，我们往往把它称之为信仰。

信仰是最具纯粹性、形上性、终极性的。价值具有现实性，目的性、功利性。价值是实践层面的东西，而信仰是精神本身的东西。信仰需要寻找和坚守，而价值则需要选择和实现。信仰不是用来实现的，只是需要寻找和坚守。信念既是信仰的，也是价值的，是信仰和价值在生活实践中的具体观念。我们往往在这三个概念的理解上有所混淆，信仰或者被价值化，或者被信念化，甚至把它们归结为一个东西。其实，这是三个有所差异的范畴，我们应该具体地理解它们的属性与结构。价值观和信仰都属于精神生活、精神活动。信仰是终极关怀的、纯粹的精神活动及其成果；而价值观则表现为现实生活当中对现实的理想、目的的追求的精神活动及其成果。价值观要放到理想诉求和目的诉求上考虑，是现实生活的理想性和目的性的存在。价值观的核心词是理想和目的。所以，两者一个是终极的，一个是非终极的。这就说明我们对精神活动、精神世界包括精神诉求要有所区分，要在形上、形下，纯粹、非纯粹以及绝对和现实的意义上作一些分析。

信仰强调的是对生命和生活、对最根本的东西的坚守，即对根源和本源的坚守。而价值是对实际的现实生活的目的、理想的诉求。这是两种不同的诉求。价值是用理想性、目的性的尺度衡量人们的追求，这是一种衡量、评价。价值是一种评价的观念，用来评价实际的人们实际追求、要求的东西，按照一定的价值尺度评价它是否有意义、应不应该。所以，价值是非常"现实"的。但是选择什么样的尺度、怎样进行评判，这在根源上还有信仰的问题。也就是说，如果追问价值尺度从何而来，势必触碰到信仰。因为价值尺度是从信仰那来的，是根据某种信仰确立的。信仰是价值观的前提，价值观当中最重要的是确立一个评价尺度，而确立这个评价尺度的前提是某种信仰。也就是说，要根据生命的终极关怀和终极追求来确定价值尺度，不然每个人使用不同的尺度，则无法进行现实的评价与判断，出现公说公有理、婆说婆有理的乱象。

信仰和价值涉及形上和形下、纯粹和现实、坚守和评价两个系统，这样就形成了完整的精神世界的结构。也就是说，我们精神世界的结构如果不从信仰和价值这样两个维度去考虑的话，那么我们的精神世界就是不完整的，或者偏于形上或者偏于形下。如果我们只注重价值，把信仰问题也归结为价值观，那么我们的评价就太过现实和实际了；如果只考虑信仰的尺度，不考虑价值现实的尺度，那么我们的精神世界又太过绝对和抽象。价值是一个目的性、理想性的存在，而信仰是一个根本性、绝对性的存在，这是两个不同的精神性存在。这是精神世界的两个维度，它们之间保有张力，才是完整的精神世界。所以，信仰和价值虽是两回事，但是两者往往并提，缺一不可。

二、觉解信仰的意境

用马克思的话来说，当今时代是"以物的依赖性为基础的人的独立性"时代，实际的价值目标，现实的价值追求，每个个人实际生活问题的解决，这些事情与问题是我们每个人都非常关心的，似乎比信仰问题更加真实与亲切。在现实的事情与问题面前，漫谈信仰问题仿佛有一点奢侈和空洞，似乎是一件离我们很遥远的事情。因为在俗世生活中，人们为实际事物所缠绕，并不总是想着"信仰"这个大字眼。在今天全球性的生活背景和生存境遇中，中华民族所遇到的精神问题，主要是来自个人独立于人群与社会的疏离感，在精神世界中无家可归的漂泊感，以及面对生活与生命的意义虚无感。这些问题充斥着我们的生活，影响着我们的灵魂，消解了我们的精神世界。在这样的背景下，信仰仿佛不是真实的东西，愈发显得离我们太过遥远。

（一）信仰的人性根据

在思想史与文化史中，信仰问题呈现出多种观念、思想、主张与追求。任何时期人们对信仰的表述都有不同的角度，如在欧洲谈它是比较直接的，而中国人则是间接的。在信仰问题上，欧洲人最初是将信仰和怀疑放在一个对立面上考虑，经由怀疑的观念使信仰问题有了自身的立足点。怀疑出自于理性，理性的精神、科学的精神要从怀疑入手。怀疑的目的是相信，相信的逻辑起点又在哪里？于是欧洲人找到了信仰。所以信仰和怀疑、信仰和理性最初被欧洲人看作是不同的问题。后来经过一系列的思想革命，欧洲人逐渐认为信仰和科学、信仰和理性可以成为一个东西。我们今天理解信仰问题不必循着这条思路，要找到属于我们自己的理解信仰的角度。作为中华文化的传人，我们要了解中国人自己理解问题的思路和方式。中华文化理解事情是从人的生命本性入手的，其中天地意识是理解人的生命本性、觉悟人的生命本质的思想基础和前提。只有从天地出发，我们才能找到更坚实、永恒的基点，理解瞬息万变的人生经历，参悟生命的本质。总之，中国人理解事情的方式，是同生命连接起来的。欧洲人是一定要同外在于他自身的对象联系起来，然后赋予对象永恒、绝对、普遍的本质，借此找到认识自我和世界的出发点。作为中国人，我们不能一味像欧洲人那样去考虑，因为我们传统的方式是从生命本身入手。所以，理解信仰问题，我们也要从生命入手。

信仰的发生有什么样的人性根据呢？人何以需要信仰呢？这主要是和人的生命的双重本性有关。也就是说，人的第二生命当中就包含着信仰的成分。反过来说，人为了使自己真正拥有第二生命，使人的整个生命更加完善、更加自觉，尤其需要有信仰。在这个意义上来说，信仰是一种生命本性的需要。所以，作为现实的人要获得完整的、健全的生命，需要完善自己的第二生命，需要在第二生命上自觉、丰富，就有信仰的需要。就像人需要吃饭一样，人更需要信仰。需要吃饭是人的自然的第一生命使然，需要信仰就是人的文化的第二生命使然。因而，人需要信仰和人需要吃饭是一样的，都是人生命当中的事情，是生命中自身本然的事情。我们千万不要在生命以外寻找人为什么需要信仰的理由。

信仰是人的终极关怀。人为什么需要追求终极关怀的东西？这在于人的生命本质和生存本性问题。这点也表现出人和动物不一样的地方。人虽然来自自然界，也是自然存在物，但人的生命本质、生存本性却和动物不一样，其中最大的不同在于人的生命本质和生存本性是人自己参与创造的，不完全是由自然决定的。这就意味着人没有一成不变的本质，人是历史的存在，有自己的追求，这就是人和动物的根本区别。由于人的生存具有历史性与不确定性，人往往在这种不确定中希望由一个确定的东西确定他的生存，人的信仰的根据就在于人性的确定性与不确定性之中。所以在历史过程中人希望能有一个永恒的存在赖以依靠，有一个崇高的存在做主心骨，有一个光明的方向与道路去坚守。人在旅途中，但这个旅途需要有方向，需要有道路，需要有目标，需要有目的来支撑人前行。人之所以需要信仰，是因为人没有确定的、固定的本质，需要有一个被人仰信的终极存在来支撑自己的生命，使人在不确定的人生旅途中让灵魂有一个永恒的安顿。

人吃饭是有人性根据的，不吃饭人就无法获得肉体所需要的养料。同样，信仰也是有人性根据的。人有第二生命，因为人有第二生命，人就有无限可能性，就有很大的不确定性。正因为这无限的可能性和很大的不确定性，给人的生活呈现出丰富多彩的一面，同时也带来了很多不幸的事情。正像欧洲近代哲学家所说的那样，人一半是野兽，一半是天使。或者说，人间是天堂，也有可能成为地狱。这都是人的第二生命的作为所致。对动物而言，情况则不是这样的。动物是什么样的就是什么样的，不存在成为什么的问题，动物有什么习性，吃什么喝什么，都是先天确定的。第二生命使人的生活具有很大的可能性。从好的方面讲，人因为有了第二生命可以有幸福的追求、感受，同时也可能产生丑恶，造成悲剧。

人的第二生命给人的生活和生命带来了诸多不确定性，甚至可以使人的生活瞬息万变。在这种情况下，人类对自己的生命、生活产生了很多的恐惧、不理解，甚至是不信任。最开始欧洲哲学就是面对人的现实生活的思想文化，后来发现人的实际生活中有太多不确定的东西，而这些不确定的东西并不能给人们带来确定的知识。苏格拉底之后，西方哲学发生了很大的转向，不再面向人的生活世界和生活方式，而悬设了一个永恒的、绝对的存在。这种转向的发生，实际意味着人类开始有了信仰的意识和努力。信仰之所以出现，是因为人有了第二生命以及随之出现的不确定性，这促使人想通过自己的努力去寻找一个可以依托的主心骨，找到一个永恒的、绝对的存在来把握这个瞬息万变的世界和善恶无常的人生。所以，信仰的人性根据就源于这种不确定性，不是自然的不确定性，而是文化、思想和观念的不确定性。在这个意义上说，人通过第二生命努力在不确定性中追求确定性，这种觉悟使人有了信仰的根据，并且有了信仰的需要和拥有信仰的可能性。可以说，信仰的根据就源于人的第二生命的需要。也就是说，人可能是幸福也可能是不幸的。英国作家狄更斯在小说《双城记》中说到，那是最美好的时代，那是最糟糕的时代；那是智慧的年头，那是愚昧的年头；那是信仰的时期，那是怀疑的时期；那是光明的季节，那是黑暗的季节；那是希望的春天，那是失望的冬天；我们全都在直奔天堂，我们全都在直奔相反的方向。所以，人想在人的第二生命的不确定性中，使人的精神、灵魂有个安身之处，通过第二生命的能量去获得稳定的生命，从而使瞬息万变的生命活动获得某种永恒和不变。在这个意义上，人不吃饭就会饿死，同样人没有信仰，就会疏离、漂泊，虚无。如果一个人的精神世界缺少信仰，没有什么可仰望的东西，没有什么可相信的东西，那么人就会变得虚无，一切变得无意义。

为什么我们能够真切地感受到吃饭的需要，但却感觉不到像需要吃饭一样需要信仰呢？因为，在我们的生命需要当中，我们直接自然感觉到的是我们第一生命的需要。我们第二生命的需要，是我们在个体修养、文化养成的过程当中，以及生命的阅历当中，甚至在遭遇到大量的问题时，才能感觉到，感觉到信仰的需要。而且，因为有了第二生命的精神和对这种精神的自觉，实际生活中第一生命中的困难和问题被消解和转化了。

人需要信仰的根据还与一个因素有关：人知道自己是弱小的，总希望超越弱小。每个个人在强大的社会关系和生活关系面前是渺小的；人类在整个宇宙、整个自然界当中也是渺小的。人承认自己的渺小是一种美德，也是一种智慧。在这个意义上，《道德经》就是老子的一种独特的生命智慧和文化精神的呈现。老子意识到人的弱小，主张崇柔贵弱。因为柔弱，所以不妄动，尚无为。这恰恰合乎天地的本性——"无"。天地之性集中体现在"无"上，"无"就是天地自身本然，所以说"道法自然"。当然，柔弱无为并不意味着懦弱，相反柔弱胜刚强，在柔弱当中我们会发现一种新的力量、一种更宏大的存在，即人性和天性、地性相通的东西。老子的思想就是以天地的本性来领悟人的本性，这就是老子的生命智慧，也是老子的一种信仰。这种信仰是基于对生命的弱小的理解基础上，去寻求生命如何像天地般博大永恒、刚健有为。

人对自己的弱小，在人的生活和生命当中体现和反映为人对自己不太自信。在这种情况下，人才有一种愿望，去选择一个比自身还神圣、还永恒、还强大的力量，并成为它，或者让它来支持人自身。这种关系或者这种期待使人产生信仰的欲望。也就是说，人总是通过"他信"来解决自信的问题。人是善于转化的存在，总是把事情、问题转向对自己有利、有理的一个方向去对待、去解决，这也是人真实的存在样态。所以，人要超越弱小，要找一个比自己更有力量、更永恒、更普遍、更绝对的存在，使自己和它同一。正是人的这个愿望，才形成了信仰追求的第二个根据。人希望通过自己的思维、自己的生活找到这样的东西，使自己和它同一，通过和它的同一消解自己的弱小，使自己或者"真、善、美"，或者神圣、崇高，或者刚健有为，或者无所不能。经由信仰，改善自身的实际状况，获得一种在精神上超然的力量，使生命绽放出异彩。在这个意义上来说，信仰是两个根据使然。一个是生命本性使然；另一个是人之渺小、人生之曲折，却追求神圣、崇高使然。

（二）信仰的文化形态

卡西尔从文化形式的意义上理解人的本性。按照卡西尔的观点，人是"符号的动物"，"人不再生活在一个单纯的物理宇宙之中，而是生活在一个符号宇宙之中。语言、神话、艺术和宗教则是这个符号宇宙的各部分"①。这是人区别于动物的独特之处，人具有符号思维，不像动物那样只是按照物理世界所给予它的各种"信号"行事，而能够运用各种符号创造出他自己需要的理想世界。正是人的这种劳作，规定和划定了人性的圆周，开出了人类的新路——文化之路。人的全部的精神活动及其成果都集中体现在文化形式当中。人之为人和人的丰富性都取决于创造、选择和信仰什么样的文化形式。对人而言，文化形式具有人的丰富性和自我确证性的意义。人们拥有、创造怎样的文化形式，就会形成怎样的信仰，就会成为怎样的人。

人类创造了什么样的文化形式，一个人接触到了什么样的文化形式，往往体现着包括信仰在内的某种精神追求。所以，我们学习、接受或创造某种文化形式的过程，就是某种信仰形塑的过程。在信仰的维度上，我们或许能够更好地理解人为什么要接受教育。在受教育的过程中，我们获得了一种文化符号，通过这种文化符号，形成了某种信仰。所以，信仰就在此岸，就在我们人类文明和文化的创造当中，这需要我们有自觉的意识去理解它、唤醒它。唤醒了信仰，它才和我们的生命能融为一体，进而构筑起安顿我们生命的精神家园。信仰就是我们生命的主心骨，我们要通过它来自我理解、自我认识、自我创造，从而走向未来。毛泽东在《文化工作中的统一战线》中说道："没有文化的军队是愚蠢的军队，而愚蠢的军

---

① 卡西尔：《人论》，甘阳译，上海译文出版社 2004 年版，第 37 页。

队是不能战胜敌人的。"①实际上，没有文化的军队不仅仅是没有知识的军队，而且是没有信仰的军队，有文化的军队才会是有信仰的军队。当然，有了文化还需要唤醒文化形式当中那个信仰的成分和维度，要唤醒我们头脑当中接受那个文化形式和知识内容的信仰的成分，这样我们才能成为有文化、有知识的信仰者。

信仰是一种思想，是一种文化，是一种主义，是一种道理。从这个意义上来讲，如果说信仰是一种思想、文化、主义、道理，那么信仰就应该存在于人类所共同创造的各种各样的思想传统、思想体系和理论逻辑中。在日常生活中，我们常说上学是要学习知识，学习科学，而不常说学习文化，更不会说学习信仰。但是比知识更大的概念是文化，比科学更大的概念是真理。我们往往都没有明确的信仰意识、信仰观念。其实，在我们所学的知识、理论、科学的内容中已经蕴含着信仰的成分，我们已经在接触信仰了，只是我们在接触这些含有信仰维度的知识、文化的时候，我们信仰的意识和观念还没有根基。信仰和我们的文化学习、知识学习、思想理论学习等各种各样的学习都有内在的关联。也就是说，我们学习知识、文化的同时，实际上我们就有可能形成某种信仰的观念或者获得某种信仰。在这个意义上，信仰和文化、思想、人类文明是有关系的。所以，信仰不是与我们格格不入、恍若隔世，信仰就在我们生活的周围，就在我们所学的每一门知识和每一门学问中。

获得信仰的途径是怎样的？其实，我们已经对这个问题做了回答：信仰就在我们的学习、生活中。通过我们的学习、生活，特别是像马克思那样通过连续的、有系统的学习，以及社会生活的参与，我们就能够获得某种信仰。马克思在二十多岁的时候，就已经成为真正的共产主义者，创立了马克思主义的经典思想，一直到他逝世，他所追求的、在理论上所建构的都是他年轻时候所确立的信仰。那么，年轻的马克思是怎样获得信仰的？年轻的马克思获得信仰的源泉大致有这样几个：一是他童年时期有

---

① 《毛泽东选集》第三卷，人民出版社1991年版，第1011页。

着良好的家教；二是从中学开始对人类知识和人类文明广泛的、有兴趣的学习。基于童年时期的家教和青少年时期的学习，马克思确立了关于自己未来选择职业的信仰或理想。或者说，他确立了自己的信仰。"在选择职业时，我们应该遵循的主要指针是人类的幸福和我们自身的完美。""人只有为同时代人的完美、为他们的幸福而工作，自己才能达到完美。""如果我们选择了最能为人类而工作的职业，那么，重担就不能把我们压倒，因为这是为大家做出的牺牲；那时我们所享受的就不是可怜的、有限的、自私的乐趣，我们的幸福将属于千百万人，我们的事业就悄然无声地存在下去，但是它会远远发挥作用，而面对我们的骨灰，高尚的人们将洒下热泪。"①这就是年轻的马克思在职业选择上的理想。此外，形成马克思信仰的第三个维度，是他上大学以后在文学、史学、哲学、法律、经济学等各门学科中所获得的丰富关于人类文明的知识理论和文化思想，特别是对德国古典哲学的深入研究，使他获得了怀疑、批判和追求真理与坚持真理的一个思想的武器，成为他拥有某种信仰的一个理论的基础。当他大学毕业以后，他接触到当时欧洲下层人民的生活，特别是在经济案件的诉讼当中，了解到当时的社会制度的不合理性，使马克思产生了确立他自己信仰的社会生活的基础。

正是在这样一系列的生活经历和学习的过程当中，马克思确立了自己改变这个不合理世界的信仰："哲学家们只是用不同的方式解释世界，问题在于改变世界。"②马克思的信仰就是要改变世界。那么，马克思凭什么改变世界？要把世界改变成什么样子？改变世界的逻辑是什么样的？改变世界的力量、主体的来源在哪里？这些问题的答案就蕴含在马克思过去所学到的各种思想理论、各种文化形态以及他所接触到的各种社会生活当中，更重要的是马克思所创立的思想理论体系中。马克思是有信仰的人，而且早在青年时期就已经形成了自己关于改变世界的信仰。他的信仰是通

---

① 《马克思恩格斯全集》第 1 卷，人民出版社 1995 年版，第 459 页。

② 《马克思恩格斯文集》第 1 卷，人民出版社 2009 年版，第 502 页。

过学习、实践获得的。

以往，我们总是认为信仰是那些伟大人物的事情，信仰似乎和我们这些平常人、普通人没有关系，进而也不去考虑信仰的问题。这样一种想法，就断绝了我们获得某种信仰、坚守某种信仰的自觉性、主动性，使我们成为没有信仰的人。也就是说，如果我们能够在信仰的观念上多一些自觉、多一些追求，我们就有可能成为更高尚的人、更有作为的人，这也是我们中华民族的期待。我们的民族需要有信仰的人。

在信仰问题上，不是说我们不承认人生需要信仰，而是说我们不知道在哪里寻找我们的信仰。其实，信仰是一种文化和文明的精神现象，真正的信仰存在于人类生活和人类文明的各种文化形式当中。所谓的人类文明的文化形式，是指那些稳定的思想形态、理论形态、知识形态。信仰就在这些形态里面。信仰是一种文明，它虽然和每一个个体的生命本性有关，但是信仰的形成、凝聚必须通过文明的方式。在这个意义上说，信仰不仅仅是一种人性需要、人性使然的东西，它更直接地体现为是一种文明。文明是通过各种文化形式来具体体现的。文化形式主要体现在知识形态、思想形态、理论形态等各种各样的认识形态当中。人的信仰不仅仅存在于神学这种文化形式当中，而且存在于各种文化形式当中。只要是一种真正的文化形式，就存在某种信仰。只不过神学这种信仰把人类的信仰推向了极致，推向了彼岸。在这个意义上来说，我们的问题恰恰就是没有把那些非彼岸化、非极致化的信仰当作信仰。所以，在我们的概念和观念当中信仰被绝对化、抽象化、彼岸化了。

我们不要把我们所学习、接受的文化形式外在化。也就是说，一方面，不要把它们看作外在于我们的生命，赋予它功利性，而没有把它当作信仰性的东西。另一方面，不要把一切文化形态、知识形态都外在于精神，都看成是绝对的知识和技能来对待，这样它就不能和我们的精神生活相衔接。对文化形式的外在化理解使人的信仰成为了问题：或者是在各种宗教的意义上，把信仰理解成是一个神化的问题；或者把信仰理解成是一个功利性的、物化的问题；或者把信仰理解成和我们没有关系的虚无的问题。所以，今天的信仰问题就是信仰被神化、物化和虚无化了。信仰在哪里、信仰是什么、信仰和人们的生活到底有什么关系，这些问题的思考可能会使信仰真正回到传统和思想文化当中来，切实地回到我们的精神生活和精神家园当中来。任何一种真正的文化里面一定承载、拥有、蕴含着信仰的维度，所以我们获得信仰的方式也就是对某种文化的深入研究和对信仰思想的自觉意识的形成，它可能是我们解决信仰问题的一个出路。

信仰不仅存在于人类的文化形态中，而且信仰有着自觉的主体性。一方面，信仰属于个人，与个人的心灵归宿、精神关怀密切相关，乃个人性命之魂灵；另一方面，信仰属于群体，与群体的文化传统、文明开化紧密相关，乃特定人群共同体文化精神的象征。这就意味着，要想真正理解信仰的真义，不单单要从个体的角度探究信仰，还要从人群共同体的角度去领会信仰。所以，信仰并非只是宗教之事，亦非一己之事，而是文化精神自觉之意境、共同体凝聚之信念。

（三）信仰观念的单一性与神秘性问题

我们所面对的信仰问题，不是人需不需要信仰的问题，而是怎样理解信仰需要的问题，怎样改变现有的信仰观念的问题。也就是说，我们的问题是怎样建立起我们关于信仰的自我意识。

在信仰的问题上，神学一直有很大的影响力。我们经常一提到信仰的形态、样式，就会想到佛教、基督教和伊斯兰教的神学形态与宗教样式。但是，我们应该认真琢磨一下，人为什么要创造神学这样一种文化形式，这种文化形式对人的意义何在？当然，神学与宗教这两者还不完全是一回事。宗教已经进入到人的社会生活当中，构成了人的某种现实性。而神学纯粹是人的精神世界的文化形式，神学把信仰偶像化，把人的希望贯彻到神灵中，为人们提供了一种可以偶像化的信仰。西方文化的两大形态一个是科学，一个是神学。所以，在欧洲人那里不懂科学，没有科学知识是不能立足的，同样没有基督教信仰的人，也是一个不被人尊重和信任的人。

　　尽管在欧洲基督教和上帝的信仰有很大的影响，但信仰的形态不是唯一的。对于欧洲文化和文明而言，信仰也是多元的存在、丰富的文化现象。对于整个人类世界，特别是对于我们中华民族而言，信仰未必就是纯粹神圣化的、纯粹神学化的。如果我们把信仰仅仅归结为神学或者神圣化的东西，那么我们就对真实的、丰富的信仰做了一个单一的、抽象的理解，这和信仰的本来情况是不相符合的。信仰的形态，包括信仰的形式、内容是丰富的、多元的，人类的终极关怀有多少种选择、多少种判断，以及多少种对未来能够支撑人类前行的东西的坚守，就有多少种信仰。例如，马克思的信仰：未来的社会是"建立在个人全面发展和他们共同的、社会的生产能力成为从属于他们的社会财富这一基础上的自由个性"①，是"通过人并且为了人而对人的本质的真正占有"②。这是对未来人类生活的终极关怀，即信仰。

　　有人说中国人没有信仰。中国人在本土的文化形态上没有基督教式的信仰，但是不等于中国人没有自己的信仰。其实，中国人不是没有信仰，可以说中国人没有欧式的信仰。我们中国人的信仰就在对天、地的仰视之中，以及对天地之道的信奉、自觉领悟和生命实践之中，并期望达到与天地之道合一的人生境界，这就是我们中国人的信仰。我们时常会遭遇这样的问题：中国人有没有西方意义上标准的宗教？并借此来判断中国人在传统文化中有没有信仰的种子。凡认为中国人没有信仰的，多是认为我们没有欧洲标准的基督教，后来有人在我们文化中又抬出道教，并认为我们中国人因此是有信仰的。其实这个思路是完全按照西方神学信仰的模式来理解的，没有把信仰理解成多元、丰富的文化现象。

　　信仰的形态不应该是抽象的、神圣化的，应该是丰富的、多元的。我们应该坚信，每一个成熟的民族，只要它对未来有某种希望，并努力地去寻找支撑人们走向未来、实现希望的主心骨，它一定就有自己的信仰。中

---

① 《马克思恩格斯文集》第 8 卷，人民出版社 2009 年版，第 52 页。
② 《马克思恩格斯文集》第 1 卷，人民出版社 2009 年版，第 185 页。

华民族是有着几千年优秀传统的民族，也有这样的信仰。当然，在俄国十月革命胜利以后，我们中国人又学习苏联的模式去实现中国社会的解放，接受了共产主义、马克思主义的信仰，这使我们的信仰愈发丰富、现实，愈发具有社会意义和历史意义。这样看来，我们不仅有信仰，而且是很丰富的。不仅体现在思想传统，而且也呈现在社会变革中，并且逐渐渗入人生中去。

理解信仰的方法、思路是研究信仰问题的很重要的问题。以往我们对信仰的理解过于单一。我们要转变信仰的观念，解决信仰的问题，在信仰的观念上达到自觉，还要在思想文化的意义上去思考信仰问题，超越对信仰的单一性的、教条主义的抽象理解。

对信仰单一性的、教条主义的抽象理解，一方面体现在对科学信仰和理性信仰的理解上。我们过于注重科学信仰，而忽略了信仰的文化性、思想性和传统性这些复杂的因素。其实，理解和研究信仰的方法有两种：一种是把整个信仰问题都归结到科学上，按照科学性和真理性的东西去理解。这种研究方法的问题，是把一个很复杂的、很丰富的问题归结到单一的问题上来。这样就造成了问题，即对信仰理解的单一性和信仰本身的丰富性发生了冲突。合理的、合适的方法是把信仰问题当作复杂的、丰富的文化问题和思想问题去理解，把科学性和真理性的信仰放在这样丰富的信仰体系中去理解。我们要破除理解信仰那种单一性的、真理性的、科学性的绝对至上的理解模式，要把信仰归还到原生形态。各个民族、各个时期人们的信仰的观念、态度，未必是所谓的科学的信仰能够承载的。我们应该按照信仰本身的原生态即信仰的丰富性、复杂性来理解信仰，而不是完全按照我们的某种立场、某种观念，比如科学性、真理性来理解信仰。所以，我们首先要把信仰从这些单一的、教条式的、抽象的理解当中还原出来，把它还原给思想、文化和传统，由此恢复信仰的思想文化的丰富性，使其从单一性回复到文化的丰富性当中来。

对信仰单一性的、教条主义的抽象理解，另一方面体现在把信仰问题简单地归结为神学和宗教的问题。变革信仰观念，就是要把信仰从彼岸世界拉回到此岸世界。现在，人们一说到信仰，马上就可能联想到宗教，往往把信仰归结为非理性的神学信仰，把信仰推到神学和宗教的领域当中去。在中国这样一个无神论意识形态主导下的国度，信仰一旦被理解成非理性的，被驱逐到宗教神学的领域，势必导致信仰和理性、现实的关系的疏离。换一个角度来说，西方人有神学的信仰、宗教的信仰，而我们中国人在这方面表现得不明显，或者说中国文化总体上并不倾向于神学的信仰，这又消解了中国文化自身的信仰精神。

所以，在信仰的理解上，我们几度放弃，又几度消解，使我们对信仰的理解做了这样一个二元的选择。一方面把信仰推到宗教、神学那里去，另一方面我们信仰共产主义。这里的问题是我们的共产主义信仰，和我们的文化尚未真正建立起内在的关系。一个和文化、传统没有建立内在关系的信仰是难以坚守的，这样的信仰教育难以避免教条主义的空谈。所以，往往一提到信仰，就会遭遇拒斥，这种拒斥是对没有文化、没有传统而空谈信仰的一种本能反应。从这个意义上来说，现在我们遇到的信仰问题，不是有没有信仰的传统、有没有信仰的精神的问题，而是信仰观念出了问题。我们自己把信仰从精神领域驱逐出去了，把它推给了西方，推给了神学，忽略了我们自身信仰的自我意识。我们的信仰观念出了问题，从而导致我们关于信仰的思想、理论以及形成信仰的精神活动也跟着成了问题，而且这个问题它不仅出现在青年学生接受信仰的教育过程中，而且出现在我们对哲学的观念当中，特别出现在对我们传统哲学的理解的观念当中以及对西方哲学的理解的观念当中。所以，信仰问题的根本不是信仰本身的问题，而是信仰观念的问题，信仰观念出了问题才导致信仰的一系列的现实问题。

"信仰在哪里"的问题，就是我们能否有一个自觉的信仰的观念的问题，信仰的观念非常重要。有没有信仰不是真正的问题，问题的关键是我们是否意识到我们的信仰，是否自觉到要坚守我们的信仰。所以，信仰的问题，不是信仰自身出了问题，而是信仰的观念出了问题；问题不是应该信仰什么、有无信仰，而是关于信仰的认识出了问题。不是没有什么可信，而是没有自觉到信仰在哪里和信仰的意义。所以，解决这个问题应该从认识上入手。

三、追寻价值的真意

价值是一种理想性、目的性、追求性、创造性的概念。人的价值性在于实现人的追求、理想，即自我追求、自我生成、自我超越。这种源于生命本性的价值性不是描述事实，而是超越现状、超越自我，实现理想与目的。也就是说，价值性即人自我追求目的性、理想性。以往我们对价值和价值观的认识与理解，在理论上、观念上存在一些问题。人们使用"价值"这个词，并不强调目的性、理想性，更多的是强调集体、国家、社会的需要及其需要的满足。所以，我们一谈价值的时候，总是涉及个人和集体、国家、社会的关系。我们要真正理解价值和价值观，就需要有一种"破茧而出"的思想解放。思想进步的过程，就是从"作茧自缚"到"破茧而出"。

（一）价值及其价值关系的内涵

"价值"这个词，来源于经济学。在经济学意义上，价值体现的是人和物的关系。在这个关系当中，物品交换、商品交换体现了人的目的、理想和追求，所以"价值"这个词能被移植到社会生活领域。"价值观"这个词，是用在社会生活和思想文化当中的。人们把经济学中的价值运用到社会生活当中，并凝练为价值观。按理来说，这应该有一个从经济活动与经济关系到社会活动与社会关系的转换。

在马克思的劳动价值论中，我们看到在经济活动当中所进行的商品生产和商品交换。劳动凝聚在商品当中，成为商品交换的标准，即交换价值。这个交换价值是有明显的目的性的。商品生产本身的目的就是使自己的生产劳动能够凝聚在一个特定的商品当中，并且在社会生活中进行商品交换。所以，商品交换的意义在于把个人劳动与个人劳动时间通过交换转换成社会劳动和社会劳动时间，也就使个人的活动具有了社会性。之所以市场经济出现以来人类生活的社会性水平大大提高了，就是因为在这种经济生产方式和生活方式当中，每个个人的劳动成为社会性的劳动，每个个人的劳动时间成为社会性的劳动时间，每个个人的社会性所体现出来的程度、能力越来越高，每个个人的社会化程度就越来越高。所以，价值首先有社会性，有社会性的目的。这就是世界历史得以形成，以及近代以来人类社会突飞猛进发展的一个很重要原因。

在经济学中，价值是商品经由交换满足个人消费需要的概念。在那种狭隘的没有商品交换的活动当中，人们进行产品交换和交往的范围、方式，以及生活的文明程度都有很大的局限性。现在，在商品交换和商品活动的基础上，每个人所占有的使用价值大大提高了。也就是说，通过商品交换和商品生产，人不仅把自己的劳动转换成社会性的存在，同时也使自己的消费转化成社会性的存在，自己作为社会中的人去消费全社会的劳动成果和文明成果。当然，这是一种可能，至于人们的实际占有情况和程度是以拥有货币为前提的，人们拥有多少货币不是以血缘关系确定的，而是根据生产能力、生产条件和生产结果确定的。"价值"这个词在经济学当中具体表现为使用价值和交换价值，实际上体现的是每个个人对实现社会性的目的、追求和理想。提高每个个人的社会性程度，这是价值的意义。

在经济学中去说价值、交换价值、使用价值的时候，实际上有一个价值关系在里面。这个关系是人和商品之间的关系，是人和货币之间的关系。在这一关系所体现的价值关系中，谁是价值主体呢？人是价值主体，商品、货币是价值载体。谁有需要与目的，谁就是价值主体；能满足人的需要、实现人的追求的东西，就是价值载体。在经济学当中，通俗地来说，价值关系就是人与钱的关系，人是主体，钱是载体，这种关系是需要和满足需要的关系。需要者是主体，满足需要者是载体。价值，是对人而言的，价值本身是人的社会化，是人的需要的满足，是通过这种满足所实现的人的社会化，这是经济学中的价值关系。价值关系是在人和物的关系当中建立起来的，物是服从、满足于人的，物在其中不只具有物的单纯的意义，还具有满足人的需要的意义，所以能够具有这种属性的物才能在价值关系当中存在。人是价值的主体、价值的目的，物是满足人的，人不是为了它而是通过它来实现人的目的、满足人的需要。俗话说，钱不是万能的，但没有钱是万万不能的。因为没有钱，就建立不起来价值关系，人的需要、目的就没法实现，人作为价值主体就会落空，所以没有钱是万万不能的。这是经济学意义上的价值。用马克思的话来说，今天我们处于一个"以物的依赖性为基础的人的独立性"[①]时代，或者说就是以钱、货币、商品为基础的人的独立性时代。虽然我们这个时代是人的独立性时代，但是有物的依赖性。

如上所述，经济学中的价值，是围绕着人与物以及需要和需要的满足这两组核心词建构起来的。人是价值主体，物是价值载体。人与物之间这种价值主体和价值载体的关系，是需要和满足需要的关系，是创造需要和承载需要的关系。价值这个概念的场域从经济生活、经济活动转向社会生活、生命活动。具体来说，这一转换有两点：一个是从经济学扩大到整个人文学和社会科学，原来"价值"这个词就属于经济学，特别是在政治经济学范畴内使用，现在把它扩大到整个人文学、社会科学，这是思想领域上的变化；还有一个转变，是从人的经济生活和经济关系领域，转换到整个社会的社会生活、社会关系领域来。今天在日常生活、思想理论当中，我们所使用的价值和价值观，是已经发生过这两种转变的概念。在这个转变中，唯一没有变的就是价值所体现的属人的目的性、社会性、追求性、理想性。因为经济关系是整个社会生活关系的基础，所以在这种转变中价值的基本含义不会发生变化。

（二）价值观教育的理论问题

在我们所接受的价值观教育中，"集体主义"是一个很重要的关键词。

---

① 《马克思恩格斯文集》第8卷，人民出版社2009年版，第52页。

从集体主义价值观，我们可以引申出奉献、牺牲和作为。这里的潜台词是：个人要满足集体、社会和国家的需要。在价值观当中，有一个很重要的概念——"需要"。有这样一个说法：我们满足国家、社会和集体需要的程度，就是国家、社会和集体评价我们具有何等价值的程度。即我们贡献越大，满足需要的程度越大，我们的价值就越大。这种价值观蕴含着一种崇高与牺牲的精神。但在实际践行这一价值观时，人们又往往觉得不太甘心。因为自己总会有某些想法、某些愿望，有某些属于每个个人要实现的目标，且又希望国家、社会和集体能够帮助自己去达成这一目标、实现这一愿望。这一价值观对我们的影响和我们自身的要求和期待似乎出现了某种偏差。之所以有这种偏差，是因为我们对价值、价值观的理解出现了问题。

第一个问题是，我们把经济学上的这种人与物的需要与满足需要的关系平移到社会关系当中来，并在社会生活中找一个像人那样的价值主体，像物那样的价值载体。结果是，国家、社会和集体被当作价值主体——"人"，个人被当作价值载体——"物"，所以价值关系就变成了，作为价值载体的个人要满足作为价值主体的国家、社会和集体的需要。这样，国家、社会和集体与个人的关系，变成了类似于经济学当中的人与物的关系。

第二个问题是，国家、社会和集体与个人的关系，在价值这个问题上，到底是什么关系？如果价值表示一种需要与满足需要的关系的话，那么真正的需要者是谁，被需要者又在哪里？这是一个真实的问题。国家、社会和集体没有独立的生命性，它是每个个人成为真正的人、过上人的生活、改善生活的条件、环境和方式。它是使每个个人能够成为人的保障。而每个个人则是国家、社会、集体应该成为什么样的、被要求成为什么样的那个决定性的方面。因为每个个人都是真实的生命存在，每个个人的活动和每个个人的存在是社会生活、人的生活的真实的、有生命的东西。在这个意义上来说，在人的社会生活的价值关系当中，国家、社会、集体和每个个人一起成为价值主体。每个个人是价值主体，每个个人生长的环境、条件、方式也是价值主体。国家、社会、集体是价值主体的形式，而每个个人是价值主体的内容。它们之间不存在满足与被满足的关系，它们就是一体的。也就是说，没有脱离开形式的内容，也没有无内容的形式。

正是在国家、社会、集体是每个个人的生存和发展的形式的意义上，为了每个个人都有一个好"形式"，我们都要为这个"形式"的合理、健康、文明而有所作为。所以，我们往往把国家、社会、集体摆在我们生活的前位。而摆在前位的"形式"（国家、社会、集体）应该保障个人过上真正的人的、有尊严的生活。这样一种理解就把原来的国家、社会、集体与个人两极对立，满足需要和需要满足的价值关系瓦解和消解掉了。

消解掉以后就出现一个问题：国家、社会、集体连同它所保障的个人成为价值主体，那么价值客体在哪里？什么东西能够满足价值主体的需要？"价值"这个词，就意味着要有需要和被需要的关系。在经济生活、经济关系当中，满足需要和需要的满足是通过交换来满足的。但是在人的社会生活当中，价值主体的需要和需要的满足是在追求当中实现的。价值主体所需要的，就是它所追求的目标、目的、理想。所以，在社会生活和人的价值的意义上，价值不是人与物之间需要与被需要的机械的关系，而是人主动追求理想性、目的性、创造性的关系。价值客体，作为被追逐、被创造、理想化的存在，存在于价值关系的未来的维度中，存在于理想和目的维度中，存在于要追求、要实现的维度中。所以价值是一种目的之物、理想之物、追求之物和创造之物。这里的物，是一个模糊的名词，并不是实物，它是满足人们价值需要的对象。而且它就在我们生命道路的前边，是我们要追求、要实现的东西。那么，人连同社会、集体、国家要实现的东西又究竟是什么呢？

正如马克思所说，"人就是人的世界，就是国家，社会"①。什么叫"人就是人的世界，就是国家，社会"？马克思说过，"共产主义是对私有财产即人的自我异化的积极的扬弃，因而是通过人并且为了人而对人的本质的

---

① 《马克思恩格斯文集》第1卷，人民出版社2009年版，第3页。

真正占有"①。这是一种理想，一种追求。"这种共产主义，作为完成了的自然主义，等于人道主义，而作为完成了的人道主义，等于自然主义，它是人和自然界之间、人和人之间的矛盾的真正解决。"②对于人而言，这个社会是彻底的自然主义；对于自然而言，这个社会是彻底的人道主义。彻底的自然主义和彻底的人道主义的结合就是这个社会的双重属性。在这种社会属性当中，它才能保障人完全占有人的本质成为真正的人。对于人的社会历史意义上的价值观来说，那个被理想、被追求、被创造的价值目标是什么呢？是社会成为真正的社会，人成为真正的人，这就是价值之所在。所以，我们的价值观不是一个空洞的抽象，它和每个个人的生命活动是有关系的。而且每个个人生命活动的价值目标、价值理想就是对我们现有生命和生活状况，以及生活关系的一种改变、超越。在一个完整的价值观范畴当中，应该有这样几个核心概念：价值主体、价值载体和价值目标。

这样来看，我们目前的价值观教育的问题在于有点简单化了。问题不在于强调集体主义，强调集体主义也没什么不好；也不在于强调牺牲和奉献，做人总是要有点牺牲、奉献，否则也太乏味、太局限；也不在于对国家、对社会、对集体产生某种热爱之心。问题的关键是，以往我们所理解的价值观使每个个人置于被动的局面，无法让每个人的真实想法在这种价值观的崇高当中得到确证性、肯定性的评价。所以，迫使活生生的、有血有肉的、有理想有追求的每个个人在这种价值观面前不仅显得渺小，而且还呈现出某种"两面性"。一方面要保有自己真实的想法，另一方面还要迎合这种价值观的说教。这使我们的人格、思想、价值观念产生很大的人格的对立和分裂。经过我们对价值和价值观的上述理解，我们就可以对自己的某些想法理直气壮，而且我们会最大限度地激发我们对生命、生活的热情，用最大的努力去实现我们每个个人的理想抱负，并将此看作我们对

---

① 《马克思恩格斯文集》第 1 卷，人民出版社 2009 年版，第 185 页。
② 《马克思恩格斯文集》第 1 卷，人民出版社 2009 年版，第 185 页。

国家、对社会、对集体的贡献。

（三）价值观的精神性、文化性与意义性

价值观，简单来说就是关于价值的观念。价值观的核心内容是两个词：选择与评价。价值观与选择、评价密切相关。所谓选择，是说我们要在各种追求当中来确立我们自己的理想，选择我们的目的和目标并去实现它。所谓评价，就是说要看这样的选择、行动对于我们社会生活的改变，对于我们理想、目的的实现以及实现后对于我们的意义作出某种评价。价值被当作价值观念的时候，已经被共同体所接受。当我们有这样一种共同体观念的时候，在面对问题时我们会有自己的选择，会有某种按照我们价值观念所作出的选择。也就是说，价值观对于我们每个个人来说，首先是一个选择的问题。在这个选择当中，包含我们每个人对所做选择的前提以及选择过程所作出的自我评价的问题，当然也包括这个社会群体、社会共同体对我们每个个人所作出的选择，作出群体的、共同体的评价的问题。价值观的问题必然引发出每个个人选择的合理性和我们的选择对于社会、对于个人的意义性的问题。所以，评价既带有文化性，同时也蕴含着很多意义性。

价值是目的性的、理想性的，价值观是选择性的、评价性的。因此，在这个意义上来说，价值问题是目的性的问题、理想性的问题和观念性的问题，是在人们对生活有所期待、有所追求、有所创造的积极努力当中所出现的一些选择、判断和观念性的问题。大体上来说，我们可以把价值问题定位为一种观念问题，一种精神问题，一种文化问题。所以，价值的问题，应该放在精神的层面、观念的层面和文化的层面去解决。在这个意义上，如果把人生问题和价值问题联系起来的话，那么价值问题应该是关于人生的精神的、观念的和文化层面的问题。

就人类社会历史性而言，我们所面对的价值问题究竟是什么问题呢？所有的社会现实中的不合理、不平等，遇到的各种社会困难最终都转化为

价值问题：社会能否不像现在这样而成为真正的社会，人能否活得不这般艰辛而成为真正的人！这个问题成为了真正的价值问题。所以，价值问题是一种期待性的、理想性的、追求性的、欲实现的问题。

那么，我们为什么要这样悬设价值问题？或者说，悬设这样的价值问题对我们有什么意义呢？它的主要意义就在于，当我们面对生活的艰辛和困难——人类性的和个人生命性的困难的时候，人总是采取在期待当中，在乐观主义态度当中，在理想、追求和创造的精神当中，去寻找解决实际问题的途径和方式。这是人的智慧。如果人解决自己实际问题的时候，采用越实际的办法，那么问题可能就越不好解决。当你采取非实际的方式（精神性的、期待性的、追求性的方式）来对待实际问题的时候，可能这个实际问题会被化解，或被超越，或以更好的方式得到某种解决。重新审视和理解价值、价值观和价值问题，并把人生问题或社会历史问题作为价值问题去理解，意义就在于它使问题的实际性、机械性得到某种超越。所以，价值观念是一种超越现实、超越实际的观念。价值精神是一种超越实际困难的精神。

把生命当中的实际问题或称经验问题转化成价值问题，把实际的问题转化成观念的问题、文化的问题、精神的问题。这个转化实际上蕴含着我们的价值态度、价值选择和价值评价。这就是价值观的主要的内容。这样，不管遇到什么样的问题，当我们拥有不同的价值观的时候，我们对这件事情的态度、选择或评价，对别人的态度、选择和评价，会作出一个意义性的、合理性的判断。在这个问题上，经验的、实际的问题通过精神、价值观的环节就成为精神性、文化性的问题。当这个问题从事实性、实际性的问题转化成一个文化性的意义问题的时候，问题显得就不再那么紧迫、现实，它为我们的选择、问题的解决提供了很大的可能空间。人类的文明、智慧是动物所不可比拟的。本来我们遇到的有些问题和动物遇到的问题都是一样的。但是我们人类会用这样一种文化的方式、文明的形式，把这个问题改变了。把一个非死即活、非此即彼的实际问题转为成有多种可能、有广阔空间的不是问题的问题。人面对问题的压迫和这一问题对人的威胁，已经在这种精神文化活动、意义性活动当中大大地减弱了。

（四）普遍价值与民族价值的统一性

普遍价值的问题，即怎么看普遍价值，以及普遍价值和民族价值的关系问题。在人类生活当中是有普遍价值的，普遍价值是存在的。普遍价值存在于哪里？是不是像现在人们所认识的那样，普遍价值就是西方的民主、科学、人权、独立等价值吗？我认为不是。普遍价值存在于成熟的、有一定水准的、对人类当下的生活和未来的命运有所关心、有所思考、有所追求的一切民族的价值体系当中。也就是说，在各式各样的民族文化和价值体系当中，都有可能出现普遍价值。欧洲传统的民主、独立、人权是欧洲文化的价值。它的价值是有普遍性的，因为它产生了世界性的影响，可以视为普遍价值。但它不是唯一的普遍价值，它不是普遍价值的标准内容，也不是普遍价值的唯一的标准和内容。它只是欧洲价值，这种价值产生了世界的影响，然后它成为了所谓的普遍价值，所以它不是唯一的。以往把民主、科学、独立、人权、自由作为普遍价值的唯一内容，把这样的价值作为普遍价值的标准模式，这是不成立的；若只是说这些价值是欧洲的价值，并且因其影响力而具有一定的普遍性，这个是可以成立的。至于这些价值的普遍性有多大，人们是否认可某个民族的文化体系、价值体系，则是另一回事。普遍价值没有唯一的内容、没有标准的模式，任何优秀的民族和真正的价值体系都可能包含着它自己独特的价值，并且这种独特的价值可能成为普遍价值。在这个意义上，中国人的儒家学说、道家学说和欧洲人的民主、自由、科学、独立、人权的学说是平等的，都可能成为普遍价值。

在理解普遍价值这个问题上，我们在判断、概念的逻辑等思想方法上可能有错位。我们把普遍价值和民族思想传统价值的特质往往对立起来，即把普遍价值看作一个东西，把每个民族的价值看作另一个东西，这似乎就意味着有一个单独的普遍价值，还有一个分门别类的不同的特殊价值。

现在在普遍价值的问题上，存在这样一种理解，即把普遍价值的对立物、参照物当作是民族价值，使普遍价值获得独立存在的、实体性的性质和身份。我并不认同这样的思考逻辑。我觉得普遍价值和民族价值它们不是对立的、矛盾的关系，而是一个东西。这一个东西的根在哪呢？根是普遍价值没有一个实体性存在，而民族价值有真实的文化载体。从这个意义上来说，普遍价值首先是民族价值，是各个民族文化价值体系中的某种价值。那么，普遍价值在哪呢？就是当这种文化价值产生人类性、世界性的影响力的时候，它具有了价值的普遍性。所以，普遍价值就是优秀民族的文化价值体系中的某种价值所具有的世界影响力和人类影响力。普遍价值和各个民族价值不是有两个独立的实体，在民族价值体系之外，绝不存在另外一个普遍价值的体系。

　　其实，我们对于普遍价值所采取的态度应该是双重的：第一，我们要正视、尊重和欣赏那些世界上各个人类共同体，在它们的文化体系和价值体系中能够产生世界性、人类性影响力的那样的价值理念、价值观念，对此要有充分的尊重、欣赏、研究、学习、借鉴，不应该让它成为和我们对立的东西。当然，我们要保有我们文化的自觉、思想的自我和批判意识，但也不应因此一味地否定某个民族文化的某种价值所具有的世界性、人类性的影响及其普遍性。第二，对于我们自己的文化及其价值，要有自我尊重、自我理解，同时还要积极作出不仅使其影响本民族，而且使其对整个人类、世界都有所贡献、有所影响和有所传播的努力。我们要致力于这样的努力，使我们的价值学说和思想传统有世界性和人类性的意义和影响。也就是说，在人类世界的普遍价值的价值体系当中有我们中华文化的价值维度。

第一章　中华民族精神家园的
　　　　生命精神

精神家园的问题，既是一个学术问题、思想问题，同时也是一个生命问题、生活问题。对我们而言，这个问题既亲切又神圣，是一个离我们很切近，同时又很深远的问题。我们只要认真思考生活，关注时代，关注社会，我们只要真诚体悟生命，抚慰我们精神上的创伤和憧憬人类美好的未来，我们总会遇到自己的精神家园问题。

研究精神家园的问题，重在关注两个要点：一是要揭示生命的自然性和精神性，由此凸显精神家园问题在本质上是人的生命精神问题。就此而言，精神家园是一个形象的比喻，这种比喻实质上是指人的精神要有所归属，心灵要有一个安顿之处，精神家园的作用就是为人们提供当下的终极意义和关怀，为社会个体的生命赋予意义和价值。二是要在人的生命省思的时代境遇中确立两个基本观点，即目前中国社会中存在的诸多问题与人们精神家园的缺失和弱化有直接关系，从而凸显了我们关注精神家园的必要性；中华传统文化与人的精神家园有至关重要的关系，中华传统文化在中国人精神家园的建构中具有根基作用。确立这两个基本观点，主要是针对现代社会生活节奏不断加快，人们承受的压力不断增强，人们社会疏离感、精神漂泊感和意义虚无感加重的现状。这是我们研究与思考精神家园问题的两个基本的思路和方式。

第一节　当代人类的"生命精神"问题

我们刚刚走过人类文明史中令人最为惊心动魄的 20 世纪。面对这个世纪人类所取得的伟大成就，以及人类自己造成的危及自身生存根基的种种危机与困境，我们不禁对 19 世纪英国文学家狄更斯对于他所处的时代的精彩描述产生共鸣：这是一个"最好的时代"，也是一个"最糟的时代"；是一个"理想的时代"，也是一个"迷惘的时代"。

一、省思生命精神的时代境遇

尽管人类 19 世纪的状况与 20 世纪的发展不可同日而语，但是 20 世纪的"好"与"糟"、"理想"与"迷惘"的矛盾更为深刻，更为强烈，更令人忧虑与思索。这些矛盾隐含着深刻的人类性问题与危机，广泛存在于人类生活的各个领域。随着人类自我意识的觉醒与提升，人们已经不满足于以往从"物"的外在性、单一性把握人类性问题的思考方式，开始从自身生命本性及其生命精神的立场反思自己的矛盾与危机，自觉地意识到失落自身本性，远离自己生命精神的"精神家园"，是人类生存与发展中最为致命的问题。

德国著名哲学家黑格尔曾经在柏林大学的开讲辞中分析和批判了当时人们的精神问题，他说："一方面由于时代的艰苦，使人对日常生活的琐事予以太大的重视，另一方面，现实上最高的兴趣，却在于努力奋斗首先去复兴并拯救国家民族生活上政治上的整个局势。这些工作占据了精神上的一切能力，各阶层人民的一切力量，以及外在的手段，致使我们精神上的内心生活不能赢得宁静。世界精神太忙碌于现实，太驰骛于外界，而不遑回到内心，转回自身，以徜徉自怡于自己原有的家园中。"① 历史有惊人的相似之处，黑格尔曾经批评的问题在我们今天的生活中也或多或少以这样或那样的形式存在并反映出来。我们要追寻我们的精神家园，一个主要原因是生活在这个时代的人们一度遭遇了精神危机，一度失落或远离了我们自己的精神家园。针对这一情况，我们思考关于精神家园的问题，悟觉

---

① 　黑格尔：《小逻辑》，贺麟译，商务印书馆 1980 年版，第 31 页。

精神家园的生命意蕴，省思生命精神的时代境遇，找回失落的精神家园。

生命精神的沦落与精神家园的失却，是当今时代人类性的生命问题。这个问题不仅一直影响着思想与精神的自由世界不能在人的整个生活世界中真正独立繁荣起来，也使得人们对生命精神及其意义的意识日渐匮乏和浮浅。精神的这种状态使得人类愈是凭借"物"的方式与手段去解决我们时代的各种生命问题，这些问题反而愈加深重，愈发难以自拔。为什么人类凭借已经达到登峰造极的"物"的能力和成就，仍不能走出生命的危机与困境？大抵是因为没有真正找到解决问题的真实方式与力量，或许这种方式与力量原本就根源于人的生命本性，尤其是生命精神之中。这不仅是因为精神的力量在人类历史的一切时代都有极大的价值，更重要的是在人的生活世界中，一切文明的事物都贯注和体现着人的生命精神，一切有价值的事物及其意义必然要在生命精神面前获得根本的确证。

以人生为主题的思想志趣，圆融生命的思维方式，完善人格的生命精神，是中华文化特有的思想境界与精神传统，形成了中华文化与中华民族精神家园的精神特质。中华民族精神家园凝聚着中华文化的思想财富，承载着中华民族的文化精神，孕育了中华民族的生命精神。以"生命观点"的思维方式探寻人的生命本性，追问生命精神问题何以成为当今时代民族性、人类性的问题，进而悟觉精神家园的生命意蕴，是复兴中华思想传统的生命精神，建设中华民族共有精神家园重要的思想问题。深入思考与研究这一问题，我们才能真正"以人为本"，从人的生命的意义上弘扬中华文化的精神传统，生成融贯中西、通古达今的生命精神，创造当代中华民族共有的精神家园，坚定从容地走向世界、走向未来。

二、领悟生命精神的自我意识

"生命精神"是一个很复杂的概念。精神家园的生命意蕴集中体现在把人的全部生命活动及其成果内化为人的价值观念，生成人的生命精神，因此对生命精神的界定一定要和精神家园联系起来。如此看来，生命精神是以信仰、道德、理想等观念体系为精神内核，安顿人的生命，引导人的生活。生命精神可能人人都有，问题的实质在于要有一个什么样的生命精神来安顿我们的生命，引导我们的生活。

人的生命精神究竟从何而来并具有何种性质？"当理性之确信其自身即是一切实在这一确定性已上升为真理性，亦即理性已意识到它的自身即是它的世界，它的世界即是它的自身时，理性就成了精神。"[①] 这是以研究"世界精神"著称的德国哲学家黑格尔关于"精神"的观点。在他看来，精神就是"理性"的真理性，就是"绝对世界"的具体理性。它是由"理性"与"它的世界"内在统一的自我意识而形成的。尽管黑格尔是在"绝对世界"、"绝对理性"的抽象意义上把握精神的由来与内涵，但对我们理解人的生命精神却有所启示。如果像马克思那样在本体上改造其"绝对理性"与"绝对世界"的"抽象精神"，在人的生命本性与人的理性的内在统一中来理解"精神"，我们可以获得这样的认识：当人获得关于自身生命本性真实、具体的自我意识的时候，人就获得了自身生命的"精神"。也就是说，人的生命精神在其实质上就是人对自身生命本性自觉的、具体的、真理性的自我意识。我们通常所说的民族精神、文化精神、时代精神，也就是人们对自己的民族、文化与时代之生命精神的自觉的、具体的、真理性的自我意识。这样的自我意识，也就是人的生命精神。

人的生命精神具有何种力量，对于人的生命以及人的世界究竟具有何种意义？这个问题不仅涉及人的精神生活是构成人的世界与人的生活的一个基本环节，更重要的在于人的生命精神在其根本上体现着人的生命和人的本性。因为人不仅有着第一重的自然生命，而且还有着第二重的精神生命，人是以这两重生命为自身本性的特殊的生命存在。人之为人的特性就在于以自己的精神生命主宰自己的全部生命活动，从而实现整个生命的本性。对人而言，尽管人的自然生命有许多本能的欲望可以作为自己生命活动的开端，开始人的生活，但生命活动的较高的开端必然始于人的精神生

---

① 黑格尔：《精神现象学》下卷，贺麟、王玖兴译，商务印书馆 1982 年版，第 1 页。

命，坚定不移的信念信仰、人文化成的道德伦理、不懈追求的价值理想、正义感与生命激情的内心涌动，才能使人以高尚的开端创造真正属于人的生活。正是这些生命之中最为重要、最为宝贵的生命精神，使得人类生命能在生活艰辛与苦难的重压下挺起精神的脊梁，并且拥有真挚情怀与崇高境界。

当代人类已经逐渐认识到应该重视人的生命精神，并且开始追求把我们这一代人的生活与行动置于自己的生命精神之中。因为在我们的时代生命精神之于人的生活以及生活世界所具有的深邃广泛的意义，在人类历史上是前所未有的。曾被失落的精神重新获得了应有的尊严，这意味着生活意识的浮泛无根与思想观念的外在浅薄，将被生命精神的自觉所摧毁。自觉的生命精神深刻的认真态度正是当代人类思想文化真正的基础，一旦缺少这种生命精神，人的情志就会陷于日常生活急迫的琐事中，人的精神就免不了浮躁空疏。如果人不能超越这种精神状态，人的生命便不能追寻它自身的目的，而且还会因自身本能的物欲与来自外界的种种吸引而日趋沉沦，人的命运就会陷于悲哀与不幸的艰难境遇。在 21 世纪初始，我们已经看到人类摆脱这种不幸的端倪，在自觉的思想观念与时代精神中，人的生命精神已开始回归人的生命本性，人的精神家园正在复兴。

三、复兴生命精神的人性革命

综观当今时代人类思想文化所关涉的重要问题，统归于人类生存与发展的主题；细察其思考与解决问题的文化路向，皆在于注重反思、重构生命精神之观念。虽然人类文明的目光依然凝视 20 世纪盛行的经济、科技等显赫的价值目标，但我们已经发现这种目光正在逐步转向人类自身生命，关注在深层次统摄人的全部生命活动的思想文化及其生命精神的睿智。如果我们还葆有思想的敏感，就会发现这是我们这个新世纪、新时代最为深刻、最为显著，也是最为独特的重要特征。尽管在人类历史的每一个时代人们对自身生命、思想文化以及生命精神都有所关注，但就其针对性之强、自觉性之高、意义与价值之大而言，都远逊于我们这个时代。人类能有此思想文化之自觉与生命精神之唤醒，使我们迎来了复归自身生命、重返精神家园的历史时刻。在某种意义上说人类发展的本质是不同内容的人性革命，据此我们可以说当代人类依然继续着 20 世纪经历的经济发展、科技创新与社会进步的人性革命，并且开始走向思想文化自觉、复兴生命精神的人性革命时代。这是我们时代双重的人性革命，特别是后一重人性革命的到来，为当代人类从根本上走出生命危机与困境，获得生命的活力与福祉带来了莫大的希望。

我们这个时代已经开始的生命精神回归精神家园的伟大人性革命，既是人类性的，也是民族性的。因为人类性的思想文化之自觉以及生命精神之唤醒，总是要通过各个成熟、伟大民族以其独特、具体的方式来实现。在人类思想文化以及文明史的开端，古代中华民族在思想文化上就不逊于东方的古印度以及西方的古希腊、希伯来和古罗马等在文化上悠久古老的民族，是人类世界自古以来创造思想传统并凝聚为生命精神的伟大民族之一。我们的祖先在古代社会就曾以独特的生命智慧，创造出至今仍为我们引以为自豪，也令全世界惊奇的中华文化，形成了中华民族生生不息的生命精神。自古以来，中华民族就由此获得世代相传的智慧与精神，由此创造了自己的精神家园。然而，自 19 世纪中叶中国遭遇到西方列强的侵略，中华民族的命运陷于危亡之境地以来，中华民族传统的思想文化及其生命精神就开始受到西方文化及其科学精神、民主精神的冲击与挑战，使得我们自身的思想传统以及生命精神昔日的地位与光彩受到极大的消解和遮蔽。这种文化境遇与精神状态致使中华民族一度失落了自己特有的精神家园，生命精神开始踏上了背井离乡的漂泊之路。从此，救亡图存的苦斗与生存发展的追求，占有着中华民族主要的生命活动与精神生命，中华民族的传统文化及其生命精神或被忽略，或遭"革命"。特别是在哲学上长期简单地褒"物质"、贬"精神"所造成的思想误判及其影响，使得中华民族传统的精神家园日渐支离破碎，中国人与此渐行渐远。于此情势，我们中华民族只有回归人的生命自身重振生命精神，复兴自己的精神家园，才能真正获得走向未来的生命活力。

中华民族素以天人合一、率性直觉的思想文化著称，秉承自强不息、厚德载物的生命精神自立于世界民族之林。自近代遭西方列强侵略陷于危亡之境地以来，中华民族的文化意识与民族精神更为自省自觉。五四运动之后，面对中国传统文化受到西方文化科学精神、民主精神的挑战与影响，中华民族开始变革传统观念，追寻现代思想文化的时代精神。尽管中华民族与中华文化的发展所经历的道路曲折坎坷，但从自己的思想传统中生成中国特色的现代性生命精神的追求，始终是中华民族寻求发展的文化精神与思想主题。中国社会经过三十多年改革开放的历程，中国特色的社会主义意识形态、精神文明以及新文化的建设已获长足发展。面对当今时代全球化的历史趋势，弘扬中华文化，建设中华民族共有精神家园的思想共识，已成为当代中华民族根深叶茂的文化理想与精神追求。

第二节　悟觉精神家园的生命意蕴

精神家园不是外在于我们自身的实体性对象，而是在我们的生命本身之中。精神家园是内在于我们生命本身的生命现象、生命园地。我们应该去悟觉精神家园的生命意蕴，而不应该只是把握关于它的知识，然后用技术的方式进行操作和建构。这是理解精神家园的真切与根本的追寻。

一、人的双重生命与双重家园

人的生命拥有双重本性、双重家园。人首先拥有自然生命，这是人的第一重生命；人还有精神生命，这是人的第二重生命，人是双重生命的存在。精神家园和第二重生命——精神生命有直接的关系，但它又不仅仅局限于精神生命，它和人的整个生命有内在的联系。从更根本的意义上来说，它和我们整个生命以及整个生命活动有关。从人类生命及其家园的双重属性来看，"自然家园"、"精神家园"不是人的两种家园，而是人的双重家园。人类生命的双重家园，既相互贯通又相对独立，是人类生存、发展的生活环境与生存方式。这也就是我们通常所说的"自然家园"与"精神家园"原初的本意。

我们理解精神家园有一个选择思维方式的问题，即应该以何种方式去把握精神家园。我们如果有了合适的思维方式，那么在思想方向上不会出现大的问题，否则我们的思想会遇到一些障碍，会偏离精神家园的真实意蕴。由人的双重生命所构成的整个生命不仅需要自然家园，更需要精神家园。怎么理解自然家园、精神家园的关系？在这个问题上也容易出现误区。自然家园和精神家园不是两种家园，而是两重家园，即自然家园中有精神家园的维度，精神家园也脱离不开人的自然家园。以什么样的观点理解精神家园才能把握得真切、合适、妥当呢？这是我们在研究中遇到的新问题。我们要以生命观点的思维方式悟觉精神家园的真意。精神家园的本性在于其生命性，所以我们悟觉精神家园的方式也应该用生命观点的方式，而不是用一般的物化观点的方式来理解。

物化观点的思维方式适用于获得物性对象的知识，一般来说产生于科学当中。在研究外在于人的生命的外部对象时，我们可以通过物化观点的思维方式揭示它的本质和规律以获得知识，这是物化观点思维方式的效用。物化观点的思维方式是近代以来在人类思想当中影响极大的一种科学观点的思维方式，这种思维方式具有权威性和普遍性影响。受这种思维方式的影响，当人们研究和认识精神家园的时候，往往也习惯于把精神家园当作一个独立的对象来认识，由此去追求获得关于精神家园确定的知识。这就是人们在研究、理解或者建设精神家园的过程中，总是要寻找关于精神家园的定义的原因。如果人们仔细想一下，也许不会出现这个问题。也就是说，人们不会把精神家园当作一个外在的对象，也不会用直接选择物的方式理解人的精神现象，但问题在于物化观点的思维方式影响太大了，人们很容易就顺此理解精神家园。所以不只是研究精神家园问题，就连研究人的问题、思想文化问题都存在类似的危险。

我们所要选择的生命观点思维方式是一种怎样的思维方式呢？这是一种认识与理解人本身及其属人世界的思维方式，即这种思维方式主要用于认识人本身以及属人世界的特征和规律。这种思维方式主要是把人的生命及世界作为创造性、生存性的存在来理解。生命观点的思维方式和物化观点的思维方式最大的不同在于，物化观点思维方式要把对象当作客观性的、确定性的对象来把握，而生命观点的思维方式则要把人及其属人世界作为创造性、生成性的存在来理解。由此，这两种思维方式产生了根本性的差异。

这里我引述一个土耳其的寓言来进一步阐明这个问题。有这样一个人，他的金子丢了。这个人是个守财奴，金子丢了以后他就特别着急，特别慌张。他到处找，在院子里找，在路上找，在所有光亮能照到的地方找他的金子。后来他的邻人看见了，问他在找什么？他说他在找金子。邻人问："你的金子丢在哪了？"他回答道："我不知道金子丢在哪，如果知道金子丢在哪，不就找到了吗？"然后邻人又问他："那你怎么找啊？"他说："哪里有光亮我就在哪找。"邻人笑着说："你这样可能找不到你的金子，因为你的金子不一定丢在光亮能照到的地方，你应该到光亮照不到的地方找一找，可以到屋里找一找。"后来那个土耳其人在他的房里找到了金子。

土耳其人找金子的寓言告诉我们：金子丢在哪里是最重要的，而不是哪儿能看到最重要。所以，思维方式问题不在于我们一定要对精神家园形成知识性的看法，而在于我们用什么样的思维方式才能更真切地理解和把握精神家园的意蕴。

二、"生命观点"的思维方式

精神家园是无形的，自然家园是有形的。我们对于无形的事物往往容易产生两种看法：一种是难以把握，一种是它不重要。无形的东西难以把握，大家在认识当中都能感到，越是无形的越难以把握，越是有形的越容易把握，越是无形的、深奥的、神秘的东西或者不易被我们发现行迹的东西越难以把握。无形的东西更容易被我们看成是不重要的东西，而有形的东西则被当作是重要的东西。其实恰恰相反，无形的东西难以把握是真的，但不能就此断定无形的东西就是不重要的东西，往往越是无形的东西越重要。比如武功套路是有形的，但套路不是最重要的，而功力是最重要的。在实际生活中我们看到很多实际的东西是重要的，但更重要的是我们生命本身，它在我们生活当中往往处于无形的状态。所以在理解上为了克服认识无形东西的困难我们要想办法给精神家园一个尽量有形的东西，让我们认识生命精神，因为人人有生命。我们虽然摸不到精神家园的边，但是我们有生命，有生活，我们生活中有各种各样的想法，各种各样的情志，这是我们所知道的。所以我们要让精神家园从无形到尽量显现有形。同时，我们也要通过生命精神这一概念，凸显精神家园的意义和价值。

人的生命以及人的精神家园以其特殊的生命意蕴不同于外在之物。然而，在"以物的依赖性为基础的人的独立性"时代，人的生命及其精神家园却往往被"物化"式理解，即人们常常以"物的观点"及其思维方式理解人的生命本性与精神家园的本质与特征。"物的观点"的思维方式主要适用于把握外在于人的"物性"对象，并以定义式的认知方法对这类对象的本质进行确定性的认识，从而获得关于对象本质的科学知识。这种思维方式主要体现在科学的立场、观点和方法中，是近代以来影响最大的思维方式。虽然人们不会否认精神家园是人的精神性存在，亦不会直接把人的精神家园当作物化对象来看待与认识，但由于受这种思维方式的影响，人们往往把精神家园当作一种特定的独立对象认知其本质，以此获得关于精神家园的确定知识。

人的精神家园是生命活动的创造物，源于人的精神生命，并承载、生成人的整个生命。这就意味着我们应该以"生命观点"的思维方式认识与理解精神家园。"生命观点"的思维方式是以人对自身的自我意识及其观点为核心，认识与理解"人本身"及其"属人世界"的思维方式。这种思维方式把人与人的世界作为自我认识的对象，把人的生命本性及其存在方式视为认识的主题、出发点与归宿。"生命观点"的思维方式是按照人类生命特有的创造本性，把人类生命及其世界作为创造性、生成性的存在来理解。以"生命观点"的思维方式认识与理解精神家园，实质上是以人类生命的创造本性为基础，对生命精神的本性与生成的认识，其目的不在于求得对精神家园的本质作出某些规定，而是要对精神家园的生命本性及其生命精神之真义有所悟觉。这样的悟觉及其方式是非确定性的，因为人的生命、文化与精神本身不是实体性的"既成"存在，而是意义性的"生成"存在。因此，对于精神家园的认识与理解，重点在于生命与生命精神的生成性、意义性意蕴之领悟。这是认识与理解精神家园根本的思想方式与方向。

人因其特有的精神性生命，人的生命具有无尽的创造性与丰富性，从而使人类生活在本质上是实践的。"通过实践创造对象世界，改造无机界，人证明自己是有意识的类存在物，就是说是这样一种存在物，它把类看做自己的本质，或者说把自身看做类存在物。"① 人类因其具有这样的"类本质"，是这样的"类存在物"，才能为自己的生命创造家园，并且栖居其中生存发展。人能为自己创造多重属性的生命家园，既能在大地与天空的自然界中营造自己的自然家园，又能通过自己思想活动与文化生活的生命精神，创造自身生命的精神家园。

"环境的改变和人的活动或自我改变的一致，只能被看做是并合理地理解为革命的实践。"② 我们可按照这样的逻辑理解人类是怎样创造自己家园的：人在实践中形成与发展自身的心智，提升生命自由自觉的自我意识；主动地创造满足自身生命需要的物质财富与精神财富；通过这些创造生命财富的自觉活动，人类创造并拥有属于自己的自然世界与精神世界；在这样的世界中，人按照人的尺度和追求创造自己的自然家园与精神家园。在其现实性上，人的精神生命与精神家园是人在其特定社会生活实践中创造出来的，并且这种创造不是一蹴而就，而是历史性的。

---

① 《马克思恩格斯文集》第1卷，人民出版社2009年版，第162页。
② 《马克思恩格斯文集》第1卷，人民出版社2009年版，第500页。

三、中国人的家园意识与家园情感

人总是以自己特有的生命精神把握自己的生命活动，安顿自己的心灵，使自己在欲望丛生的内心世界与瞬息万变的外部世界中葆有生命精神的永恒，以实现生命活动的意义和价值。精神家园是人类生命特有的精神性存在，是内化人类生命最为精致、最为丰富和复杂的意义性存在，这种精神性、意义性的特殊存在充满了生命的意蕴。精神家园的生命意蕴首先体现在它把人类思想文化的宝贵财富内化于人的生命之中，从而获得了生命精神的意义和价值。这种把思想文化内化为生命精神的活动，是人类所有创造性活动中最富有生命性的创造活动，因而精神家园也是富有生命性的存在。在精神家园中，不仅人的思想文化获得了真正属于它的生命根基，更重要的是人的精神获得了真正属于自己的自由天地，人在自己的精神家园中养育自己的精神情感与生命的激情，并能够使其得以鲜活健康向上地生长。人拥有丰盈的生命精神，才能够对更高生命境界与生活状态有所追求，这也是生命精神的意义与价值最为集中的体现。这种追求，也就是人的信念信仰、道德伦理、生活理想等价值精神。以此为精神内核的精神家园凝聚着人的生命与思想文化所形成的一切精神关系，生成了生命精神的观念体系，安顿着人的精神生活与全部社会生活。

这里面涉及一个核心的概念。这个核心概念对于我们理解精神家园来说是十分重要的，这就是家。那么什么是家呢？家，对于我们每个人来说，是一个让人备感温馨的字眼，是一个真实而又具体的存在。我们每个人都有自己的家，但要问"家"对于我们的存在究竟意味着什么，我们似乎对"家"这个概念的内涵就只可意会，不可言传了。家不仅是物质的场所，同时也是精神的寓所。家不仅是一个物质的聚合体，同时也是一个情感的聚合体。天下之家皆为爱而生，为爱而散。家的存在对于我们而言，不仅能够使我们安身，更能够使我们安心。家不仅是我们的诞生地，而且也是我们生命之旅的可靠归宿。家不仅仅表现为由时间而展开的历史性的家族的谱系，同时更是传承的体系。对我们而言，家是最切身的存在。家的存在首先构成了内与外之间的区别。家的内外同时也构成了生活与劳作的区别，家外是劳作，家内是生活。回家的意义，就是使自己的生命有所停留、栖息与安顿。家同样也是自由的，在家中人的存在状态是最舒展、最自然的，而不是拘谨的、造作的。黑格尔对自由下了一个最精辟的定义，他认为自由就是在他物之中就当作是在自身之中。比如上别人家做客，我们可能就不会感到自由，因为我们并没有获得"在别人家就是在我家"的感受和体验。家是恒常的，家的存在对于我们是可靠的，是我们存在的基础和根基，是我们的本体。在中国文化中出家意味着出世，意味着对家的割舍，意味着对人的生活世界要做一个彻底的了断。因此无论斗转星移，世事沧桑，家永远都是我们的精神故乡，家是人类生生不息的精神根据。由此我们形成了关于家的意向，这种精神意向可以用三个概念来概括：家意味着质朴平凡，家意味着真实可依，家意味着快乐自由。

这个问题的重点实际上是三个关键词在支撑着我们去悟觉精神家园的意蕴，一个是生命，一个是精神，一个是家园。精神家园是生命性的，它不是一件事情，也不是一样东西，而是具有生命性的。精神家园是属于人的生命的内在的东西。生命本身，包括所有的动物在内，都有自己所属的物种的规定性。但是，"动物只是按照它所属的那个种的尺度和需要来构造，而人却懂得按照任何一个种的尺度来进行生产，并且懂得处处都把固有的尺度运用于对象；因此，人也按照美的规律来构造"[1]。也就是说，人作为有意识的类存在物，能够自由地活动，没有固定的套路，每个人都有每个人的活法，每个人都是自己的作品，人要靠自己把自己塑造起来，所以人要按照自己的想法去做。而这个想法被凝聚和升华到一定程度就是精神。那么，到什么程度才能满足人生命发展和生命安顿的需要呢？只有到"家"才能满足人的这种需要。思想家、哲学家之所以被称为"家"，是因为他们的想法、精神已经到"家"了。所谓到家，就是说他们有那种独立思考、自由自觉之精神，并且在那里安顿了自己的生命。

---

① 《马克思恩格斯文集》第1卷，人民出版社2009年版，第163页。

从中国人的家园意识与家园情感来看，中华民族精神家园蕴含着中国人生命精神与精神生活之中最深层次的"家园"意识与情感。这种情感是中国人通过自己的生活与文化而形成的中华民族特有的精神家园情结，是中华民族精神家园的精神发源地。精神家园之于中华民族而言，具有更为特殊的重要意义。中国人特有的"家生活"、"家情感"、"家文化"、"家观念"等生活情志，是中华民族生命性、根本性的生存方式与生存意识。这就是中国人常说的"命根子"、"寻根"、"落叶归根"的生命意蕴之所在。中华民族怀有深厚情感的家园精神，不仅是中华文化重要的精神"气象"，也使得中国人对自己的民族整体、民族文化、民族精神有着发自内心的家园式的凝聚、认同与眷恋，我们中华民族无论在何时何地、何种境遇，总是以自己的精神家园为根本，获得坚忍不拔的精神力量与生命活力。

第三节　中华民族生命精神的传统与现代性问题

不同的思想传统蕴含着不同的精神家园。对于西方文化而言，精神家园是外在超越的。一方面面向外部世界找到了科学，另一方面再向外超越找到另外一个对象即宗教，因此科学和宗教构成了西方文化的两大中心。对于中国文化而言它不是向外超越，而是向内超越，是一种内在超越。当然还有一种文明即印度文明，它对精神家园的理解是横向的超越，是一切皆空。一切皆空并不是一切不存在了，而是一切存在的价值都是平等的。精神家园是丰富的、完整的，对于不同的民族、不同的人来说精神家园是不一样的。

一、中华文化思想传统的特质

精神家园不是抽象的存在，总是属于特定的个人或社会群体，并与其历史思想传统内在相关。中华文化与西方文化有着各自独特的思想传统，从而中华民族的精神家园也有着不同于西方人精神家园的独特品质。这其中的根本原因在于中华民族的思想文化与西方人的思想文化在其传统上有着明显的差异。我们认识理解中华民族精神家园的生命精神，就应该立足于中国人所特有的民族文化与思想传统。

中华民族独特生命意蕴的精神家园，是中国人生命智慧所生成的生命精神与人生观念的精神体系，凝聚着中华文化的思想财富，承载着中华民族的文化精神，孕育着中华民族的精神生命。就像人类需要生命的家园一样，每个民族也都需要属于自己的精神家园，以此寄托自身生命的精神与情感皈依。中华民族总是凭借个体生命的天赋与民族生活的实践，历史性地生成与创造属于自己的生命精神与精神家园。中华民族基于自己特殊的社会生活基础以及独特的思想文化，形成了自身特有的生命智慧与生命观念。由这些智慧与观念所形成的精神传统，塑造了中华民族的生命精神。这是中华民族生生不息的生命源泉与根基，也是中华民族生存、成长与发展的生命摇篮。正是在这个意义上，人们赋予这种生命精神及其意义以精神家园的美誉。

西方人的思想文化注重自身生命的"存在"与"生存"，把人与世界作为认知的对象，理性地把握其确定性的本质。这种目光外投以求"知物"的认知性智慧，以逻辑思辨的思维方式，认识存在的本质，从而获得关于世界的知识。与西方人的思想文化不同，中华民族的思想文化注重以生命的直觉圆融生命、完善人格，实现生命的内在本性。这是一种以内心求取"悟道"的义理性生命智慧，即以人的内心承载天、地、人融通的生生之易为核心，形成意象性的道理。中华民族通过领悟直觉的思维方式，悟觉天、地、人的本性以及圆满生命、完善人格的人文化成，体悟天地之性以及人的思想。中华民族"形上之道"的思想文化始于内心体悟，追求精神境界的升华、纯净以及生命的真性情。

思想文化贯通于人的生命活动才能生成人的生命精神。中国人与西方人不同的思想文化在具体的生命活动中形成了各自的生命精神，西方人向人以外的对象求取，注重于知识、宗教、艺术，由此形成理智性的生命精神；而我们中国人则向人的内心求取，注重内心体验、崇尚敏感而宁静的坦荡心性，追求悟觉性的生命精神。

在现实性上，中国传统文化与西方传统文化的差异在于以"德性"生命的融通与践履作为人所追求的根本价值。在中国古代先哲看来，生命之"德性"是既可以"上达"，又可以"下开"的成人价值。心知的"上达"之路，是通过良知的明觉以成就圣德，以臻于"天人合德"的境界。"下开"之路，则通过良知的回转反省规范自身的道德行为。儒家认为，人可以经由尽心尽性的修为使德性生命自我提升、自我完善并融通贯注于生命乃至宇宙的各个层面，从而上通天道、物我相通、与天合德。

中华民族的思想文化体现在社会生活的众多领域与方面，在政治、经济、道德、宗教、神话，乃至科学、医学、道术、民俗，都蕴含着中国人特有的生命精神。特别是在中国思想史上那些睿智超群的杰出思想家创造的中国传统哲学思想中，蕴含着中华民族生命精神的灵魂，这样的哲学思想集中体现于孔子的"仁"和老子的"道"中。

二、孔子之"仁"与老子之"道"

孔子之"仁"集中体现了儒家的生活态度与生命精神，是儒家生命精神的核心。"仁"的含义到底是什么？这个问题是人们经常提起却又难以求得确定答案的难题，"仁"为何意之所以使人困惑不解，主要的原因在于人们对于"仁"的求解方向与孔子的思想方向有所错位。在孔子看来，"仁"是一种心性，是以无所认定、灵活变通的心性悟觉生命的内心态度。当孔子依"仁"思考与体悟人世时，"仁"就生成为"天命之谓性，率性之谓道，生生之谓易"的生活态度与生命精神。这样看来，"仁"绝非只是人的某种德性或美德，而是人通过内心境界生成的所有美德之称谓，是君子人格之美名。所谓成仁，就是尽成人道，完善人格。

"仁"之生命精神蕴含着两重属性：一则是崇尚生命的真性情，即生命的真情实感都出自于率性之自身本然，仁者无私心而合天理；二则激发敏锐明利、不虑而知、不学而能的直觉，视直觉麻木为不仁。这两重情志皆出于人自然本有之真性情，"仁"是人之内心既平静自然又敏锐鲜活的极高境界。这种内心状态是人经直觉"中"、"和"生成的"中庸"状态。就此而言，孔子之仁是内心情志的"中"、"和"，也是灵活自如、日新不已的生命精神。仁之生命精神绝不是自然成就的，而是生成于刚毅木讷的性情修为。仁是生命中率性而动的性情之"道"，"朝闻道，夕死可矣"。人要真正有此性情，路漫漫其修远兮。

孔子在人的"真性情"中领悟仁者的"心性"，老子则于生命之自身本然悟觉真人圣者之"道德"，崇尚生命的自由。对老子来说，人的生命与内心以"无"为本，"无"是生命自身本然的天性，亦是宇宙与生命的"恒道"。就像孔子的生命之"仁"一样，老子的生命之"道"也无确定的具体含义。道在天地之间，贯通万物，无所不在，蕴含天地人之本性与生命之真谛。老子之"道"，虽有"万物之始、万物之母"之义，但综观其义，"道"更主要的意蕴是生命之"道"，即人的生命本性之"名"。老子通过"道"的本性表达了自己对人之生命本性的悟觉。老子以"道"为本的思想，体现了他通天达地、体悟生命的特异智慧。也就是说，通过内心体验与修为，老子悟觉"道"之本性，由此觉解人的生命本性，通过赞颂"道"肯定生命的自然天性。此是谓老子之生命精神。

老子的生命精神体现于"道"之本性与人之生命本性内在的一致性。在老子看来，道先天地生，独立而不改，可以为天地母。人法地，地法天，天法道，道法自然。生命的真实本性，复归道之自身本然。道的本性博大，寓博大于平凡，"道"虽属本性不可见，但其中"有物、有情、有信"。老子根据"道"的本性褒扬人之生命的纯厚质朴，主张不尚贤、绝圣弃智、绝仁弃义、绝巧弃利，使人返真归朴，保持淳厚朴实的天性；认为人应与"道"一致，循道行事，是否"尊道"、"重道"、"守道"是有"道"之圣人与世俗之人在本性上的根本区别，悟道之圣人，是理解生命本性、尊重生命、爱护生命的人。老子特别强调人应该回到生命的起点，持守生命的自身本然。老子以"崇柔贵弱"的生命态度，提出了求生保真的生命原则，主张柔弱是生命力之所在，柔弱胜刚强，致虚守静，以柔克刚，以进为退，反对轻率躁动，人得道有德，生命才能安宁，反之会破败死灭。照此原则，人要贵身重己，淡泊名利，谦受益，满招损，守柔无为，道之用也。为学日益，为道日损，要以直观体悟觉道，觉解自身虚静的心境，涤除私欲妄见，以淳厚朴实的道德风气，才能使生命有所归。

孔子与老子作为哲学家真诚地思考他们所发现的哲学问题，并且创造具有他们个人特点与风格的哲学思想。这样的思想作为活的灵魂，融入中华民族的思想传统以及中华民族的命运，积淀成"为天地立心，为生民立命，为往圣继绝学，为万世开太平"的思想传统，内化为中华民族"自强不息、厚德载物"的生命精神。这是我们今天创造当代中华民族精神生命宝贵的思想遗产与精神财富。

三、理想的冲突与相对主义

在当今时代，我们怎样才能真正传承中华民族的思想传统与生命精神，无愧于我们的祖先和子孙后代，这是我们还没有真正解决的问题。如果我们不知道我们的祖先有那么高的智慧，创造了那么多宝贵的精神财富；如果我们忘却本属于我们自己的思想传统，只是一味地去模仿别人的东西，就会失落自己安身立命的生命精神；如果我们把民族的文化与祖宗的精神只是当作招牌，或者以躺在他们的精神怀抱里为满足，我们就在文化与精神上丧失了思想的自我，就失去了作为中国人的根本。

当然，不忘记我们祖先留给我们的思想传统与生命精神，并不等于简单地回复到古人的思想与精神之中。这就像我们不能照搬照抄西方文化与思想精神一样，我们也不能照搬照抄自己的祖先。这其中的道理在于，我们今天以及未来的生命精神不可能完全和中华民族传统的生命精神完全等同，当然也不会完全像西方传统的生命精神那样，就连马克思主义，抑或是中国化了的马克思主义我们也不能简单地当作就是我们的生命精神。我们要继承、复兴这些精神传统，目的在于以此为基础创造属于我们自己的时代性、民族性、人类性的生命精神。这种生命精神是以中国传统的生命精神为底蕴的，融合马克思主义的实践精神、西方文化的科学精神、民主精神而成的生命精神。就我们目前的思想观念与精神状态而言，能否拥有这种融会中西、贯通古今的生命精神，关键在于我们能不能在思想和文化上真正葆有"精神的自我"。也就是说，在当代世界全球化的趋势中，永远不要忘记我们自己是谁。在我们的时代，中华民族需要以这种高度自觉的自我意识，主动创造跨越民族界限、时代界限与文化界限的生命精神，引领我们坚定从容地走向世界、走向未来。

应该如何看待当代中国人的生命精神及其问题呢？我们分析今天中国人生命精神到底出现了什么问题，不能从现象开始，要把它放在一个大的时代背景和世界大的历史格局中考虑，要按照马克思对于人的社会发展的大格局、大背景和大阶段来给我们中国社会的发展定位，然后才能做一个恰当的分析。马克思关于人的社会发展有一个著名的三形态的论断。马克思认为，以物的依赖性为基础的人的独立性是人与社会发展的第二大形态，我们中国社会发展以及中国人的精神的问题就存在于第二形态当中。第二大形态和第一大形态、第三大形态有什么区别呢？马克思认为，"人的依赖关系（起初完全是自然发生的），是最初的社会形式，在这种形式下，人的生产能力只是在狭小的范围内和孤立的地点上发展着。以物的依赖性为基础的人的独立性，是第二大形式，在这种形式下，才形成普遍的社会物质变换、全面的关系、多方面的需要以及全面的能力的体系。建立在个人全面发展和他们共同的、社会的生产能力成为从属于他们的社会财富这一基础上的自由个性，是第三个阶段。第二个阶段为第三个阶段创造条件"①。所以第二阶段在人的社会发展当中具有双重性，一方面以物的依赖性为主的人的独立性生成了，形成了普遍的社会物质交换、全面的社会关系，建立了多方面需求以及全面能力体系，这都是社会发展、人类进步的标志。但与此同时，以物的依赖性为基础的个人也陷入了物欲主义，呈

---

① 《马克思恩格斯文集》第8卷，人民出版社2009年版，第52页。

现出物化状态，出现了价值迷失、精神失落等问题。目前中国社会发展就处在这样一个关节点上。在这一背景下，中国人的精神状况如何？中国人的精神文化问题是否只是我们自己民族的问题？是否和人类的问题有关？

美国著名学者路德·宾克莱写的一本著作《理想的冲突》，副标题是"社会变化着的价值观念"。在这本书中宾克莱提出一个著名的判断，他把我们的时代称为相对主义时代。为什么是相对主义时代？在一个以物的依赖性为基础的个人独立性的时代，每个人都是独立的，所以我们的时代也是相对的。宾克莱着重研究了 20 世纪 70 年代之前西方社会价值观念的变化，分析了西方世界各种对立的人生理想的冲突，意在回答做人是怎么回事，应该选择什么样的生活方式，某些价值与其他价值比较起来是不是更基本的，假如个人所选择的价值与所处社会的价值发生冲突该怎么办等文化精神问题。通过宾克莱对这些问题的分析，我们可以看到当代社会价值观念变化的影子。在这种相对主义时代的背景下，在一个价值多元化的背景下，我们来看看中国人的生命精神究竟出现了哪些问题。

四、社会疏离感、精神漂泊感与意义虚无感

当代中国人生命精神的问题有很多，这些问题可概括为三种主要问题：社会疏离感、精神漂泊感和意义虚无感。

第一个问题是社会疏离感。精神上的社会疏离感问题主要体现在这样一个以物的依赖性为基础的世俗化时代，个人形象已经变成了物化的、原子化的独立的个人。本来具有独立性的个人是历史的一个进步，但是独立的个人变成了物化的、原子化的个人，和社会相疏离，从而在精神上形成一种严重的疏离感。这种物化的、原子化的个人具有无限的物欲追求。人的独立性是以物的依赖性为基础建立起来的，所以物的基础越雄厚，人的独立性就越大，而且越是独立的人，为了追求这种独立，就会产生对物欲的无尽的追求。因此，拼命地积累、实现和满足这种欲望是人类忙碌的大事情。每个人都要拼命地积累那种能够满足个人独立性的欲望的能力和资

本，每个人正是通过自己所拥有的能力和资本来证明和实现自己。这样的物化和原子化的个人以自我为中心，与传统的神圣世界和公共生活断裂了，与人本身疏远了。这样割裂的精神疏离感就随之而来。

人孤独地面对整个世界，所有社会问题都被归结为个人生存能力问题。独立的人有自由的可能固然很好，但他也孤独了，要孤独地面对世界。能不能解决这个问题是对他生存能力的一种考验。所以为了获得这种生存能力，人们拼命地学习，拼命地长本事。一旦个人要独自承担生存的全部压力，就只能是有感觉的幸福，而是无幸福的感觉。物化情境下的独立个体，并没有成为真正的"有个性的个人"，仅仅体现为"偶然的个人"、"原子化的个人"。

第二个问题是精神漂泊。或许我们大家都有过这种"漂"的感觉。"漂"是当下很时髦的词。精神意义上的"漂"是无形的，对这种无形的漂我们很难用一句话来概括。精神生活与文化样态逐渐走向多元化、平民化，大众文化和流行文化成为日益凸显的文化潮流。漂与文化潮流有关。在流行文化、大众文化当中，人的精神为什么漂起来了呢？流行文化直接诉诸人的感官和直觉，成为大多数人的审美观念和价值准则。这其中理性的成分、觉悟的成分越来越少，感官的成分越来越多，所以人们的内心状态就像 20 世纪 80 年代后期的一首歌所唱的那样"跟着感觉走"。这种漂还来源于什么呢？文化的无根。博雅、深沉的东西只能来源于历史，不可能来源于当下那些暂时、浮泛的东西。时代生活是瞬息万变的，历史凝聚下来的东西才是永恒的根。放弃历史的东西，崇拜当下的东西，人就会陷于平庸肤浅，这是漂的来源。流行文化追求时尚，以满足永无止境的感官欲望为目的，当瞬息万变的流行文化在放逐精神的崇高与永恒之时，已把精神置于无家可归的漂泊境地。这种对时尚的追求和广告的效应使人的感官欲望处于一种无止境的变换当中，而瞬息万变的文化潮流与崇高和永恒是相悖的，如果精神失去了崇高和永恒，那人们一定处于漂泊之中。在瞬息万变的潮流中我们的精神很难守住一份永恒。

第三个问题是意义的虚无。物欲主义成了一种压倒性的价值观，它主宰了当代中国人的精神生活。在物欲主义主宰人的精神生活的这种情况下，一切精神的东西、无形的东西、永恒的东西，尽管美好，但对于今天的现实似乎都没有意义，所以就容易给人带来一种虚无感。人们往往不知道真实的自我在哪里，明明生活在现实世界里，却戴着面具生活，在虚拟世界里追求自我，失却了真实的自我。现实显示为虚拟，虚拟成为了现实。这种现实模糊了真实和虚假的界限，美善与丑恶的界限。个人似乎唯有求助于炫丽的虚幻魔术——明星广告、影视作品、网络世界和购物狂欢等，使自己获得一种虚幻而疯狂的满足感。"在这个颠倒的世界，真像不过是虚假的一个瞬间！"①人们或许不会去思考什么是统一的价值观和审美标准等问题，或许思考了也无法给出真正的答案。"一切等级的和固定的东西都烟消云散了，一切神圣的东西都被亵渎了。"②神圣也被物欲化了，各种信仰无不带有功利的目的、物欲的期望。精神的几个层面都被虚无了，人就有一种莫名的虚无感，这种虚无感带来的直接后果是郁闷、无奈、累、烦等心理状态。

"焦虑"这个词集中表达了人们当下的生活情绪。那么焦虑的背景是什么呢？也就是说，我们时代的精神状况为什么会凸显这些问题？这个背景实际上就是我们所说的现代性和现代化。韦伯曾经把现代化的过程理解为理性化的过程，在他看来，现代化的过程就是从神圣到世俗的过程。著名的哲学家波德里亚也把我们的社会理解成消费社会。那么在世俗化的社会中，在一个消费社会的背景下，我们的焦虑究竟从何而来呢？在海德格尔看来，人生在世的生存论结构就是操心。操心来源于要与各种各样的物打交道，与各种各样的人打交道。与各种各样的物打交道，人就会感到繁忙，心烦；与各种各样的人打交道，就会感到厌神、焦虑。但最根本的焦虑还不是来自于人和物打交道、人与人打交道，而是来源于害怕。怕有两种：一种怕是对有形的具体的对象性的东西的怕，是有所怕而怕；还有

---

① 居伊·德波：《景观社会》，王昭凤译，南京大学出版社2007年版，第4页。

② 《马克思恩格斯文集》第2卷，人民出版社2009年版，第34页。

一种怕是对无形东西的怕，是无所怕而怕。在海德格尔看来，这种怕就是畏，畏之所畏不是任何世内存在者，是完全不确定的。人最怕的东西究竟是什么？是死亡。面对死亡，我们每个人都无法置身其外，而且只能以向死而生的方式存在着。向死而生就是畏。这种畏，视死如归。在死亡面前，一切的存在都归于虚无。

心烦和畏惧使我们焦虑。现代人的焦虑和以往人的焦虑有什么不同呢？保罗·蒂利希在《存在的勇气》中曾经分析过三种类型的焦虑，他认为在古代文明末期，占支配地位的是本体的焦虑，就是对命运和死亡的焦虑。中世纪的时候，人的焦虑是一种道德的焦虑，道德的焦虑就是对原罪和谴责的焦虑。而现代人的焦虑是精神的焦虑，精神的焦虑是对虚无和无意义的焦虑。尼采曾预言在最近的两百年，即将要来临的不可避免发生的东西是虚无主义的来临。我们把现代人的精神状态概括为三个判断：第一个判断是喧嚣的孤独；第二个判断是熟悉的陌生；第三个判断是存在的空虚。我们越是在人群的喧嚣之中，越能感受到内心的孤独；我们越是彼此熟悉，就越发感到心灵的陌生；我们越是实现对存在的占有，就会越发地感到内心的空虚。

那么现代人怎么排解空虚呢？第一种方式就是感性刺激，但它是当下性的，只具有暂时的意义。也就是说，当时的刺激只会使我们感到一时充实，但刺激过后还会感到更大的空虚。于是就要像雅斯贝斯所说的，再刺激。因此人的生活就体现为刺激和再刺激的交替。第二种方式是物欲的审美化，比如生活中铺天盖地的广告，这是对人的物欲进行审美化，实际上还是要刺激人的物性欲望。表面看我们消费的是具体存在物，但实际上我们消费的是我们自己的欲望。我们购买的不是衣服，购买的是衣服带给我们的感觉，社会学称之为虚假的消费。我们追求时尚，却发现自己总是落在时尚的后面。我们只好借助于偶像崇拜。传统社会的偶像是先知先觉的圣人，理想社会的偶像是个人主义的英雄，世俗化社会的偶像是草根性的明星。但世俗化时代草根级的明星其实只不过是我们制造出来的传说而已，都是我们制造出来的一种消费的对象。表面上看是我们在消费自己所创造、制造的东西，但其实我们总是被这些东西所消费。虚无主义实际上隐含着这样一个隐蔽的逻辑：从物欲主义到实用主义，从实用主义到相对主义，从相对主义走向虚无主义。从实用的角度出发，一切都是相对的，最后的相对就会使一切虚无化，一切公共的核心价值最终丧失价值。我们不知道什么是真的，什么是好的，这一标准因时而变，因人而变，因此我们丧失了对真和好的绝对标准和尺度，一切的一切都是相对的、权宜的，这样社会最基本的核心价值就遭到了消解。一切都是相对的，也就意味着虚无，一切都是中心，也就意味着没有中心。传统文化的神圣价值以及意识形态所倡导的价值观，用王国维的话来说就是"一切既不可爱也不可信"。因为知识不等于信念，有了知识不一定有价值理念，而且理解了也不代表接受。在这个物欲时代，我们的灵魂可能丧失了自己依赖的家。这就是我们时代精神的病症。

五、把握当代精神问题的四重维度

现代人的精神生活中存在社会疏理感、精神漂泊感和意义虚无感，那么从现实层面看是怎么产生的？这个问题在某种意义上带有必然性，既有客观原因，又有主观原因。对这个问题产生的原因我们可以从四个方面理解：

第一个方面是社会转型。制度观念发生了急剧变化，人的生活方式和存在方式也发生了改变。在社会转型中，神圣的东西、绝对的东西坍塌了，不灵了，而新的东西尚没有建立起来，所以在这种情况下可能就出现了精神漂泊感、意义虚无感。在我们国家，从改革开放开始基本上就拉开了社会转型的序幕。这30年中，我们从计划经济体制转向社会主义市场经济体制，这是转变的主线。伴随着经济体制的转变，许多观念也随之而转变。除了物质生活发生变化以外，我们在思维方式、价值观念上也发生了变化。在这种变化中，我们精神生活的支柱在什么地方？这个问题到现在还没有得到很好的解决。

第二个方面是社会正处在以物的依赖性为基础的人的独立性的阶段。这个阶段有两个特点，一是人摆脱了过去传统群体的束缚，个人逐渐有了独立性，成为具有独立人格的个体主体，当然人的独立性还是要以物的依赖性为前提和基础。从这个意义上来讲，市场经济不仅仅是一种资源配置方式，也是人的一种生存方式，人的生成就是由过去的群体主体向个体主体的转变。人只有通过改变人的生存方式，才能由那种个人依附于群体——人的依赖关系的生存方式走向人的独立性的生存方式。二是随着经济体制的改变，人的生存方式也发生了变化。这个变化最大的特点就是市场经济使人的生存方式物化，同时也使人的精神生活物化。市场经济物化现象的出现带有某种必然性。根据马克思的分析，在现在的社会中，人和人的关系从本质上来讲是通过物的关系来表现的，这种物的关系代替了人和人的关系或者表现了人和人的关系。不仅在经济领域里是这样，精神生活领域也同样如此。人的精神生活受到这种商品交换关系甚至是等价交换关系的影响。所以人们往往用这种市场经济领域的等价交换的原则来处理人和人的关系，来看待精神文化，但实际上人的双重生命存在需要有双重的资料来满足，人的物质生活需要由物质资料满足，而精神生活需要由精神财富满足。所以虽然人的生存方式物化了，虽然物质财富和金钱商品能满足人的生存欲望和发展需要，但不能从根本上解决人的精神生活问题，精神生活的问题还需要由精神生活的财富来解决。

第三个方面是市场经济使个人独立性不断增强，但也使个人感到除了自己以外无依无靠。在独立性增强的情况下，人还是处在一定的社会关系中，人不能完全脱离社会。但在市场经济条件下，人的生存方式从本质来讲还是靠自己。在计划经济时期，实行的是大锅饭，组织、集体是个人的依靠。但在市场经济条件下，主要的基本的生存方式还是要靠自己的能力和本事。所以说，现在人的独立性增强也使自己除了自身之外无依无靠，只能靠自己。

第四个方面是随着人的生存压力的增大，人太忙碌于生计问题，很少关心精神问题。也就是说在生存问题解决不了的情况下，人们就不会太关注精神文化。马斯洛认为，人有五种需要，最基础的是生理需要，其次是安全需要，然后是社会需要，第四是尊重的需要，最后一个是自我实现的需要。按照马斯洛的看法，只有满足了低级需要，高级需要才有实现的可能。所以当人们忙碌于生计问题时，往往对精神文化比较忽视。

从以上来看，人目前所出现的社会疏离感、精神漂泊感、意义虚无感带有某种必然性，我们要认清这个问题产生的原因，看到目前存在的问题，从而有针对性地解决这个问题。怎么解决这个问题，这恐怕就需要我们去追寻精神家园。

精神家园问题是和社会历史的发展进步相关的。社会不发展会有精神问题，社会发展还会出现精神问题；人动了有精神问题，人不动也有精神问题。我们不要希望社会不发展了精神问题就没了，因为不发展也有精神问题。我们要懂得这个道理，对人的精神问题要有应对的办法。这个办法就是找回失落的精神家园。那么，如何找回失落的精神家园？精神问题是思想文化的问题，它在精神本身之中。我们去哪里找精神家园？这要动用社会力量、文化力量、教育力量等各种各样的力量做这件事情。只有做到人的精神上去，只有做到人的心里去，只有做到人的生命深处才能找到精神家园。如果我们做的一切工作只是带有精神性、文化性，但做不到人的心里、人的精神深处，精神家园还与我们无缘，我们还会孤独，还会漂泊，还会失落生命的意义。失落自己的精神家园是最致命的问题，找不到精神家园是更致命的问题。建设精神家园的问题是一个学术含量、思想含量和精神含量很大的实践难题。人的精神的高贵和伟大之处就在于明知不可为而为之，这就叫追寻。

找寻精神家园要在人性革命中去寻找，如果没有人性革命，靠零打碎敲是找不到的。在人类生命意义上，人与社会的发展体现为不同内容的人性革命，每一次社会发展、每一次社会进步都是有特殊标志的人性革命。当代人类正经历经济发展、科技进步与文化自觉生命精神复兴的双重人性革命，并且开始走向思想文化自觉。复兴生命精神的人性革命时代，是这个新世纪最为深刻、最为独特的时代特征。我们这个时代最独特的特征是人性革命，我们处在这样一个新的人性革命的时代。在这场人性革命当中，思想传统、信念信仰等精神文化维度越来越凸显为整个人类文明的核心与主导因素，这些因素不仅直接影响人的精神生活和生存状态，而且在深层次上影响国家与民族的世界性格局。我们现在的人性革命和精神文化已经不仅仅是精神生活的问题，而是人性是否发展和真正革命的问题。在现实生活当中，这些精神文化的维度还是世界格局、民族利益融合和冲突的根本问题。《文明的冲突与世界秩序的重建》自 20 世纪 90 年代出版以来，在东方和西方的整个人类世界引起了巨大的反响。这本书的作者塞缪尔·亨廷顿在 1993 年《外交事务》的夏季号上发表了题为《文明的冲突》这样一篇文章，在全世界范围内引起热烈的讨论。后来他把这篇文章扩充成 367 页的《文明的冲突与世界秩序的重建》。这本书为什么有这么大的影响呢？它和我们今天说的精神家园有什么关系呢？亨廷顿的观点是，在21 世纪，发生冲突的根本原因将主要不是意识形态因素或经济因素，人类的最大分歧和冲突的主导因素将是文化方面的差异。文明的冲突将主宰着全球政治。文明之间的"差异线"将会成为未来的"战线"。为什么文明会发生冲突呢？在亨廷顿看来，文明的差异才是人类的各种差异之中最具根本性的，这种差异基本上是不可更改、不可消除的。未来的冲突很可能是西方对非西方国家的冲突。它的前提是全球都在搞现代化，但不一定是搞现代化就是搞西方化，各个民族还要保有自己在文化和精神上的特质，这样就造成了西方文化与非西方文化在现代化进程中，在全球化背景下的文化冲突、文明冲突以及精神上的冲突。他特别强调"儒教"文明和伊斯兰文明对于西方的威胁，特别是儒教文明与伊斯兰联手的可能性。《文明的冲突与世界秩序的重建》英文版的封面设计就充分体现了亨廷顿对于世界大格局的认识：封面右上方是地球背景之上的基督教十字架，左下方是地球背景之上的伊斯兰新月，右下方则是地球背景之上的中国太极图；新月与太极图紧紧挨着。人性革命的问题，精神文化革命的问题有全球的影响和意义，绝不是我们个人生活的问题。我们这个时代已经开始的生命精神回归精神家园的伟大人性革命，既是人类性的，也是民族性的。因为人类性的思想文化之自觉以及生命精神之唤醒，总是要通过各个成熟、伟大民族以其独特、具体的方式来实现。这场人性革命的核心内容实际上是坚定不移的信念信仰，不懈追求的价值理想、正义感与生命激情的内心涌动，使人以高尚的开端创造真正属于人的生活。正是这些生命之中最为重要、最为宝贵的生命精神，使得人类能在生活的艰辛与苦难的重压下挺起精神的脊梁，并且拥有真挚情怀与崇高境界。当代人类已经逐渐认识到应该重视人的生命精神，并且开始追求把自己的生活与行动置于自己的生命精神之中。曾被失落的精神重新获得了应有的尊严，这意味着生活意识的浮泛无根与思想观念的外在浅薄，将被生命精神的自觉所摧毁。自觉的生命精神、认真的态度正是当代人类思想文化真正的基础。人类有此思想文化之自觉与生命精神之唤醒，使我们迎来了复归自身生命、重返精神家园的历史时刻。在新世纪初始，我们已经看到人类在摆脱这种不幸的端倪，在自觉的思想观念与时代精神中，人的生命精神已开始回归人的生命本性，人的精神家园正在复兴。这是我们的一种期待，但这种期待还只是一种憧憬，因为拥有这种憧憬并不等于我们找回了失落的精神家园。中国究竟能不能找回打开精神家园的钥匙，走进自己的精神家园，还是一个值得思考和探索的问题。

第二章　精神家园及其生命精神的
　　　　　前提性问题

　　人不仅仅是一种生命存在，而且是一种有意识的生命存在。人类的生命是有意识的。正由于此，人才能把自己的生命变成自己意识的对象，去获得对自身生命的解释和理解。人之所以要对自身的生命进行追问和探究，不仅仅是由于人对自身的存在具有好奇之心而产生求知的渴望，更重要的是人需要通过对自身生命的把握和理解为自己的生存与发展确立根据、前提和尺度，为自己的生活提供意义与价值。人类的精神家园及其生命精神，需要立足于人的生命本性及其现实的存在状况去理解和把握。透过对人的生命本性的自我觉解去领悟人的精神生活、精神家园及其生命精神的内在意蕴，是我们反思和把握精神家园及其生命精神问题的思想前提与理论基础。

第一节　人的双重生命本性的辩证觉解

　　作为有意识的生命存在，人总是要不断地对自己的存在进行自我追问。可以说，对自身生命的自我追问构成了人的生命旅程中不可扼止的强烈冲动。"认识你自己"，这一古希腊德尔菲神庙的格言始终是人探究的永恒主题。在一定意义上，对"人的生命是什么"的追问已不可分割地包含了对"人应当是什么"和"人应当如何生活"的思索。因此，对人的生命的追问内含着对人生存和发展的根据与尺度的抉择。生命的自我追问和自我理解是人类生命的内在环节。在生命的自我追问和自我理解中，人类生命的存在状态不仅得到真实的把握，而且生命的当下状况也得到批判性的反省。"未经反省的人生是没有意义的。"批判性的反省对人类的生命起着规范性的矫正和理想性的引导作用。在批判性的省察中，生命的种种遮蔽可以得到解除，人生的真实意义可以得到澄明。

一、人的双重生命

在以往的历史中，人对自身生命的把握可以区分出两种极端的态度：一是把人类的生命归结为单纯的自然属性。这种观点认为人来源于自然并永远受制于自然。自然属性构成了人类生命的本质特征。人类生命所具有的其他属性，都是在自然属性的基础上产生的，并最终可以还原和归结为自然属性。希腊早期自然哲学家最初从世界中寻求某种特殊的自然物质存在物作为世界的本原，把它视为整个世界的全部解释原则和统一性原理，并把人的生命也像其他自然存在物一样归结为物质性的自然性的存在。近代法国唯物主义哲学家则把人的一切生命活动都还原为自然因果作用。霍尔巴赫认为，人完全受自然因果规律的支配，人是自然的产物，存在于自然之中，服从自然的法则，不能越出自然，哪怕是通过思维，也不能离开自然一步。拉美特利则把机械论和自然主义的原则贯彻到底，得出了"人是机器"的结论，这些观点都是自然主义的单一性生命观的典型表现。二是把人类的生命归结为抽象的超自然属性。这种观点立足于人类生命的特殊性，把人类生命的超自然的一面加以夸大，最终把它作为人类生命的绝对本质。哲学史上关于理性实体的种种思辨便是这种观点的典型代表。在德国哲学家黑格尔看来，人的生命是绝对精神外化的产物。而绝对精神在他那里则被看成是与人的自然生命完全无关的一种抽象的理性实体。这样一来，人的生命便被归结为一种超自然的"无人身的理性"。宗教神学也否认人的生命的自然性质，它极力宣扬和鼓吹人的超自然性，并把人的超自然性以一种异在化的方式提取出来，纳入到人的生命本性之中。从根本上来看，无论是把人类的生命还原为单纯的自然属性还是归结为抽象的超自然属性，实质上都属于单一性的生命观点。这种生命观点割裂了人类生命的双重性，使人的生命陷入自然生命和超自然生命的知性对立之中，人的活生生的生命由此失去了其本应具有的真实性和完整性，而具有了某种抽象的僵死的性质。就这样，单一性的生命观在把握人的生命的过程中最终失落了人的真实生命。

马克思是从人的生命活动的特殊方式出发去理解和把握人的真实生命的。在马克思看来，人直接地是自然存在物，它来源于自然，是自然的一部分。作为自然的存在物，人需要像其他自然存在物一样同外部自然界不断地进行物质、能量和信息的交换，以维持自己的生命过程。由此决定了自然界相对于人而言所具有的优先地位和人对自然界的依赖性，也表明了人类生命不可避免地具有自然的性质。马克思认为，人作为自然的、肉体的、感性的、对象性的存在物，和动植物一样，是受动的、受制约和受限制的存在物。恩格斯也指出，人来源于动物界这一事实已经决定人永远不能完全摆脱兽性，所以问题永远只能在于摆脱得多些或少些，在于兽性或人性的程度上的差异。这意味着人的现实存在永远具有自然的规定性，人类生命具有无法完全拒绝的自在性质。生命的自然性，构成了人类生命的前提条件和客观规定。人的自然生命属于人的本能生命，它体现出人的生命所具有的自在性。但自然生命并不是人的生命的全部。人作为生命存在，还具有超越自然生命的特殊生命。马克思指出："可以根据意识、宗教或随便别的什么来区别人和动物。一当人开始生产自己的生活资料，即迈出由他们的肉体组织所决定的这一步的时候，人本身就开始把自己和动物区别开来。"[①]这就是说，既能把人和动物从本质上区别开来，又能产生人的各种属性并使之得到发展，使人成为人的现实根据的，正是人的生产活动。以此为基础，马克思继续从人的物质生产活动的性质出发去揭示人的内在本质的规定性。他指出："一个种的整体特性、种的类特性就在于

---

① 《马克思恩格斯文集》第 1 卷，人民出版社 2009 年版，第 519 页。

生命活动的性质，而自由的有意识的活动恰恰就是人的类特性。"[1]由此，马克思把人的类本质理解为人的实践活动所具有的自由自觉的特性，并把这一特性看作是人类能把自身同动物从根本上区别开来的普遍的规定性。相对于动物的生命活动所具有的盲目性和自发性而言，人的实践活动所具有的自由自觉的性质成为人的本质的人类学规定。正是实践活动这一特殊的生命存在方式使人的生命摆脱了对周围自然环境的消极依赖性，把人对周围自然环境的从属关系转变为改造和支配关系，从而改变了自然生命所具有的给定性与依附性，使人的生命具有了自我规定和自我支配的自由性质，人由此获得了超越自然生命的特殊生命——精神生命。精神生命是人超越自身肉体存在和生命本能的特殊规定性。人生产他们所需要的生活资料，即是实现自然的人化，把现成的不能满足人的需要的自然界变成自己活动的对象，并通过人的本质力量，使自然向合目的性的方向转化，从而实现人的生命需要的满足。人的这种自我满足、自我生成、自我确证的创造活动便是文化活动，而人化的自然作为人的文化活动的成果则又体现和表征着人的生命及其存在方式的特殊性。可以说，精神生命使人超越于自然生命而实现了自身生命的解放，使人成为它的生命活动的真正的主人。马克思说："动物和自己的生命活动是直接同一的。动物不把自己同自己的生命活动区别开来。它就是自己的生命活动。人则使自己的生命活动本身变成自己意志的和自己意识的对象。他具有有意识的生命活动。这不是人与之直接融为一体的那种规定性。"[2]在马克思看来，动物在对自己生命本能的依赖中与自己的生命活动构成了自在的天然同一关系，它无法自主支配自己的生命活动，其生命具有单一、自在的性质；而人则可以凭借实践活动把自身从对生命本能的依赖中解放出来，通过有意识地支配自己的生命活动而打破生命的单一性、重复性和机械性，从而使人的生命具有多重的、超越的、开放的和历史的性质。也就是说，人在固有的自然生命的

---

[1]　《马克思恩格斯文集》第 1 卷，人民出版社 2009 年版，第 162 页。

[2]　《马克思恩格斯文集》第 1 卷，人民出版社 2009 年版，第 162 页。

基础上通过自己的活动又创造和赋予自己以文化生命。在一定意义上，人的精神生命是在自然生命的基础上追寻和创造生活意义的生命，是人创造和占有自身本质的生命，是人不断生成并通过诸多的文化样式而得到自我表现、自我确证并向未来敞开的生命。

立足于人的现实生活和现实生活中的人，我们可以看出，人不仅具有与生俱来的自然生命，而且也具有超越自然生命的精神生命。如果说，自然生命是自然给予的，是人生来就有的，它服从于自然的法则，具有自在的性质，那么精神生命则是人自己创造的，是后天生成的，它服从人活动的规律，具有自为的性质；如果说，自然生命体现了人的生命的有限性，体现了人对身外自然和自身自然的依赖性，那么，精神生命则体现了人的生命的无限性，体现了人对自然的超越性；如果说，自然生命是人的生命存在和发展的前提，体现了人的生命存在的客观界限，那么，精神生命则是对人的生命存在的扩展和再创造，意味着人在有限的自然生命中所创造的生活意义和实现的生命价值。在一定意义上，人的精神生命既是对自然生命的否定，又是对自然生命的超越和升华。自然生命和精神生命作为人的生命的内在环节，共同构成了人的真实生命的完整内容。它们既相互对立，又彼此沟通，人的真实生命存在于自然生命和精神生命的否定性统一之中。自然生命和精神生命的否定性统一，构成了人的生命的二重化结构。这种二重化的结构表明，人的生命摆脱了那种单一线性的简单生命结构形式，而成为由二重性矛盾关系所构成的否定性统一体。正是在这种充满张力的生命结构中，在自身生命体的自我矛盾和自我否定中，人不断地挖掘着生命内涵，拓展生命空间，创造着生命意义，提升着生命境界，从而实现着生命的自我发展。

二、辩证的生命观点与生命态度

既然人的真实生命是自然生命和精神生命的双重统一，那么我们就必须以辩证的观点去认识和把握人的生命。如果在认识和理解人的生命的时候遗忘或排斥了其中的任何一个环节，或没有正确把握人的自然生命和精神生命的否定性统一关系，那么，就会使人的生命失去其本应具有的真实性和完整性，从而造成人的真实生命的失落。从历史上看，自然主义生命观执着于人的生命的自然属性，把人的生命活动还原为一种纯粹的自然活动。在这里，人的生命的超越向度被取消了。实际上，人的自然生命固然重要，但它并不具有单独自足的价值与意义。脱离开人的文化生命和人所具有的超越性向度，人的生命活动就会沦为无意义的机械活动，人的生命也就无异于动物的生命。因此，这种自然主义的生命观不仅会使人的生命丧失其尊严，使其失去自主性和创造力，而且可能会使人沉湎于单纯的自然功利生活之中，把自然生命本能和肉体需要的满足作为自己生命活动的至上目标，从而使人生最终"淹没在利己主义打算的冰水之中"[①]。与自然主义生命观相反，超自然主义生命观则脱离了人的自然生命把人的超自然属性加以夸大，人的生命由此成为脱离自然基础的抽象存在。在这里，人的生命的超越性被幻化为某种神秘性。人的生命活动及生活世界也都失去了现实的性质。从这种超自然主义的生命观出发，人必然无视自身的自然性和有限性，去追求一种虚幻而不真实的生活，其结果只能使人受某种抽象原则和虚假观念的支配和统治，并在极端超越的价值追求中使人生成为由"神圣的形象"和"虚假的崇高"所统治的抽象人生。从根本上看，无论是自然主义的生命观还是超自然主义的生命观，其实质上遵循的都是一种"两极对立，非此即彼"的思维方式。"传统的逻辑与形而上学本身就不适于理解和解开人这个谜，因为它们的首要和最高的法则就是不矛盾法律。理性的思想，逻辑和形而上学所能把握的仅仅是那些摆脱了矛盾的对象，只是那些具有始终如一的本性和真理性的对象。然而，在人那里，我们恰恰绝对寻找不到这种同质性。"[②]正是这种消解矛盾的片面的思维方式使传统的生命观执着于人

---

① 《马克思恩格斯文集》第 2 卷，人民出版社 2009 年版，第 34 页。
② 卡西尔：《人论》，甘阳译，上海译文出版社 1985 年版，第 16 页。

的自然生命与超自然生命的抽象对立，从而表现为一种偏执的生命观点和生命态度。在一定意义上，矛盾是人不可避免的"宿命"。人的生命的矛盾现实使人的生命不再像动物一样具有消极被动的性质，它为人的生命的发展提供了源源不断的动力。在自我矛盾中实现自我否定和自我发展成为人的生命的特有存在方式。人的生命的矛盾性也构成了人的生命的具体性和完整性。自然生命和精神生命的矛盾以及在此基础上形成的肉体与灵魂、理性与非理性、个体与整体、实存与本质等矛盾，展示了人的生命的丰富性。

从历史的角度来看，人类关于自身生命的片面观点与偏执态度也是和人自身不成熟的片面发展状况内在相关的。人是在漫长的发展过程中从自然的存在物中分化并独立出来从而成为人的。人的生命也永远处于自我矛盾、自我否定、自我发展的生成过程之中，处于从片面到全面，从不成熟到成熟的发展过程之中。片面的、不成熟的人类发展状况必然伴随着片面的、不成熟的生命观点与生命态度。当人类还无力支配自己的命运，只能把自己的生命交由外部世界控制并沦为外部世界的奴隶时，人类只能或者秉持一种自然主义的生命观点和生活态度，或者在想象中以一种极端的方式表达人类对自身生命超越性的希冀和追求。而当人类的现实力量不断增长和提高，人越来越凭借自己的现实活动使自己成为自己命运的主人时，人类也就在越来越大的程度上自觉地把握到自己的生命本性，并越来越自觉地去努力克服生命的分裂状况和片面性的存在状态。与此相适应，单一性的生命观也就必然陷入历史的困境。当代人类正在走向自由和全面的发展状态。单一性的生命观与当代人类的发展要求已经不相适应。变革单一性的生命观，解除人的生存遮蔽，树立真实的生命观点和健全的生命态度，追求生机勃勃的生命境界，创造真实完整的自由生活成为当代人类的必然选择。因此，只有立足于人的生命本性，把人的生命理解为自然生命和文化生命的双重统一，才能使我们树立正确的生命观点和健全的生命态度，才能引导我们实现生命的真正解放和健康发展。

第二节　精神生活的实践论阐释

与人的生命的双重本性相适应，人的生活活动也相应地展开为物质生活和精神生活。人的现实生活不仅表现为物质生活和肉体生活，而且体现为超越性的精神生活。物质生活与精神生活作为两种内在关联又具有异质性的生活样式，它们之间的矛盾构成了人类生活矛盾的基本领域。那么，如何理解精神生活对于人的存在而言所具有的特殊意义？精神生活又表现为何种生活样式呢？我们需要在追寻精神生活的思想传统的基础上，以马克思的历史唯物主义为基本视域，澄明精神生活的属人意涵。

一、西方精神生活思想传统及其马克思的革命性变革

精神生活是一种人类生活的基本维度，是人类生命获得意义和价值的重要的生活样式，也是人的存在本质、价值追求、文化教养乃至一个民族或社会文明发展程度的重要表征。对于古希腊人而言，是追求感性欲望的满足与身边的快乐，还是追求内心的平静自足和凝神沉思的生活？至少在古希腊哲人的心目中，纯粹理性的精神生活是更有意义的自由的生活，它能使生活本身获得内在的坚定性，因而是更值得过的生活。哲学思考本身甚至就是古希腊哲人心目中最合乎人性的精神生活的理想方式。古希腊把精神生活理解为超感性的纯粹理性的沉思活动，理解为不包含有任何实用目的的"为知而知"的形上求知活动，同时认为这种沉思包含着道德的、向善的意义。在古代思辨哲学、意识哲学的框架内，精神生活作为超验主义的神秘活动，甚至表现为像柏拉图所说的"昂首向高处凝望，把下界一切置之度外"[1]的"理性的迷狂"。在古希腊，精神生活指向的是对终极本体的认知，并且体现为对人生意义的反思与省察，表现为对感性生活的鄙

---

[1]　柏拉图：《柏拉图文艺对话集》，朱光潜译，人民文学出版社1983年版，第125页。

弃。因此，精神生活只能是少数人的特权，是有闲暇之特殊阶层的远离日常感性世界的精神活动。按其自身逻辑的发展，超验主义把精神生活的客观性内容剥离出来，使其仅仅成为内在论唯心主义的主观性，它将不可避免地把精神生活导向彼岸世界的宗教神学的境域。

"随着宗教的解答和内在论唯心主义的解答逐渐失去其力量，自然对于人来说变得越来越重要，终于构成了他的整个世界和他的整个存在"[①]，对精神生活的理解又被纳入了自然主义的框架中。"自然主义否认精神生活的所有独立性，认为后者只不过是自然领域的附属部分而已，并且只能依存于感性存在，或者说是感性存在的组成部分或补充。"[②]在自然主义的观念看来，精神生活依赖并从属于自然的生活，所有精神生活的努力均在于适应自然给定的条件，并体现为感性的愉悦。如果说，超验主义以抽象化和异在化的方式表达了人的精神生活的超越性与自由性，从而使精神生活陷入到远离感性生活世界的神秘主义和信仰主义，那么，自然主义则以启蒙的名义取消了精神生活的内在独立性，从而使精神生活失去了应有的能动性而沉陷于物质生活的必然性之中。

在马克思的视野里，仅仅囿于内在意识的层面来理解精神生活显然是不够的，只有上升到实践哲学和历史唯物主义的层面上，才能实现对精神生活的真实理解。也只有如此，才能更为深刻地把握精神生活的实践基础与社会历史意蕴。在这个意义上，超验主义与自然主义都没有把精神生活当作人的实践活动去理解，没有将其还原为人的现实生活去把握。现代西方哲学的存在主义与生命哲学试图呈现出精神生活的真实存在感，但一方面它们把精神生活的主体仅仅界定为狭隘的个体自我，太过专注于精神生活的个体主体性，从而缺乏社会性的现实向度；另一方面又常常把对精神生活的理解导向了主观主义的心理体验和感性情绪的渲染，缺乏必要的深度和历史感。

---

① 奥伊肯：《生活的意义与价值》，万以译，上海译文出版社 1997 年版，第 19 页。

② 奥伊肯：《新人生哲学要义》，张源等译，中国城市出版社 2002 年版，第 31 页。

马克思的哲学穿越了传统形而上学的迷雾，实现了对社会生活的实践本质的存在论确认。"社会生活在本质上是实践的。凡是把理论诱入神秘主义的神秘东西，都能在人的实践中以及对这种实践的理解中得到合理的解决。"① 马克思认为，人的生命活动"不是人与之直接融为一体的那种规定性"②，而是有意识的生命活动。"通过实践创造对象世界，改造无机界，人证明自己是有意识的类存在物。"③ 对于人的存在而言，"人们的存在就是他们的现实生活过程"④。马克思对于基础性的生产实践所具有的积极意义给予了充分的肯定，认为"劳动的对象是人的类生活的对象化"，而人则通过劳动"在他所创造的世界中直观自身"。⑤"人的感觉、感觉的人性，都是由于它的对象的存在，由于人化的自然界，才产生出来的。"⑥ 精神生活作为属人的生活方式，从属于人的现实的实践活动，并建基于物质生产活动和物质生活的条件及基础之上。"'精神'从一开始就很倒霉，受到物质的'纠缠'。"⑦ 精神生活关联和植根于物质生活，并受制于物质生活。"物质生活的生产方式制约着整个社会生活、政治生活和精神生活的过程。"⑧ 物质生活是人的生活的根本性基础。精神生活既受其制约，但它同时又具有超越的性质。精神生活之为精神生活，就在于它要超越物质生活的内容，为人的存在寻求价值的支撑和意义的归宿。一般来说，在人的基本物质欲求得不到满足的情况下，精神生活在很大程度上是围绕着物质生活而旋转的。但即使如此，人的精神也仍然具有超越的性质，具有需要满足的自我内容。在最根本的意义上，人的精神生活是寻求意义的生活。或者可以说，人的精神生活是为人的存在灌注意义的生活。在对意义的沉思与领

---

① 《马克思恩格斯文集》第 1 卷，人民出版社 2009 年版，第 505 页。
② 《马克思恩格斯文集》第 1 卷，人民出版社 2009 年版，第 162 页。
③ 《马克思恩格斯文集》第 1 卷，人民出版社 2009 年版，第 162 页。
④ 《马克思恩格斯文集》第 1 卷，人民出版社 2009 年版，第 525 页。
⑤ 《马克思恩格斯文集》第 1 卷，人民出版社 2009 年版，第 163 页。
⑥ 《马克思恩格斯文集》第 1 卷，人民出版社 2009 年版，第 191 页。
⑦ 《马克思恩格斯文集》第 1 卷，人民出版社 2009 年版，第 533 页。
⑧ 《马克思恩格斯文集》第 2 卷，人民出版社 2009 年版，第 591 页。

悟中，人才能敞开自己生命的丰富性，生成自己独特的个性。精神生活本质上也是内在超越的生活，它要在内在超越性的精神提升中，升华人的生命的境界。

人不仅是感性肉体的存在，而且是有意识的精神性存在。因此，人不仅要安顿自己的肉体，而且要安顿好自己的精神。人的生活不仅表现为物质生活，也同时表现为精神生活。物质生活与精神生活在人的生活中一个都不能少。物质生活是精神生活的前提和基础，它从总体上决定和制约着精神生活。精神生活以物质生活为前提，但它又具有相对的独立性，并试图超越于物质生活。精神生活具有内在的超越性，它总是力求向意识深处挺进，竭力要超越物质生活的限制，不断地提升自我，展开相对自足和更为广阔的精神空间。精神生活在其本质上是寻求意义的生活。它总是试图去寻求对生活的理解，探究生活的意义，为人的生活提供"普照的光"。精神生活的意义追求往往为人的生活提供动力支撑，使人的生活得到充实和丰富。

在传统社会的人的依附性的存在状况下，"一个阶级是社会上占统治地位的物质力量，同时也是社会上占统治地位的精神力量"[1]，超验的精神生活被少数统治者所控制，大多数人的精神生活被物质生活所挤压，人的精神生活只能围绕着物质生活而旋转，"灵与肉"、"理与欲"的矛盾异常尖锐。物质生产状况的低下往往使整个社会的主导性价值选择是以蒙昧的精神生活来压制物质生活。在当代，人的物质生活与精神生活的矛盾同样尖锐。不过，这种矛盾表现为发达的物质生活对精神生活的挤压。当代人对物的依赖与逐求导致人的物化，使精神生活向物质生活沉沦。"世界的精神太忙于现实，所以它不能转向内心，回复到自身。"[2] 当代人的精神生活日益被物质生活所挤压，精神生活对意义的追求被悬置，内在超越的精神追求被转化为感性刺激的娱乐，"本质的人性降格为通常的人性，降格

---

① 《马克思恩格斯文集》第 1 卷，人民出版社 2009 年版，第 550 页。

② 黑格尔：《哲学史讲演录》第 1 卷，贺麟、王太庆译，商务印书馆 1959 年版，第 1 页。

为作为功能化的肉体存在的生命力，降格为凡庸琐屑的享乐"①。精神生活的沉沦与生活意义的丧失使当代人陷入到"生命中不堪承受之轻"的生存焦虑中。

二、精神生活的社会历史规定性

物质生活与精神生活作为人的生活的两种样式，在人的生活中都是不可或缺的。"人不仅通过思维，而且以全部感觉在对象世界中肯定自己。"②物质生活和精神生活同样都是人实现自我肯定、自我表现和自我确证的本质力量。人的生活活动既不可被归结为抽象的精神活动，也不能被归结为单一的物质活动。没有精神生活，人的生活就无异于动物的本能活动；抽去了物质性的内容，人的生活则会失去它的根基。无论是物质生活还是精神生活，都是在人的对象性的实践活动中成为人的本质规定的。"吃、喝、生殖等等，固然也是真正的人的机能。但是，如果加以抽象，使这些机能脱离人的其他活动领域并成为最后的和唯一的终极目的，那它们就是动物的机能。"③感性不仅仅意味着感性意识、感性需要，更重要地表现为感性活动。所有的感性意识、感性需要都是建立在人的感性活动的基础上的。脱离人的实践活动的现实基础，人的感性就不具有属人的性质，也不会敞开其丰富性。人的感性能力取决于人的对象性活动的本质力量的能力。只有在对象性的社会化活动中，人才能真正生成自己丰富的感性能力，使感性成为确证人的本质力量的感性。"眼睛成为人的眼睛，正像眼睛的对象成为社会的、人的、由人并为了人创造出来的对象一样。因此，感觉在自己的实践中直接成为理论家。"④人的对象性的感性活动，既使感性成为丰富、全面、深刻的感性，又使理性成为活生生的、具体的理性。在自由自

---

① 雅斯贝斯：《时代的精神状况》，王德峰译，上海译文出版社 1997 年版，第 40—41 页。
② 《马克思恩格斯文集》第 1 卷，人民出版社 2009 年版，第 191 页。
③ 《马克思恩格斯文集》第 1 卷，人民出版社 2009 年版，第 160 页。
④ 《马克思恩格斯文集》第 1 卷，人民出版社 2009 年版，第 190 页。

觉的实践活动中，精神引导并提升着人的物质生活，赋予生活以意义；感性负载并充实理性，赋予理性以力量。在物质生活与精神生活的结合中，人才能生成自己的全面性和总体性。

精神生活既不能彻底脱离和割裂于物质生活，也不能完全服膺和同一于物质生活。精神生活总是被生活世界所包围，又力求从中超拔出来，进一步地解释和规定、引导和提升物质生活，从而赋予生命和生存以精神的和生活的意蕴。精神生活既是一种肯定性的、建构的、规范的力量，又是一种否定性的、批判的、解放的力量。合理的生活结构，应当是物质生活与精神生活整体性的协调统一，需要在物质生活与精神生活之间保持必要的张力，维持动态的平衡。

精神生活作为以精神的方式所实现的对人的存在的肯定和确认，不是孤立的抽象的存在。它既不能被归结为理性的超验的纯思，也不能被还原为原初自然的感性心理活动，而是嵌入于由人的实践活动所构成的生活世界的总体性结构之中，并从中获得属人的性质和内容。精神生活所具有的属人性质和内容，是在人的本质对象化的实践活动及其展开的社会历史中生成的。"社会的人的感觉不同于非社会的人的感觉"，"五官感觉的形成是迄今为止全部世界历史的产物。囿于粗陋的实际需要的感觉，也只具有有限的意义"。① 正是在实践活动的基础上，人的精神才从物性的、粗陋的需要中提取并升华出来，被反思性地加以建构，体现为对现实生活的反映、表征以及反思和超越。精神生活的意义追求和价值世界，是由生活世界的基本维度托举并支撑起来的，是在社会历史的发展进程中展开和实现的。社会化的精神生活具有历史的继承性，"一切已死的先辈们的传统，像梦魇一样纠缠着活人的头脑"②。

马克思的实践哲学，既超越了超验主义对精神生活的抽象化理解，也扬弃了自然主义对精神生活的直观化理解，赋予精神生活以属人的、社会

---

① 《马克思恩格斯文集》第1卷，人民出版社2009年版，第191页。
② 《马克思恩格斯文集》第2卷，人民出版社2009年版，第471页。

历史的规定性，并在历史唯物主义的层面上，把精神生活及其发展融入了社会历史进步与发展的实践辩证法之中。在马克思看来，"思想、观念、意识的生产最初是直接与人们的物质活动，与人们的物质交往，与现实生活的语言交织在一起的。人们的想象、思维、精神交往在这里还是人们物质行动的直接产物"①。正是由于在社会分工和私有制基础上所产生的精神生活与物质生产活动的分离乃至对立，才使精神生活获得了独立性的外观。"分工只是从物质劳动和精神劳动分离的时候起才真正成为分工。从这时候起意识才能现实地想象：它是和现存实践的意识不同的某种东西；它不用想象某种现实的东西就能现实地想象某种东西。"② 在这个意义上，古希腊精神生活所表现出来的纯粹的超验性，正是建立在当时私有制条件下的社会分工和物质生活条件的背景与基础之上的，当然也有来自城邦民主制度的政治环境的支撑与社会支持。而精神生活的自由性的真正获得，同样只有在消除自然劳动所具有的强迫性和奴役性的基础上，在政治解放和社会关系的框架得到合理的改变之后才得以可能。按马克思的理解，真正的自由王国，在由必需和外在目的规定要做的劳动终止的地方才开始。在物质生产领域的彼岸，艺术化的实践将成为自由实践的理想样式。精神生活的全体自由性，在艺术化的实践中才真正获得实际的确证。

概言之，在马克思哲学的视域内，精神生活作为属人的生活方式，它的本质是实践的，也是社会历史的。历史唯物主义使精神生活走出内在意识的层面，进入到感性现实的生活实践中。在马克思的哲学看来，精神生活并不是一种单纯的主观精神活动，精神生活的问题并不是精神领域自身的问题，精神生活的建构当然也不是精神领域自身的事情。人的精神生活不是要遁入神秘主义的超验领域，也不能停留和下降为感性自我的自然表达，而在于通过社会历史性的实践活动不断确证和提升自身存在的意义与价值，实现精神的升华。

---

① 《马克思恩格斯文集》第 1 卷，人民出版社 2009 年版，第 524 页。
② 《马克思恩格斯文集》第 1 卷，人民出版社 2009 年版，第 534 页。

精神生活作为人在精神层面上创造、表征、确证并享受自身存在本质与价值的生命活动，对于人的存在而言，精神生活是内在的和本己的，是人对自身存在本质和价值的自觉意识与精神追寻。"有意识的精神生活"总是试图去超越自然世界的限制，为人的生命活动与生活世界自觉灌注"存在的意义"，并以此作为人的"安身立命之本"，为人的生活提供"普照的光"。精神生活对意义的追寻是无限的，是不断递进和提升的，精神生活的内容和水平由此具有了层次性和境界性。精神生活的发展水平是一个人的存在本质、文化教养乃至一个民族或社会文明发展程度的重要表征。精神生活不仅反映和表征着人的生命发展状况，而且还引导和塑造着人的生命与生活的发展。

精神生活不仅表现为对"存在意义"的理性觉知，同时也表现为对"存在意义"的文化认同、心灵归属与情感寄托。这种理性觉知、文化认同、心灵归属和情感寄托总是要通过具体历史的文化样式呈现出来。它内蕴于各种具体的文化样式与载体之中，是各种文化样式及其载体共同的思想灵魂与精神纲领。人的精神生活在历史的积淀中逐渐形成和孕育出一个相对稳定的意义世界和"活"的文化世界。这一世界既是人的存在的个性化本质与精神追求的文化表征，也为人的存在提供着终极的价值支撑和神圣的意义归属。它使人的存在得以踏实的安顿，并得到必要的呵护与引导，由此，人的存在摆脱了精神上的虚无性、不确定性与无根性，获得了"家园"之感。

第三节　精神家园及其生命精神的文化自觉

"精神家园"是一个具有比喻和象征意义的概念，其内涵在日常生活世界中似乎具有自明性，但仔细地追究起来，却又不那么容易把它界定清楚。在我们看来，对于人类自我创造并赋予其以归属意义的精神家园，我们不能在形下的意义上以把握，而应当立足于人的生命本性悟觉精神家园的形上意蕴。

人的精神家园是由各种各样的"质料"支撑的。在精神家园之中，作为其精神内核的乃是蕴含于其中的生命精神。人的生命精神作为对自身生命本性的自我领会与自我觉解，是精神家园的生命性支撑，它凝结着精神家园的价值意蕴，并引领和规定着精神家园的思想方向。人类在自身生命精神的自我领悟中，形成了丰富多彩的文化样式，并通过众多的文化样式反过来表征人类精神所能达到的境界。当代人类所累积的精神生活与精神家园问题，需要在人类生命精神的文化自觉中得到真实的理解和解决。

一、精神家园研究述评

从国内目前的研究成果来看，大多数研究成果是在与物质家园、自然家园相对的意义上阐释精神家园的内涵的。但是由于从不同的视角出发，对精神家园内涵诠释的侧重点也略有不同。以下对其中的代表性成果略作梳理。

陈杰从主体的角度把精神家园理解为"主体坚信不移的、被认作是自己生存的根本、生命意义之所在的终极价值和目标体系，是以符号、形象等象征物存在的文化世界、价值世界、意义世界"[1]。詹七一、张立新则倾向于把精神家园视为一种精神实在和稳定成型的精神心理模式，认为精神家园以比较完整的价值形态表达人与世界的总体关系，向人们展示具有完整价值和意义的世界图景，并因价值自足而使人们向往之，成为人类精神的安身立命之所。[2] 纪宝成则认为，精神家园作为一个比喻和象征，它指的是人们的精神信仰和精神世界，是个人或民族共同体的精神支柱、情感

---

[1] 陈杰：《论精神家园的建构》，《湖湘论坛》2007 年第 3 期。

[2] 参见詹七一、张立新：《重构、守护与拓展精神家园》，《人大报刊复印资料·教育学》2001 年第 6 期。

寄托和心理归宿，是生命的价值追求和精神关怀。①

　　值得注意的是，侯小丰从哲学的角度将精神家园视为对生活意义和生命归宿的一种文化认同。他指出："家园"的物像结构可以表现为独特的地理环境、血缘关系等可以物化的物质具象。"精神家园"则有所区别，它也可能以固有的地缘、亲缘为基础，但更主要的是在这个基础上培植起来的文明和文化的血脉关系。精神家园是由文化认同所引发的精神上的归属感、思想上的一致性和思维上的一贯性。在文化认知上表现为，对作为民族文化之根的思想传统、精神理念、文化习俗乃至生活方式的认同、尊崇和追随。精神家园不仅"种植"了地域或民族文明的基因，开启了一个文明的时代，而且更重要的是，它总是以自身固有的方式哺育浇灌着它在不同时代结出的果实，构成了民族延续的精神血脉和民族生命之树的根。②

　　也有的学者从精神家园的构成要素和包含层面的角度对精神家园进行了诠释。苏荣才从构成要素的角度，把精神家园视为"既包括情绪、风俗习惯、传统等低层次的要素，又包括政治、法律、道德、宗教、艺术、哲学等属于上层建筑的高层次的精神意识"③。梅景辉则揭示了精神家园的两个层面。他认为，从"精神"层面上来说，"精神家园"包含着一个民族群体的精神生命、精神生活、精神文化、人文精神与民族精神五个方面。这五个方面自外而内、自下而上逐步形成民族生命认同的核心结构。从"家园"的层面上来说，民族共有精神家园则包含了民族家园、生命家园与思想家园三个维度。这三个维度也是精神家园的基本外延，它们与民族的精神生命、精神生活、精神文化、人文精神和民族精神五个层次的内容

①　参见纪宝成：《弘扬中华优秀传统文化建设民族共有精神家园》，《教学与研究》2008年第4期。

②　参见侯小丰：《精神家园、情感依恋与马克思主义哲学中国化》，《学术研究》2007年第9期。

③　苏荣才：《共产主义：当代中国青年精神家园的核心内容》，《马克思主义与现实》1991年第2期。

相互交融，就构成了民族共有精神家园的思想整体。[①]

严春友从能指和所指的角度分析了精神家园作为精神系统所包含的两个层面，从主体方面来说，精神家园这个概念所描述的，是主体对于所判断对象的态度，是一种主观感受。这种感受被主体描述为"精神家园"。从客体也即被认知的对象方面来说，是一整套的价值系统，这个系统就是被主体描述为精神家园的那个对象。在他看来，第一种意义上的精神家园，纯粹是一种心理上的存在或精神性的存在，是主体的一种判断和所感知到的一种精神状态，即如同在家里的那样一种感觉，这就是家园感，第二种意义的精神家园，则是一种相对客观的存在，是由系统的价值观念组成的一套给人们提供了一幅完整的世界和人生的图像与规则的完整的判断系统。虽然它也是精神性的存在，但与主体的主观感受相比是比较客观的。[②]

李宗桂则从主体分类的角度把精神家园作了个人和群体的划分。他指出："精神家园就是指我们精神安顿的地方、心灵休息的地方；换言之，就是我们的安身立命之道。这是看不见、摸不着的，但非常切实地影响着我们的社会生活和经济发展。我们可以从两个层面来看待精神家园：第一个是个人的精神家园，即社会上每一个人成人之后如何安顿自己的身心、如何为人处世、如何奋斗、如何与社会协调，也就是过去讲的安身立命的问题；第二个是群体的精神家园，小而言之的群体可以是一个机关、一个行业、一个集团，大而言之的群体可以是整个民族。"[③]

从以上成果可以看出，学者们对精神家园的诸多理解均注重把握精神家园的人文意蕴，强调精神家园对于人的存在所具有的根本性意义，并在与自然家园、物质家园相对的意义上对精神家园所具有的精神性、文化性、意义性、价值性特质予以揭示。但是，我们也注意到，如何通过精神家园所具有的象征意蕴把握其中的思想内核，也成为研究的难点。在我们

①　参见梅景辉：《精神家园的理论旨趣与文化内涵》，《华中科技大学学报》2009 年第 6 期。
②　参见严春友：《"精神家园"综论》，《太原师范学院学报》2011 年第 1 期。
③　李宗桂：《国学与中华民族精神家园》，《中山大学学报》2009 年第 3 期。

看来，对精神家园的理解首先需要解决"思维方式"的问题，只有如此，才能使精神家园的真实意蕴得到凸显。

二、精神家园的生命精神内核

精神家园作为人类生命精致的精神性园地与丰富的意义性空间，其生命意蕴集中体现在把思想文化的精神财富内化于人的生命之中，生成人的"生命精神"。人有了自己的生命精神，才能够对更高境界的生命活动与生活状态有所追求，才会主动自觉地使自己的精神生命有所附着，有所安顿。一方面，在精神家园中，人的生命精神才能真正拥有属于自己的自由天地，才能得以鲜活、健康、丰盈地向上生长。另一方面，生命精神又以生命信仰、道德信念、生活理想等价值观念，凝聚成精神家园全部价值体系的精神内核，安顿、引导着人的全部精神生活与社会生活。

在我们看来，生命精神的内核就是从根本上贯穿于人的生命信仰、道德信念和生活理想之中并对人的生命具有支撑和支柱作用的价值观念。人的生命精神之中自然包含着各种各样的丰富情感，也蕴含着各种各样的思想知识。但是，其中最为重要的则是价值观念。人们对是非的判断，对善恶的鉴别，对美丑的划分，对真假的界定等等，都是在人们的价值观框架下加以定义的。人们的行为方向，也是以价值观为前提来进行具体的选择的。有什么样的价值观，也就有什么样的思想行为，也就有什么样的生活方向。价值观成为人们生活的前提、根据、标准和尺度。在精神家园的生命精神之中，价值观应当是生命精神的思想内核。人的生命精神围绕着价值观这一思想内核而旋转。如果借用托马斯·库恩的范式理论来说，精神家园是共同体共有的精神范式，生命精神则构成着精神家园的精神内核。在库恩看来，范式是科学共同体所共有的精神信念，这种共同信念规定着他们有共同的基本理论观点和方法，为他们提供着共同的理论模型和解决问题的框架，从而形成一种共同的科学传统，规定着共同的发展方向，限制着共同的研究范围。科学的发展过程表现为范式的不断完善和更迭过程。在这里，库恩强调范式更多地表现为一种精神信念。当然，精神家园的精神信念在根本的意义上是由渗透于其中的价值观支配的。

精神家园的生命精神并不是抽象的存在，而是具体历史的。它总是属于特定的个人或社会群体，与其历史思想传统内在相关，并在长期的生命实践中磨砺而成。思想文化贯通于人的生命活动才能生成人的生命精神。就中国人与西方人而言，不同的思想文化在具体的生命活动中形成了各自的生命精神。中华文化与西方文化有着各自独特的思想传统，西方人向人以外的对象求取，把人与世界作为认知的对象，以逻辑思辨的思维方式，理性地把握其确定性的本质，获得关于世界的知识，由此形成认知性生命智慧、理智性的生命精神。与西方人的思想文化不同，我们中国人向人的内心求取，注重内心体验、直觉体悟，崇尚敏锐而宁静的坦荡心性，追求生命的圆融和人格的完善。中华文化体现的是一种义理性生命智慧、悟觉性的生命精神。也就是说，中华民族的思想文化始于内心体悟，身体力行地体贴天、地、人的本性，追求精神境界的升华、纯净以及生命的真性情。由此来看，作为精神家园的生命精神具有主体性的特点，同时也具有实践性和历史性的特征。不同的人类主体，不同的思想传统，不同的历史实践，也会相应地塑造出迥异其趣的生命精神。在不同的历史时代，伴随着人的存在方式的根本性变革，人的生命本身会由此萌发特定的需要，隶属于该时代的生命精神作为该时代人的生命需要的内在表征也必然会发生相应的变化，从而使得生命精神呈现出时代性的内涵。

三、建构精神家园的文化自觉

人的生命精神作为一种形上性的存在，它又总是通过一定的文化样式表现出来。人类文明发展的历程，实质上可以看作是人类生命精神在生命实践的基础上不断实现自我认识、自我反思和自我觉解的过程。人的生命精神的自觉可以通过诸多的文化样式来实现和完成。按照卡西尔的文化哲学的观念，常识、科学、艺术、宗教等等，都从不同的向度上构成了人类文化的圆周。如果把人类文化比喻成一个圆的话，那么，不同的文化样式则构成了文化圆周的不同扇面。从文化的圆心向外看，我们所看到的只是不同文化扇面彼此之间的互不交叉。而如果从外向内看的话，我们则会发现，不同的文化扇面共同聚焦于同一个圆心。在卡西尔看来，这个共同的圆心就是人性。文化的圆周实质上是人性的圆周。人类的生命精神在不同向度上所实现的对人性的自我意识，构成了诸多丰富的文化样式。

在人类的生命精神所敞开的诸种文化样式中，神话、常识、科学、哲学、宗教、艺术等面向世界的方式彼此有别。神话是以"幻想"的方式面向世界，它所构筑的乃是"传奇的世界"。常识是以"直观"的方式面向世界，它所构筑的乃是"经验的世界"。科学是以"理智"的方式面向世界，它所构筑的乃是"客观的世界"。宗教是以"信仰"的方式面向世界，它所构筑的乃是"神圣的世界"。艺术是以"形象"的方式面向世界，它所构筑的乃是"审美的世界"。哲学则是以"反思"的方式面向世界，它所构筑的乃是"理念的世界"。在各种不同的文化形式中，人类的生命精神以不同的方式有所附着，有所依归。各种不同的文化样式，共同构成了人类丰富多彩的文化世界，也寄托和负载着人类生命精神的全部意义，从而使人类的生命精神以对象化的方式表现出来，从而也使人自己所创造的世界成为有意义的生活世界。

生命精神往往在哲学这一特定的文化样式中得到最为真切的表达，也得到较为彻底的反思与觉解。哲学作为人的生命的形上本性的理论自觉，它在人类的诸种文化样式中具有特殊的地位和作用。马克思称之为"时代精神的精华"和"文明的活的灵魂"。"哲学作为一种植根于人的生命的反思意识形式，可以说其理论功能和崇高的使命便在于为人的生命的自我觉醒和自我生成、自我发展提供符合人的生命本性的思维方式、价值理想与人生意境，从而在整体上提升人的生命质量与文明素质。"[①] 哲学作为人类

---

① 高清海、胡海波、贺来：《人的"类"生命与"类"哲学》，吉林人民出版社 1998 年版，第 75 页。

生命精神的反思性和批判性的理论形式，它最重要的理论使命当在于使人类精神实现对自身生命本性的自我觉解。从西方哲学的历史发展来看，古希腊哲学作为西方人的精神家园的圣殿，它所实现的乃是对人的理性本性的觉解。苏格拉底的名言"未经反思的生活是不值得过的"表达了西方哲学对人类生命精神的哲学自觉。人们通常把西方不同时代的生命精神在哲学发展史的意义上加以精炼的界定。在西方，中世纪被称为"信仰的时代"，文艺复兴时期则被称为"冒险的时代"，17世纪被称为"理性的时代"，18世纪则是"启蒙的时代"，19世纪被看作是"思想体系的时代"，20世纪则被叫作"分析的时代"。不同的时代，具有不同的具有鲜明时代特征和印记的生命精神，也成就了不同的哲学思想主题和理论形态。对于中国传统的儒家哲学而言，实现对人的实践理性和道德理性的自我觉解乃是人的生命成长和达到更高的生活境界的根本性前提。在这个意义上，儒家哲学表现为领悟人的生命的道德本性并使其在自觉的道德实践中得到完成的超越的道德形而上学。老庄的道家哲学则本着对"道法自然"的生命体悟，表达了使生命精神"复归道之自身本然"的人生觉解。可以说，人类精神对生命本性的哲学反思与哲学觉解，是人类生命和生活本身的内在要求。这种哲学反思对于人类把握自身的生存处境，规划未来的人生命运，从而完善和提升人类的生命境界，实现人类的自由发展，是不可或缺的。

人类的生命精神并非总是处于健康的状态，人类的精神家园亦会遭遇失落的危机。人类发展至今日，在科学技术、物质财富等方面取得了历史性的成就，也积累了丰硕的文明成果。与此同时，不可否认的是，人类的思想文化也面临着严峻的困境和危机。对自身生命精神的文化自觉正是当代人类走出自身困境与危机的必要前提。

在我们看来，对于精神家园的生命精神而言，文化自觉不仅仅是生命精神获得自信的思想前提，更是生命精神获得自强的不可或缺的精神基础。文化自觉不仅仅停留于一般性地意识到文化建设与文化发展的重要意义，在最深层的意义上，文化自觉应当体现为主体对自身存在基础、生活意义、核心价值、心灵归属与精神方向的自觉意识，它既包含着对自身处境的反思意识，也表现为对自身命运的忧患意识和对自身使命的承当意识。就其根本来说，文化自觉作为精神家园建构的思想前提，其要义在于主体自我意识的唤醒。也就是说，文化自觉本质上是主体在文化的层面及境界上所实现的对自我的自觉。这种自觉既是对自我的否定和批判性反思，更是对自我的肯定、超越和升华。在本质的层面上，文化自觉既是一种意识，也是一种能力和品质，更是一种实践。实现对自身精神家园生命精神的文化自觉，并不是一件轻而易举的事情。事实上，在经济与社会的发展过程中，人们非常容易迷失自我。我们不仅会遭遇主体自我意识丧失的危险，也会面临自卑或自大的困境。有鉴于此，人类的生命精神需要不断地展开深刻而彻底的自我批判、自我反思，以此实现对自身处境及其发展趋向的文化自觉。在我们看来，只有实现对人的生命精神的文化自觉，悟觉精神家园的生命意蕴，才能引领人类通向"诗意的栖居"的旅途，真正找到属于自身的自由的精神家园。

第三章　精神家园的现代性问题

哲学作为黑格尔所说的"思想中的时代"或马克思所说的"时代的精神的精华"，它究竟应当如何对我们所生活的这一时代在精神上作出必要的反省，以便为时代的发展贡献出真正的思想智慧？这是我们思考精神家园问题的理论根基。在价值的层面上，精神家园是人的精神生活的栖息之地和人的存在的精神容器，它容涵与负载着人们关于自身存在意义的理性觉知、文化认同、心灵归属与情感寄托。在现代性的背景下，现时代的精神生活在价值上还被同化和驯服于物质生活的外在性，还难以摆脱对物质生活的绝对依赖而获得更大程度的独立性和自主性，更难以从根本上实现对物质生活的反思、批判而获得内在的丰富性和自由性。这就是精神家园的现代性问题。无法转向内心，回复到自身，也许就是我们这个时代的精神问题。

第一节　现代性精神状况的哲学反思

对精神家园现代性状况的阐释和哲学反思，是现当代哲学的重要思想主题。不论是马克思、西美尔，抑或是海德格尔、雅斯贝尔斯，还是后现代主义，都从不同的理论侧面对现代性的精神状况进行了深入的哲学分析。现当代哲学对现代性精神状况的理解和批判，在不同的维度上为我们呈现出现代人类精神状况的复杂性，并为我们思考现代性精神状况的理论根源提供了思想资源。

一、资本逻辑与精神生活的物化现状

当黑格尔说"世界精神太忙碌于现实"的时候，他指的是精神生活出现危机了，就像他在《精神现象学》中描述的那样，"人的精神已显示出它的极端贫乏，就如同沙漠旅行者渴望获得一口饮水那样在急切盼望能对一般的神圣事物获得一点点感受。从精神之如此易于满足，我们就可以估量它的损失是如何巨大了"①。这就是黑格尔所描述的现代性的精神状况。而这种精神状况的实质就是精神沉迷现实而不能自拔，而我们这个时代最大的社会现实莫过于"资本统治"、"工具理性"、"单向度的人"等，马克思、国外马克思主义尤其是西方马克思主义等就从这样的视角出发阐释了现代性精神状况。

马克思对人的存在的现代性状况的分析，是建立在对构成现实生活过程基础的实践活动即生产劳动的分析基础之上的。而对生产劳动的分析，则通过对作为劳动成果的现实的存在物的解剖来实现。马克思主义哲学所要分析和批判的"物"，就是包含了现代性的基本状况和一切现代关系萌芽的"商品"，以及作为存在的现实形式和现代社会本质规定的"资本"。马克思认为，现代资本主义社会在根本上体现为"资本的逻辑"。马克思指认资本的逻辑是"个人现在受抽象统治"的根源。资本就是现实的历史存在形式。资本的逻辑是抽象普遍性和同一性的逻辑。资本"按照自己的面貌为自己创造出一个世界"，任何存在物都要被纳入到资本这一抽象的形式中去表现自己的存在，从而失去自己的独立性和个性。资本的逻辑是流动性和扩张性的逻辑。资本自我增值的本性，使其力求突破和超越一切界限、关系和形式，从而导致"一切等级的和固定的东西都烟消云散了"。资本的逻辑是物化和世俗化的逻辑。资本使财富的占有表现为生产的目的，使人的存在被完全的物化，它使"一切神圣的东西都被亵渎了"，"使人和人之间除了赤裸裸的利害关系，除了冷酷无情的'现金交易'，就再

---

① 黑格尔：《精神现象学》上卷，贺麟、王玖兴译，商务印书馆1962年版，第6页。

也没有任何别的联系了。它把宗教虔诚、骑士热忱、小市民伤感这些情感的神圣发作，淹没在利己主义打算的冰水之中"。①

西方马克思主义把现代性的人类精神状况归结为人类精神生活的物化问题，并把这一问题扩展到了社会的意识形态、大众文化、社会心理、社会交往、日常消费等领域。西方马克思主义对现代性精神状况的哲学反思主要发端于韦伯。韦伯在《新教伦理与资本主义精神》中提出，现时代精神生活的典型特征是世俗化、祛魅化，"宗教发展中的这种伟大历史过程——把魔力从世界中排除出去……使世界理性化，摒除作为达到拯救的手法的魔力"②。在西方马克思主义看来，伴随着现代性的不断扩张，现代性的精神生活问题愈益显著。西美尔在《大都市与精神生活》一书中也提到，现代生活最深层的问题，来源于个人试图面对社会强势力量，面对历史传统的重负、生活中的物质文化和技术，保持独立性和个性，这与马克思对现代性精神状况的分析是一致的，即现代性的典型特征就是"以物的依赖性为基础的人的独立性"，这就是资本逻辑造成的人的强烈的精神需求。因为，人的精神生活衰落了，精神生活受制于物质生活。就像西美尔所说的那样，金钱只关心为一切所共有的东西，那就是交换价值，它把所有性质和个性化都化约在一个纯粹的数量层面，而知性关系则只会把人当作数字来处理，正是货币经济使得这么多人的日常生活都充满着权衡、算计、清点，以及把质的价值化约为量的价值，在生活最外在的方面，一些看似无关紧要的特征和品质，可以从中发现很多典型的精神倾向，现代的头脑变得越来越精于算计。马尔库塞在《单向度的人》一书中指出，发达工业社会的单面性是一种通过技术来进行政治统治的制度，在这种制度的统治下，人们丧失了历史的、批判的、革命的意识。他指出："当代工业社会趋向于成为一个极权主义者。因为'极权主义者'不仅是社会令人恐怖的政治调节，也是一种非恐怖的经济技术调节，它靠既得利益集团对需

---

① 《马克思恩格斯文集》第 2 卷，人民出版社 2009 年版，第 35、34 页。
② 韦伯：《新教伦理与资本主义精神》，于晓、陈维纲等译，生活·读书·新知三联书店1987 年版，第 79—89 页。

要的操作而运转……目前的社会控制形式是技术的。"① 哈贝马斯也指出，技术与科学今天具有双重职能：它们不仅是生产力，而且也是意识形态，它已成为非政治化的政治工具，具有统治的职能。晚期资本主义国家，担负了发展科学技术的任务，这是一种新的政治。因为通过科学技术进入生产、生活的各方面，使之既控制自然界，又控制社会和人。使人服从经济之内的统治，而不是经济之外的政治统治，这样居民可非政治化，统治具有了合法性，居民的抗议反而成为不合理的了。由于工具理性不仅是对自然界而且是对人的控制，它向我们提出一个值得反思的问题：我们在发展高科技、征服自然的时候，是否也应考虑它们对人造成的负面影响，即人的精神生活的物化。

值得注意的是，鉴于当代金融危机的爆发、全球贫困的分化、生态问题的恶化、能源危机的加剧等日趋尖锐的世界性社会风险的来临，马克思主义者从资本主义这一视角出发对现代性社会所蕴含的基本矛盾的批判重新显示出其独树一帜的思想力度与价值，也使其在当代各种社会理论中被重新关注和重视。可以说，当代所流行的有关现代性社会的各种批判理论，都无法回避马克思的现代性批判所提供的思想遗产。

二、现代人生存状态的存在论反思

存在主义起源于 20 世纪 20 年代的德国，但实际上它应当被看成是整个欧洲的产物。第一次世界大战的爆发使整个欧洲始终在战争难以消散的阴霾中战栗，这种彻头彻尾的失败感笼罩在作为战败国德国的上空。欧洲现代文明的优雅和乐观被粉碎了。战后爆发的经济危机更加剧了西方人与社会的忧虑感，人的存在好像突然被撕去了华丽的装饰，裸露出本真的窘迫。正如美国思想家威廉·巴雷特所说："1914 年 8 月是对整个欧洲人而不仅仅是对金融家、军阀和政客们邪恶阴谋的大灾难，从 1870 年

---

① 马尔库塞：《单面人》，左晓斯译，湖南人民出版社 1988 年版，第 2、8 页。

到 1914 年这段时期被一位历史学家恰如其分称为实利主义的时代：在这一阶段，主要的欧洲国家已经统一成为民族国家，繁荣景象盎然，资产阶级怀着怡然自得的心情期待一个巨大物质进步和政治稳定的时代到来。1914 年 8 月粉碎了那个人类世界的基石，它使人们看到，社会的表面稳定、安全和物质进步，同一切人间事物一样，都是建立在空无的基础之上的。欧洲人像面对一个陌生人一样面对自己。当他不再受到一个稳定的社会和政治环境的容纳和庇护时，他看到理性的、开明的哲学不再能够保证令人满意地回到'人是什么'这一问题，来给他慰藉。因此，存在主义哲学（同许多现代艺术一样）是资产阶级社会处于解体状态的产物。"① 应当说，威廉·巴雷特的理解是十分精辟的。正是由于世界大战和经济危机的爆发，使得曾经甚嚣尘上的资产阶级文明的泡沫近于破灭。此外，在西方社会现代化进程中，科学技术的发展以及工具理性对社会生活的宰制导致人们的生活异乎寻常地外在化。社会世俗化过程中宗教的衰微使人的精神生活面临着"无家可归"的危险。随着宗教这一精神容器的破碎，现代西方人陷入到"生命中不堪承受之轻"的精神失落与焦虑之中。现代西方人被一种前所未有的异化感所包围。正因如此，雅斯贝尔斯才把存在主义哲学看成是对现代社会趋于标准化潮流的斗争，它企图在个人身上唤醒人的存在的自由性。正像胡塞尔所号召的那样，"回到事情本身"，存在主义正是要返回到人的本身的存在，探讨人的存在的状态，揭示人的存在的意义。因此，我们可以说，存在主义的出现正是对这一时代的精神状况的哲学回应。

存在主义把个人存在作为哲学研究的根本出发点。他们对传统哲学关于存在的研究持有激烈的批判态度。在存在主义的思想家看来，以往哲学最根本的缺陷就在于没有抓住"存在"这个根本问题，或者对存在没有作出正确的解释。他们主张从人本身的存在出发去理解存在及其意义。人的

---

① 威廉·巴雷特：《非理性的人——存在主义哲学研究》，杨照明、艾平译，商务印书馆1999 年版，第 33—34 页。

问题构成了存在主义的核心问题，他们极为关注的是人的本质、人的存在状态、人的价值和人的自由等属人性的哲学问题，具有浓郁的人本主义的思想风格。

海德格尔把"哲学的终结与思的任务"定位为现代性批判的目标。在海德格尔看来，思的任务本身就是对形而上学的否定和终结，思以存在为核心，通过对形而上学的批判来瓦解理性。在海德格尔看来，尼采在终结现代性基础——理性形而上学——的同时，建立起了另一种形而上学思想——权力意志形而上学。权力意志将主体性发挥到了极致，并最终建立起自身的绝对主体性，它颠覆一切传统价值，并把一切推向更深的虚无主义。尼采哲学不过是颠倒了的柏拉图主义。在海德格尔看来，西方哲学由于遗忘了存在天命而进入形而上学的黑夜，对存在的遗忘导致主体与客体、人与世界的分离，即人以主体身份对待世间万物，从而错误地把存在与存在者混同起来。因此，必须从本源处来把握存在，即把存在放在主客体尚未分化之前的源始状态上来考察，从而否定形而上学的二元对立的思维方式，从一种主客体未分、物我两忘、人与世界相融的圆融之境来重新发现和参透这个世界。

海德格尔的"此在"作为与"我思"根本不同的东西，此在中的存在——与意识（即"识—在"）的内在性相反——必须守护着一种"在外。"这种通过"出—离"被表明的此在的存在方式在《存在与时间》中是这样获得表述的："按照它本来的存在方式，此在一向已经'在外'，一向滞留于属于已被揭示的世界的、前来照面的存在者。有所规定地滞留于有待认识的存在者，这并非离开内在范围，而是说，此在的这种依寓于对象的'在外存在'就是真正意义上的'在内'。这就是说，此在本身就是作为认识着的'在世界之中'"[①]，从而内在性之被贯穿便意味着，我"仍在世界中寓

[①] 海德格尔：《存在与时间》，陈嘉映、王庆节译，生活·读书·新知三联书店1987年版，第73页。

于外部存在者处"①。海德格尔并没有回答"此在为谁"的问题，同时，存在与存在者区分的必然结果是他仍然无法走出主体性哲学的怪圈。因为他自己为主体哲学提供的出路正是他常常批判的：尼采对"柏拉图主义"的颠覆。

海德格尔在哲学和诗学上的一切努力以及他独特的诗学形态，包括他对东方思想尤其是道家思想的兴趣其实都是为了这个目的。也就是说，海德格尔要以诗性的思克服形而上学思维，以诗的语言超越形而上学语言，以诗的本真性对抗现代社会的工具理性，以诗意地栖居来达到人类生存的理想状态。这使得海德格尔的诗学同时具有强烈的现实性和批判色彩，它是海德格尔用来对形而上学和技术世界进行克制的方式。因此，海德格尔的诗学在某种程度上便有了救赎的意味，他这样做，是试图跳出形而上学传统，从外部、从历史中、从根基处来颠覆形而上学。海德格尔始终行走在思想的林中路上，在他看来，思想本来就是在通往存在本源的道路上行进的过程。真正伟大的哲学常常具有悲天悯人的情怀，海德格尔哲学思想在其艰深抽象的背后，是对人的最基本问题和最基本生存状况的关心，他所追问的所有学术问题最后都归结到人间关怀上，这是现代性的旨趣，也是现代性研究中最根本的一点。在这样一个语意纷呈、思潮更迭而又不断经受着价值失落的时代，把海德格尔思想放在现代性问题的语境中进行再度思考是一件很有意义的事情。

存在主义从揭示人的存在情态出发，认为只有人的心理体验和纯粹意识才是人的真正存在。存在主义的思想家从揭示人的存在状态出发去把握人的本真的存在。他们认为，人的真正存在就表现为个人的孤独、忧虑、烦恼、畏惧、沉沦、死亡等生存情绪或心理感受中。如海德格尔揭示了人在世的敞开状态——"烦"以及作为常人状态的"沉沦"、"异化"及其基本情绪"畏"，萨特通过一系列文学作品所传达的"恶心"等。存在主义

---

① 海德格尔：《存在与时间》，陈嘉映、王庆节译，生活·读书·新知三联书店1987年版，第73页。

思想家们通过对人的生存状态的揭示，来敞开人的存在的本真性，以此来切入真实的存在，并澄明人的存在的意义。

存在主义表现出对传统形而上学思维方式的批判和超越态度。存在主义的思想家都激烈地批判传统形而上学二元对立的思维方式，他们普遍否定了实体本体论的理论形态，他们汲取了现象学的基本方法，把人的存在还原为先于主客、心物分立的纯粹意识活动，主张回到本源同一性的存在中去。在他们看来，人的本真的存在状态先于主客二分，因此，不能将其作为认识对象用认知的方式来进行把握，只有通过对人的存在状态的揭示和澄明，才能达到关于人的存在的真理。

人的超越和自由是存在主义的共同主题。存在主义往往表现出对人的超越和人的自由的过分推崇。在存在主义思想家那里，超越性是人的存在本身所具有的。人的存在就是人的自由。海德格尔崇尚人的自由，并把人的自由与人的非本真的"沉沦"状态对立起来；萨特宣称"存在先于本质"，人的自由对于人的存在而言是注定的。雅斯贝尔斯也主张人作为有意识的行动者，人的存在是超越的、自由的。雅斯贝尔斯在《时代的精神状况》中也发出了这样的呐喊，他认为即使是在"体育运动仍然包含着前进升华的要素作为对僵化的现状的抗议，这种要素虽然不是共有的目标，却是无意识的愿望……人所达到的境界要超出他在生活秩序中所完成的，他要通过表现那指向整体的意志的国家来达到这种境界"①。

对人的超越性和对人的自由的推崇，构成了存在主义的重要特色。存在主义作为现代西方哲学思潮中影响很大的一种人本主义思潮，它的出现反映和表征了 20 世纪初期和中期西方社会的精神状况，表达了对西方社会现代化进程中人的异化和物化状态的抗议以及对个体自由的追求。正因如此，存在主义所揭示的现代社会人的存在的沉沦以及世界的荒谬性，对于反思现代西方社会的精神危机和文化矛盾，具有一定的参照性和启发性意义。存在主义把人的存在作为自己全部哲学的出发点和基础，提出了人

---

① 雅斯贝斯：《时代的精神状况》，王德峰译，上海译文出版社 1997 年版，第 60—75 页。

的本质、人的地位、人的价值、人的命运等一系列问题，彰显了自在的存在与自为的存在、自我的存在与他人的存在、行为与选择、选择与责任等矛盾，这些问题和矛盾的提出，凸显了人的问题在现代生活中的重要性和严峻性，切中了现代人与社会发展所面临的难题。存在主义对人的存在的超越性以及人的自由的理解，彰显了人的存在的特殊性，特别是把人从理性主义的传统观念的束缚下解放出来，敞开了人的非理性或非理性的人，表征了现代人追求自由的内在渴望，具有一定的合理价值。

当然，存在主义也蕴含着一系列思想问题。存在主义对人的存在的理解，是以人的主观性为基础的，这使得存在主义对人的存在及其自由的理解忽略了社会历史条件对人的存在及其自由的制约，难免具有抽象的性质。与此同时，存在主义在总体上表现出非理性主义的思想倾向。它在批判西方理性主义的思想传统的同时走向了它的对立面，呈现出非理性主义的精神气质。尽管这种非理性主义在一定程度上是对西方根深蒂固的理性主义传统的矫治，但是对于非理性主义的推崇，也使得存在主义并没有完全走出西方难以拆解的知性对立。在看到科技理性的过分扩张所带来的社会生活的意义危机的同时，它忽视了科技理性对人类社会发展所具有的进步作用，片面夸大了非理性在人的存在中的地位及其价值。这未免有失客观和辩证。

此外，存在主义对人的存在状态的描述，虽然迎合了现代社会的某些生存情绪并易于使现代人产生某种心理上的认同，但对人的存在状态的过分渲染又使其不可避免地浸染了悲观主义的精神情绪。保罗·富尔基埃说："存在主义者把整个理念世界作为无用的精神建筑加以抛弃，结果他们却碰到这样一个令人痛苦的矛盾：他们必须在一无选择，二无任何他们可以用以衡量他们是否选择得好的情况下进行选择"，"这就是存在主义的焦虑"。① 无疑，存在主义的出现，渲染和加剧了现代人的"存在主义的

---

① 保罗·富尔基埃：《存在主义》，潘培庆、郝珉译，上海译文出版社 1988 年版，第 50 页。

焦虑"。在一定意义上，存在主义的焦虑也许是需要超越的，毕竟人的存在不能始终沉浸在这种焦虑之中而不能自拔。

三、现代性的后现代哲学批判

"后现代"概念首先在西方被用于建筑领域，后相继流行于艺术文化领域。后现代文化思潮的出现当然具有时代性的社会生活基础，但作为哲学的"后现代"概念，实际上指的并不是一个历史时代的分期，更多的应被理解为一种对待现代性的态度，是一种对现代性的批判和反省的态度。后现代思潮的突然崛起和迅速传播是近几十年来当代西方哲学发展的最重要的事件之一。现在，"后现代"似乎已经演变为比较时尚的字眼，甚至已经走向了日常生活。

"后现代"一词最早出现在建筑学中，它的含义是指那种以背离和批判某些古典特别是现代设计风格为特征的建筑学倾向，后来被广泛地移植于文学艺术、哲学、社会学、政治学甚至自然科学等领域，用以指称这些领域中具有类似反传统倾向的思潮。20世纪60年代以后，后现代在西方开始发展成为普遍的社会文化思潮。根据法国著名哲学家利奥塔的理解，后现代并非是一个时间概念，它并不意味着某个历史分期，而是一种对现代性的批判态度。现代性的核心就在于"元叙事"，因此，后现代性就是对元叙事的怀疑。谈到元叙事，不能不追溯到现代启蒙运动。正是启蒙运动哺育了现代性精神。而元叙事则是启蒙运动关于"永恒真理"和"人类解放"的故事。现代性精神的内核在于理性。启蒙思想家们相信，只要人类敢于运用自己的理性，就能把握永恒的真理，摆脱蒙昧的状态，实现人类解放和自由的理想。在西方社会现代化的过程中，人们惊愕地发现，经过启蒙精神洗礼之后，现代西方社会在现代化的过程中并没有实现启蒙运动的理想。世界大战等一系列惨烈的事实告诉人们：启蒙的现代性神话破灭了，这是一个失败的故事。启蒙神话的破产促使思想家开始反思作为启蒙精神的现代性，于是，对现代性的批判成为弥漫于西方世界的社会文化思潮。现代性态度是在启蒙运动中形成的。现代化过程，用马克斯·韦伯的话来说，就是"世界的祛魅"过程。支配这一过程的核心的观念就是现代性。现代性观念的内核是理性及主体性。理性与主体性是内在关联的，因为在现代性哲学那里，人正是依靠理性才确立了自己的主体地位。现代性所承诺的价值是人的自由与解放。现代性哲学是这种现代性态度的理论支柱和精神代表。但是，人们发现，18世纪启蒙运动以来，启蒙总是致力于将人们从恐惧中拯救出来并建立他们自己的权威，然而经过启蒙的地球无处不散发着得意扬扬的灾难。于是思想家们开始对现代性展开反省和批判。

对于西方哲学而言，早在尼采的时候就已经开始了对现代性的审察和批判。尼采揭示了现代理性主义的"丧失生命意志"的"虚无主义"本质，并认为"现代精神已经无药可救"，"一切价值需要重估"。由此，尼采的思想被视为后现代思想的开端。之后，西方哲学的发展开始逐渐进入了"后现代的转向"，对现代性的反思和批判成为思想的焦点。

近代以后的现代西方哲学对作为现代性启蒙的思想支柱的近代哲学乃至整个西方哲学传统展开深刻的反思。所谓的后现代哲学也同样具有反西方传统哲学的思想倾向，在"反传统"这个意义上，后现代哲学与现代西方哲学是一致的。福柯、德里达、利奥塔、罗蒂等都被认为是后现代哲学的代表性人物。

后现代哲学对现代性的批判集中在以下几个方面：

首先，后现代哲学表达了对现代性所包含的基础主义的拒斥态度。所谓基础主义，正像伯恩施坦所界定的那样，指的是这样一种基本信念：存在着或必须存在着某种我们在确定理性、知识、真理、正义时能够最终诉诸的永恒的、超历史的基础。传统哲学家们的任务就是寻找这一基础，而与此相适应，在传统哲学家看来，哲学在人类的各种文化样式中也处于基础地位。后现代哲学家罗蒂指出："自希腊时代以来，西方思想家们一直在寻求一套统一的观念，这种想法似乎是合情合理的，这套观念可被证明或批评个人行为和生活以及社会习俗和制度，可为人们提供一个进行个人道德思考和社会政治思考的框架。'哲学'（爱智）就是希腊人赋予这样一套映现现实的结构的观念的名称。"① 但是，绝对的基础根本是不存在的，而要想找到这样的基础更是一种幻想。这种基础主义的信念实际暗含着一种不平等的等级秩序，罗蒂明确指出，我们应当摒弃西方特有的那种将万事万物归结为第一原理或在人类活动中寻求一种自然等级秩序的诱惑。在后现代哲学看来，它应当被终结。任何人不应再有寻求基础性的根据、自明性的第一原则以及先验体系的幻想。哲学应当从这些虚幻的信念中摆脱出来。罗蒂认为，西方近代以来的认识论都暗含着这样一个信念：知识是由于一种特殊的镜式本质才成为可能的，而这种镜式本质使人类能够反映自然。也就是说，西方哲学把人的心灵看成是再现和表象外部世界的镜子。心灵之镜对作为外部实在的世界本质的反映，构成着客观的真理。人们一旦认识到心灵之镜的本质，那么，所有的知识就会获得一劳永逸的可靠性基础。这种以认识论为中心的表象主义的"镜式哲学"，构成了西方哲学的经典模式。罗蒂认为，这种把人心作为自然之镜的表象主义并不是可靠的。这面镜子可能布满了迷信和欺骗。今天已经没有人相信，我们内心深处还有一个标准可以告诉我们是否与实在相接触；也没有人相信，终究有一天我们会达到绝对真理。传统的镜式哲学在当代终于要被终结了，因为它消除了世上还有新事物的可能性，消除了诗意的而非仅仅是思考的人类生活的可能。罗蒂认为，在后哲学文化的背景下，当代哲学如果再固守独立于历史和社会发展之外的"永恒不变的哲学问题"和追求"纯粹普遍的绝对真理"，就显得与时代格格不入了。而把哲学奉为"一切文化的基础"和"科学之科学"的自我意识已经过时。当代哲学的发展必须转换视界，走向多元而开放的世界，摆脱自然等级秩序的诱惑，作为和其他文化样式平等的姿态发挥文化批评的作用，自由地表达它对这个世界和这个时代的理解。

其次，后现代哲学明确地反对现代性所蕴含的实体主义和本质主义倾

---

① 罗蒂：《哲学和自然之镜》，李幼蒸译，生活·读书·新知三联书店1981年版，第1页。

向。包含西方近代哲学在内的西方传统哲学对人与世界的理解坚持实体化的知性思维，把人与世界的本质当作永恒在场、超越时空的"实体"，固守本质的先在性与前定性，这种实体主义与本质主义迷恋于普遍性、绝对性和同一性，追求绝对自足的先在本质。后现代哲学对西方近代哲学的这种知性思维进行了消解，张扬差异性和不确定性。用后现代哲学家利奥塔的话说，就是"让我们向同一整体开战；让我们成为那不可表现之物的见证人；让我们持续开发各种差异并维护'差异性'的声誉而努力"[①]。德里达通过"延异"、"增补"等策略来解构传统哲学实体化的二元对立的逻辑，刻意强调差异性和不确定性，从而使传统哲学的实体主义、本质主义的结构方式遭到前所未有的革命性颠覆。

最后，后现代哲学表明了对现代性所蕴含的中心主义的反叛。西方近代哲学竭力去寻求某种"中心"，这种"中心"既在传统哲学的理论结构中居于基础和本质地位，支配和制约着整个结构，但它同时似乎又游离于整个结构之外。中心与边缘的二元对立构成了整个结构的基本秩序。在近代西方哲学那里，居于中心地位的毫无疑问是"理性"与作为主体的"人"。在后现代哲学看来，理性中心主义构成了西方哲学的顽固传统。后现代哲学致力于拆除理性的"虚伪面具"。按照利奥塔的说法，理性与权力是一个东西，是同一的。福柯则通过"知识考古学"的发现，认为西方社会的癫狂史其实就是人们以"理性"为中心迫害、压抑"非理性"的疯人的历史，理性的中心地位历史地与权力联系在一起。通过这种"非常"的发现，后现代哲学力求推翻理性的中心地位。同样，对人的主体中心地位，后现代哲学也进行了义无反顾的拆解，以使之彻底崩溃。福柯同样通过对"人"这一概念的考古，认为所谓"人"的概念只不过是特定历史时代的一种认识论建构，并不是永恒的。"人之死"已经成为福柯广为人知的一个著名论断。可以说，这是福柯继尼采说出"上帝"死了之后的又一惊世骇俗之语。在福柯看来，到了现代，"人"这个原来知识的主宰变成了知识的客

---

① 王岳川、尚水编：《后现代主义文化与美学》，北京大学出版社 1992 年版，第 24 页。

体，才出现了现代的"人"。在这个意义上，人是现代性的产物。如果说，西方基督教认为上帝创造了世界，那么，现代思想则认为人赋予世界以秩序，赋予全部知识以确定性。因此，"人"的诞生是现代时期最重要的事件。"人"的诞生意味着全部知识归根到底全部来自于人，人成为知识的王者。现代时期成就了把人置于世界中心地位的人类中心主义观念。从此，上帝的中心位置被人取代。如果说"人的诞生"是"知识型"变化的后果，"现代知识型"造就了"人"，那么，很容易就可以预见到这一事实：当代"知识型"的再次变化将导致"人"的死亡。福柯认为，人关于自身的迷梦已到了尽头，现代的丧钟正开始敲响，我们正在经历着又一次"知识型"的裂变。随着尼采宣布"上帝死了"，福柯也宣告："人也已经死了"，"人"就像画在海边沙滩上的一张面孔，终将会被抹去。从此，"人"将不再处于创造的中心地位，不再站在宇宙的中心位置。福柯通过"知识型"的考察，表明现代"人"的观念无非是特定历史时代的一种文化与观念的建构，人的理性主体形象以及人类中心主义观念实际上是"现代性的一个发明"，福柯以此表达了对现代性进行批判的后现代态度。

德里达也指出，自我同一性的主体实际上从来也没有真正实现。正像尼采所预言的，作为主体的人就这样从中心位置滚向一个未知数。德里达用"解构"的方法来消解一切在场的形而上学及中心主义的思想倾向。"解构"一词现在不仅成为学术界经常使用的学术用语，而且已经几乎成为日常用语了。人们常把解构看成是颠覆和否定的同义语。实际上，解构在德里达那里是一种"超出哲学的非哲学思想"，也就是说，德里达想通过解构所达到的是一种类似于"以子之矛攻子之盾"的手法去消解传统哲学的思维方式和话语系统，以一种非哲学的方式思考问题，它所要反抗的乃是"存在的霸权"。这种"存在的霸权"就是作为西方形而上学的思想传统的"逻各斯中心主义"。在传统形而上学的思想家那里，他们往往推崇总体性、基础性、确定性、同一性。德里达所解构的正是这种被传统形而上学所强加的等级的结构秩序，以颠覆传统形而上学的二元对立，从而突出差异性和不确定性。在德里达看来，只要瓦解了传统形而上学赖以自持的顽固的结构秩序，那么，传统形而上学必然会陷入坍塌。毫无疑问，这种解构对西方形而上学所带来的震动是巨大的。德里达的解构主义对于西方传统形而上学而言无疑是具有摧毁性的，它对逻各斯中心主义的批判表现出深刻的彻底性和决绝态度。它对"在场的形而上学"的抨击异常辛辣，其解构的手法也令人耳目一新。解构主义动摇了人们通常所具有的根深蒂固的结构传统观念，敞开了意义的不确定性，摧毁了传统形而上学二元对立的思维方式和等级秩序，展现了一种崭新的思想方式，改变了人们关于哲学的基本观念，迫使当代哲学的存在样式发生重大的思想变化，从而使哲学打破了原有的桎梏而焕发出新的活力。因此，解构主义表现出反哲学思想传统的"后哲学文化"倾向，这一倾向具有鲜明的后现代性风格，体现了追求精神自由的时代精神。

毫无疑问，后现代主义哲学对西方传统哲学的批判是犀利的，也是有效的。具体而言，后现代主义思想家们的批判路径和手法各有个性。无论是福柯的知识考古学和系谱学的分析，还是德里达辛辣的解构主义，其思想方法之标新立异，其理论风格之特立独行，其思想观点之激烈新锐，都令人眼花缭乱，目不暇接。后现代主义哲学对西方哲学内在缺陷的揭示和传统形象的颠覆，表明了西方哲学自我批判自我反思的内在否定性，同时也揭示了西方哲学范式转型和形象转换的必然性。正是通过对主体与客体、中心与边缘、本质与现象、深层与表层、本原与派生等二元对立关系框架的批判，后现代主义哲学表现出对西方传统哲学的反叛和对现代性的批判。通过这种批判，后现代主义哲学终结了"现代性"的神话，也力图实现西方哲学的后现代性转向。正如后现代主义表现出对于确定性的拒斥态度一样，后现代主义者及其思想也是不确定的。甚至有这样的说法，有多少个后现代主义者，就可能有多少种后现代主义的形式和思想。尽管存在着如此的不确定性，我们多少还是能从这些思想家的身上感受到他们所流露的有共同倾向的东西。

后现代哲学所表露的后现代性的态度与现代性的态度真的是水火不相容吗？实际上，从后现代哲学所彰显的"后现代性"的态度来看，一方面，

"现代性"的态度是它批判和反思的对象；另一方面，"后现代性"的这种批判和反思的态度与"现代性"的态度所代表的启蒙、自由与解放的价值旨趣无疑又是一致的。如果说，现代性的态度是将人从前现代的"神性"之蒙中解放出来，那么，后现代的态度则致力于将人们从"现代性"之蒙中重新解放出来。正是在这个意义上，利奥塔将后现代性理解为"重写现代性"，这一理解无疑是充满辩证意味的。这无疑表明，后现代性对于现代性而言具有参与性的、建设性的意义。但尽管如此，彻底的反叛和无情的消解使后现代哲学不可避免地流露出相对主义与虚无主义的思想倾向。后现代主义对思想确定性的消解、对历史连续性的拒斥、对真理客观性的否定以及对意义崇高性的反叛，不可避免地存在着导向相对主义和虚无主义的危险。这不仅使哲学这一最为古老的文化样式在当代存在的合法性面临着深深的危机，也在一定程度上也加深了当代西方文化的精神危机，使西方文化精神陷入到"生命中不堪承受之轻"的精神困倦中。

第二节 现代性的精神问题及其根源

现时代的每个人都处于现代性的境遇之中，那么，造成精神家园现代性的理论根源是什么呢？对于现代性，众多思想家都有着各自独特的理解和认知，也对现代性的精神问题及其根源进行了批判性的反思。能否真实地思考精神生活和精神家园问题，取决于能否真实地思考现代性的精神问题及其根源，这不仅是现代性精神生活问题的题中应有之义，也是构建中华民族共有精神家园切实可行的理论出发点。

一、"个人主体性原则"与精神家园的失却

精神生活的物化现状以及精神家园的现代性焦虑最深层的理论根源在于社会的转型，即传统社会向现代社会的转型。现代社会之区别于传

统社会的根本精神及其特质，乃是以"个人主体性"的生成为标志的。黑格尔明确指出：现代世界是以主体性的自由为其原则的。这种"主体性"原则最早是由笛卡尔哲学奠定，在康德、费希特等人那里得到了进一步深入表达，并在黑格尔那里达到哲学的自觉。哈贝马斯曾指出，黑格尔是"使现代脱离外在于它的历史的规范影响这个过程并升格为哲学问题的第一人"，黑格尔第一次明确地把"主体性"概括为"现代的原则"，这一原则主要包括四方面的内涵："首先是个人（个体）主义：在现代世界，所有独特不群的个体都自命不凡；其次是个人的批判的权利：现代世界的原则要求，每一个都应认可的东西，应表明它自身是合理的；第三是行为自由：在现代，我们才愿意对自己的所作所为负责；最后关键的是唯心主义哲学自身：黑格尔认为，哲学把握自我意识的理念乃是现代的事业。"①

"个人主体性"这一现代性的基本原则，是作为中世纪宗教特权的替代物而出现的。在中世纪，上帝是社会和人们生活的意义根据和价值源泉。在现代社会则把人从神意的统治下摆脱和解放出来，这就要求从个人主体性出发，来为社会和人的生活，为科学、艺术和哲学重新奠基。正是这种"主体性"原则，支撑了宗教改革、启蒙运动和法国大革命，确立了现代文化形态，在现代，宗教生活、国家和社会以及科学、道德和艺术等都体现了主体性原则。"主体性"原则取代了以往宗教所发挥的绝对的一体化力量，成为现代人生活的价值源泉。

毫无疑问，相对于传统社会依附于高高在上的神圣权威，个人主体性原则的确立标志着人的一次重大解放，因而标志着现代性的巨大成就。然而，在这种成就背后，同时隐含着一个深刻的危机，那就是随着"自我"成为了"实体"、"绝对实在"和"最终根据"，社会统一性和精神家园必将面临着严峻的挑战。

这种严峻挑战根源于个人主体性原则所内蕴和遵循的"对象化逻辑"。

---

① 哈贝马斯：《现代性的哲学话语》，曹卫东等译，译林出版社 2004 年版，第 20—21 页。

"对象化逻辑"是一种"主客二元对立"的逻辑，把自我确立为主体，总是同时与把自我之外的他者规定为"客体"不可分割地关联在一起。从根本上讲，个人主体性原则是一种把个体性的"我"视为第一性的实体的原则，它把主观意识的"自我"实体化为"主体"，强调自我意识的同一性，是保证其他一切存在者存在的最终根据，认为只要确立作为突出的基底的我思自我，绝对基础就达到了，这就是说，主体乃是被转移到意识中的根据，即真实的在场者，就是在传统语言中十分含糊地被叫作实体的那个东西。立足于这种"自我"，一切自我之外的"非我"都与"我"相对立，并由"我"所规定和涵盖。与绝对第一性的、高于一切的"自我"相比，"非我"完全是一种派生的、外在的事物。可见，个人主体性原则体现的是一种以自我为中心，把外在之物对象化的统治性原则。对此，海德格尔概括道，自笛卡尔以来，"'我'成了别具一格的主体，其他的物都根据'我'这个主体才作为其本身而得到规定"，"存在者之存在是从作为设定之确定性的'我在'那里得到规定的"。①

贯彻这种"对象性逻辑"，必然使得他人成为"我"的"他者"，人与人之间的关系成为一种互为对象性关系，从此出发是不可能建立一种主体间相互承认的团结关系的。对此，黑格尔曾做过专门的探讨，他指出，"个人主体性"原则在实质上是一种"知性"的原则，这种知性原则表现为一种控制性、征服性的"暴力"，这种"暴力"体现在对他人的关系上，将把他人"作为客体加以压迫"。每个人不仅把社会共同体视为只具有工具性价值的东西，而且，也把他人当作只具有工具性价值，由此必然导致社会生活共同体的分裂和"伦理总体性"的瓦解。这一点在"市民社会"这一展现"个人主体性的舞台"中得到了最为集中的体现。"在市民社会里，每个人都以自身为目的，其他一切在他看来都是虚无。但是，如果他不同别人发生关系，他就不能达到他的全部目的，因此，其他人便成为特殊的人达到目的的手段。但是，特殊目的通过同他人的关系就取得了普遍性的

---

① 《海德格尔选集》下卷，孙周兴译，上海三联书店1996年版，第882页。

形式，并且在满足他人福利的同时，满足自己。"①市民社会是个人私利的战场，是一切人反对一切人的战场，同样，市民社会也是私人利益跟特殊公共事务冲突的舞台，并且是它们二者共同跟国家的最高观点和制度冲突的舞台。在市民社会中，一切癖好、一切禀赋、一切有关出生和幸运的偶然性都自由地活跃着。在几乎相同的意义上，马克思指出：在"市民社会"中，社会结合的各种形式，对个人说来，才是达到他私人目的的手段，才是外在的必然性。在这里，我们可以清楚地看到，当"个人主体性"成为现代社会的支配原则时，所谓社会将成为一个为自利目的而进行合作的外在结合体，并因而丧失内在的统一性。

与此相关，个人主体性作为支配性原则，必然导致价值个体主义的兴起和价值共识的危机，从而使社会统一性失去所必需的精神基础。社会的统一性需要内在的精神基础来予以支撑，在传统社会，这种精神基础是由某种超人的神圣的精神力量来充当的，迪尔凯姆将其概括为"集体意识"，其典型表现形式就是宗教。在这种"集体意识"规范下，"集体人格完全吸纳了个人人格"，所以整个社会以"集体意识"为纽带，以"个人的相似性"为基础，保障着社会的统一性得以实现。在现代社会，随着个人主体原则的确立，个人不再忍受和臣服笼罩于其上的神圣的精神力量的统治，他要求大胆而独立地运用自己的理性，其立足点乃是"从自身出发的思维，是内在性……现在的一般原则是坚持内在性本身，抛弃僵死的外在性和权威，认为站不住脚。按照这个内在性原则，思维，独立的思维，最内在的东西，最纯粹的内在顶峰，就是现在自觉地提出的这种内在性"②。这意味着，每一个生命个体把他的独立性看成是绝对性的，把自身视为价值的最高主宰者和立法者。

从这种价值个体主义立场出发，一切价值判断都是自我"个人意志"的产物，一个人接受这种价值而拒斥另一种价值，最后的根据和权威完全

---

① 黑格尔：《法哲学原理》，范扬、张企泰译，商务印书馆1961年版，第197页。

② 黑格尔：《哲学史讲演录》第4卷，贺麟、王太庆译，商务印书馆1978年版，第328页。

是他自身。于是，任何非个人的、具有普遍性和客观性的道德权威就彻底失去了存在合法性。道德行为者从传统道德的外在权威中解放出来的代价，是新的自律行为者的任何所谓的道德言辞都失去了全部权威性内容。各个道德行为者可以不受外在神的律法、自然目的论或等级制度的权威的约束来表达自己的主张，价值是由人的决定所创造的，每个人的良心都是不可被推翻的，而价值乃奠基于选择，它只能拥有纯粹主观的根据。很显然，价值个体主义必然使得价值判断失去统一性，价值信念必然陷入分歧和争斗，这里有不同的神在相互争斗，那些古老的神，魔力已逝，于是以非人格力量的形式，又从坟墓中站了起来，既对我们的生活施威，同时他们之间也再度陷入了无休止的争斗之中。由此导致的后果便是普遍性、公共性的价值共识与价值规范处于危机之中，而失去了普遍性、公共性的价值共识与价值规范，就意味着社会统一性所必需的价值共契和精神基础也随之消失。

通过上面分析，我们可以看出，现代性精神问题其深层含义是与现代性的兴起、与个人主体性这一现代性的基本原则内在地联系在一起的。个人主体性原则由于它所内蕴的对象性逻辑和价值个体主义取向，使得人与人之间成为一种外在的关系，并且使得现代性的精神家园付之阙如。这是现代性精神问题陷入危机的深层根源。

二、物的依赖性与人的独立性

马克思从人的生存方式的角度去把握传统社会向现代社会的转型，并以此洞悉现代性精神问题的根源。在马克思看来，在传统社会中，人的存在方式可以用"人的依赖关系"加以规定。"人的依赖关系"表明了人的依附性的生存状态。在传统社会中，单独的个人还没有成为独立的个体，人们的生产能力还只能在狭隘的范围内和孤立的地点上生长着，生产力的总体发展水平比较落后，人们只能依赖于周围的自然界以及自身所从属的人群共同体，个人既无独立的人格又缺乏自主的活动能力，只能是"一定的狭隘人群的附属物"。这一形态下，人们的生活总体上具有自在自发的性质。传统社会在经济生活方面，表现为自给自足的自然经济；在政治生活方面，表现为等级化的专制政治；在文化生活领域，则体现为蒙昧主义的神圣文化。如果从私人生活和公共生活的关系来看，在传统社会，私人生活和公共生活是一体化的，或者说，私人生活还没有完全从公共生活中分离开来而获得自身的独立性。

在现代社会，人的存在方式则转变为"以物的依赖性为基础的人的独立性"。这表明，人的存在开始过渡和转变为个体独立性的存在，人们的生活在总体上具有了自由自觉的性质。现代市场经济打破了传统的等级从属的人身依附关系，也改变了传统的狭隘和固定的社会分工和生产方式，使每个个体作为独立的主体参与经济活动和社会生活，每个个体依赖于个人的自主活动来创造自己的生活。现代社会的经济生活表现为自由竞争的市场经济，政治生活则表现为民主法治的政治生活，文化生活则体现为世俗理性的文化生活。如果从私人生活和公共生活的关系来看，在现代社会，私人生活和公共生活开始分离，这意味着个体的私人生活获得了独立的发展空间。从传统社会下人的依附性的生存状态转变为现代社会下人的独立性的生存状态，不是一下子就完成的，而是表现为一个历史性的过程。现代人在此过程中，获得了矛盾性的体验。

在现代，当人依靠对物的依赖挺立起个体的独立性之后，科技理性的发达所带来的不断涌流的物质财富使人陷入了深深的陶醉之中，"物质带着感性的光辉"向人们发出微笑，人们在享受不断改善的物质生活之余，也深切地体验到现代社会所带来的自由感。在传统社会，人的存在一方面依赖于自然纽带，另一方面依赖于一定的人群共同体。人与自然的狭隘关系决定了人们之间的狭隘关系，人与人之间的关系只是表现为狭隘的自然性关系。个体必须绝对地依赖于共同体，并表现为"一定的狭隘人群的附属物"。在人的依赖关系下，个体真正的独立性还没有形成，现存的个人只被看成是人的"类"属下的各个样品。人的个性的自觉意识往往被各种各样的神圣化的社会"理性"所压制，即使是个体的感性需要也往往遭到限制，有限的个性呐喊常常被窒息在神圣实体的重压之下。形上理性作为信仰的理性，它在使普遍的人性得到了抽象化的表达之后，又吞没着人的本质的现实性，反过来使人感受着"生命中不堪承受之重"的精神负担。而在现代社会，市场经济把人身依赖转化为对物的依赖，对物的依赖打破了传统社会等级化的人身隶属关系，独立的个人以个人相互之间的平等关系为前提，展开市场经济的商品生产和商品交换活动，从而大大解放了生产力，个人的生活需要依靠自己的能力得到满足，成为自己主宰自己的独立主体，从而获得了前所未有的自由感。

但是，伴随着自由的获得，现代人又不可避免地陷入焦虑的存在状态。海德格尔对现代人生存情绪的揭示发人深省。在海德格尔的思想中，人与世界是密不可分地融为一体的，人是在世界中存在的人，世界是人的世界。此在在世界中存在，他不得不同形形色色的外物打交道，同其他"在者"混在一起，也不能不与其他人打交道，"与人共在"。海德格尔用"混世"与"共在"来说明"此在""在世"的这两种状态。海德格尔认为这是"此在"不可避免的状况。但是，他认为人在日常生活中的这种存在状态并非"此在"的"本真状态"，而只是"非本真状态"。因为，在"混世"中，人经常同外物打交道，把它们当作工具来操作、使用，结果人虽然达到了在日常生活中追求的目的，却使人把自己视为与外物一样的"在者"，使自己降到与物相同的水平上去了。同样，在"与人共在"中，自我与他人无情竞争，意欲取胜，结果反而为公众的好恶所制服，养成了人云亦云、模仿他人的习气。人家怎样享乐我就怎样享乐，人家如何阅读我就如何阅读。这样，自我就丧失了个性，成了无个性的"常人"。总之，"此在"在"在世"中，"沉沦"于日常生活，不是作为自身而存在，不是处于"本真状态"，而是处于"非本真的状态"之中。

海德格尔认为，此在的基本存在结构是"在世"，只要此在存在着，他就已经处身于世，而且"不得不存在"。因此，此在不是自己选择而来到这个世界上，而是不由自主地"被抛"到这个世界上来的。海德格尔称此在的这种处身状态为"被抛状态"。海德格尔认为，此在虽然是被抛到这个世界上来的，但是，此在的存在状态却不是某种既成事实的"事实状态"，此在和世内其他存在者不同，"此在"的本质是生存，他没有任何先验的本质，他的本质是在他的"存在"过程中获得的。在海德格尔看来，人的生存是一个向外开放和超越的可能性状态，此在和可能性密切相关，此在就是从他的生存来造就自身。海德格尔认为，生存等于说能在。他把生存性称作超越性，认为此在生存着实现各种可能性是通过不断超越完成的，因此，人是超越自身的东西。在海德格尔看来，此在不仅是一种超越性的存在，而且是一种能够领会其自身存在状态的存在。此在通过对自身存在状态的领会，筹划未来，发展其各种可能性，不断实现自我超越，从而使此在不断地更新自己、丰富自己，"获得自己本身"，他才能够对自己说："成为你所是的。"

尽管超越性是此在的本性，但是，在日常生活中，此在往往既不能清醒地意识到自己这种"被抛"而处身于世的状态，也不能领会自身、筹划未来。因为，此在在世必然要与其他存在者、他人打交道，必然要处于一定的自然和社会环境中，必然受到常人统治的社会政治制度、社会舆论、法令法规、思想传统、道德规范、风俗习惯等的影响和约束。于是，众人怎样享乐，我们就怎样享乐；众人对文学艺术怎样阅读判断，我们就怎样阅读判断；竟至众人怎样从大众抽身，我们也就怎样抽身；就是这个众人指定日常生活的存在方式、平均状态是众人的一种生存论性质。海德格尔认为，在日常生活中，此在丧失了他的本真性，以非本真的方式存在，这时的此在已经变成"常人"，人云亦云，丧失了个性，"失去自己本身"，这就是此在的"沉沦"。

海德格尔认为，情绪是"此在"的现身，人总是在情绪中领悟自身的。"此在"的情绪状态就是"烦"和"畏"。海德格尔认为，此在总是不可避免地与周围世界打交道，在与他人、与物打交道的过程中，"烦"是不可避免的。此在正是在这种"烦"中才体验到自己的存在。但"烦"还不是存在的真正本质，"畏"才是存在的真实状态或实质。海德格尔区分了"畏"和"惧"。二者讲的都是怕，但又有所不同，惧是小怕，畏是大怕，惧有所惧之对象，是指外界的具体对象对个人形成的威胁在心理上的反映，而畏却无所畏的具体的对象，畏的是一种无形的、不可名状的东西对个人形成的威胁。因此，畏比惧更可怕。它浸透了此在的心灵深处而永远无法自解。实际上，此在畏之所畏者是死亡。实际上，海德格尔通过烦、畏等深刻地揭示了现代人在现代社会中比较基本的存在状态和生存情绪。

由此我们可以看出，自由与焦虑似乎构成了现代人的两种基本情绪。而这种自由与焦虑的生存情绪是每个现代人在日常生活中都能够深深地体验到的，这也就是我们所体验到的现代性。从这种真切的体验中，我们可以深刻地把握现代社会的本质。

现代性不仅包含着制度的规定性，也蕴含着精神的规定性。现代社会的精神之维指的是现代性在时代意识上所表现出来的区别于传统社会的特殊属性。可以说，理性精神构成了现代性社会的精神标识。现代性的理性精神首先表现为个体独立性的主体自我意识。笛卡尔的"我思故我在"的论断，鲜明地表达了现代的理性精神，表明人作为主体的自我意识的觉醒，也意味着在现代社会人作为个体从自在自发的生存状态过渡和转变为自由自觉的生存状态。与主体自我意识的觉醒相呼应，现代性的启蒙蕴含着坚定的历史进步信念。人作为主体，相信自己可以通过自己的自主活动推动历史进步，从而实现人的真正解放和自由，构成了现代性的基本信念。现代性在思维方式上体现为主客二元对立的思维方式，这种思维方式的背后蕴含着工具理性的价值态度。

第三节　中华民族的精神境遇与追求

对于中国这样一个具有悠久文明历史传统、发生"千年未有之变局"的国家而言，如何在精神层面上走出传统与现代、东方与西方、有神论与虚无主义之间的二元对立，在精神层面上真正挺立中国社会乃至中华民族发展的主体自我意识，在价值层面上形成最为基本又最为广泛、最为平凡但又最为深刻的价值认同，是中华民族的精神境遇与追求。

一、精神家园的物化境遇

就像许纪霖先生说的那样，"在中国社会，一个很有趣的现象便说明了精神生活的物化境遇，这就是：'越是经济发达、生活富裕的地区，庙里的香火越是旺盛，各种祭祀活动和宗教仪式越是隆重。当神圣性从人们门前被驱逐出来之后，又从后门溜回来了'"[①]，这与马克思的判断是一致的。当马克思说"资产阶级在它已经取得了统治的地方把一切封建的、宗法的和田园诗般的关系都破坏了。它无情地斩断了把人们束缚于天然尊长的形形色色的封建羁绊，它使人和人之间除了赤裸裸的利害关系，除了冷酷无情的'现金交易'，就再也没有任何别的联系了"[②]，他指的也是精神生活的严重物化现状。

精神生活的秘密不在人们的精神、意识自身之内，而在于人的总体的存在状况和现实的生活过程之中。马克思主义哲学对人的生活基础具有高度的哲学自觉，坚持物质生活资料的生产活动对人的全部生活活动具有基础性的意义。在马克思看来，实践活动不仅是改变人的物质生活条件的现实力量，同时也是改变人的精神生活世界的现实力量。作为对象化的实践活动，必然表现为一定的物化。这种物化通过现代科技、工业、商业，从而成为人的本质力量的表现和确证。自然科学通过工业日益在实践上进入人的生活，改造人的生活，并为人的解放做准备，尽管它不得不直接地使非人化的充分发展。在此意义上，物化对于人的存在与发展而言具有历史的必然性，是人占有自身全面本质的必要环节，它为人的全面发展和自由个性的实现奠定了不可缺少的物质基础。马克思认为，物化之所以具有异化的性质，乃是由于物化与资本主义私有制结合在一起造成的。同时马克

---

① 许纪霖：《世俗时代与超越精神》，江苏人民出版社 2008 年版，第 102 页。
② 《马克思恩格斯文集》第 2 卷，人民出版社 2009 年版，第 33—34 页。

思确信，对物化的超越和扬弃也同样是历史的必然，而生产力的发展则成为绝对必需的实际前提。因为，"在极端贫困的情况下，必须重新开始争取必需品的斗争，全部陈腐污浊的东西又要死灰复燃"①，所以，创造必要的物质生活条件，是人的存在和精神生活获得自由发展的基本前提。对于马克思而言，物化所导致的精神生活的感性化，是人通过感觉所实现的自我肯定，因而具有一定的解放意义。只是物化所导致的感性化，还需要进一步超越需要和享受的有限性及其所具有的利己主义性质，也还要进一步提升和创造为"同人的本质和自然界的本质的全部丰富性相适应的人的感觉"②，而这又依赖于社会基本关系的变革和推进个体的社会化进程。

马克思十分强调"社会"这一普遍的和客观的规定性对于人的精神生活所具有的真实意义，明确要求应当避免重新把"社会"当作抽象的东西同个体对立起来，已经生成的社会，创造着具有人的本质的这种全部丰富性的人，创造着具有丰富的、全面而深刻的感觉的人作为这个社会的恒久的现实。显然，马克思要求的是一种新的精神生活样式，这是一种建基于发达的公民社会、追求个体化与社会化的高度统一，因而个体能够自由自觉地实现并提升其感性丰富性的精神生活样式。因此，马克思坚定地认为，只有改变把物化和个体化固定下来的社会关系，推进个体化与社会化统一的历史进程，改变劳动的社会性质，从而使劳动和财富抛掉狭隘的资产阶级的形式，使"偶然的个人"、"狭隘的利己主义的个人"转变为"有个性的个人"和"社会化的人"，把资本的独立性和个性变为人的独立性和个性，才能使人的存在获得社会历史的提升，人的精神生活才能挣脱个人内在意识和"主体性形而上学"的固执和偏狭，敞开内在的丰富性和普遍的自由性。

对于马克思来说，从"个体化的人"向"社会化的人"的生成，依赖于现代性社会的变革和重构，而这首先需要对"非神圣形象的自我异化"

---

① 《马克思恩格斯文集》第 1 卷，人民出版社 2009 年版，第 538 页。

② 《马克思恩格斯文集》第 1 卷，人民出版社 2009 年版，第 192 页。

进行无情的批判。马克思把宗教的批判理解为一切批判的前提，通过揭露宗教的世俗基础而戳穿了"人的自我异化的神圣形象"，从而试图使人的本质确立起现实性的主体自我意识。与此同时，马克思明确地把"揭露具有非神圣形象的自我异化"作为自己的历史任务。对于现代人而言，"非神圣形象的自我异化"依然在不断获得新的形式，"形而上学的同一性"也不断产生着新的变种。要想超越精神生活的现代性困境，人类精神依然需要展开"非神圣形象的自我异化"的马克思主义哲学批判，继续深化与拓展马克思主义哲学批判的当代视域。

毫无疑问，在全球化的背景下，晚期资本主义文明的扩张及其所形成的强大的同一性力量，正日益成为人类精神生活的主体自由性与文明发展的多样性需要反抗和消解的对象。现代性社会虽然从西方资本主义社会开始，但却不局限于西方资本主义。现代性社会及其精神生活的重构，不仅有赖于物质生活条件的极大改善，更依赖于特定社会制度的创新与核心价值体系的建设。这一方面需要超越西方资本主义的"资本的逻辑"及其所从属的制度框架，另一方面也需要扬弃西方资本主义的自由主义与个人主义的价值体系。黑格尔曾以绝对精神的辩证法表征了个体精神达到普遍精神，从而使人崇高起来的全体自由性的实现过程。在黑格尔看来，经过漫长的思想道路，精神终于实现了对自己的自觉，从而认识到思想是对自己的思想，是对自身实现自我肯定的自我意识。撇开黑格尔思想所具有的唯心主义形式，我们能够从中看到被抽象思辨表达的关于人类精神发展的马克思主义哲学真理。在这个意义上，克服和抵御精神生活的现代性困境，内在地要求超越自命为普遍性的狭隘西方视域，回到自身的主体自我意识。在马克思主义哲学看来，精神生活显然不只是个体意识内的私人事务，它是社会的，也是历史的。对于一个民族而言，精神生活是规定一个民族的精神素养、文明方向和历史命运的大事。我们的思想传统历史性地规定了我们对世界的感受方式、情感体验和生活态度，它对我们的精神生活具有家园般的奠基意义。真正自由的精神生活不可能是他人的，而只能从自身的传统中流淌并开放、延展出来。只有在自身思想传统所奠基的家园中，人们的精神生活才能找到熟悉的自由感觉，才能享受相感相应、相亲相属的存在意义。因此，精神生活的现代性重构，要求把个体的精神生活奠基于社会历史发展的总体进程中，并积极地促进民族思想传统的现代性转化。社会主义作为对资本主义的扬弃和超越，需要在改革和开放的实践中，创新用来规范和引导社会关系的更为合理的制度文明，同时创造性地阐释和提升既植根于自身思想传统又超越于资本主义的核心价值理念。只有如此，才能为人的全面发展和精神生活的全体自由性创造更加和谐的社会关系，才能更好地引导和塑造人们的精神生活。

在马克思主义哲学的语境中，关于精神生活的话题显然不是一个轻松愉快的话题，它甚至被赋予了严肃的和沉重的使命。在现时代，物化与个体化似乎使时代精神不得不暂时筑居在怀疑主义、非理性主义和虚无主义的阴影中。尼采曾先知般地断言，此后的时代是虚无主义的时代。美国学者宾克莱在《理想的冲突》中也用相对主义来规定这一时代的精神本质。后现代主义哲学的出现，似乎进一步印证并强化了上述说法。按照海德格尔悲观的理解，面对技术座架的催逼，无家可归的人类只能凝神沉思，期待上帝的救渡。由此，海德格尔又把诗意栖居的精神家园复归于西方的宗教传统。这起码表明，海德格尔的思想还无法完全走出西方思想文化的轨道和意识形态，也还没有达到马克思主义哲学的高度与境界。马克思主义哲学把精神生活的自由被看成是人类解放的事业。由此，精神生活问题被导入了人类解放论的境域。马克思说："历史是认真的，经过许多阶段才把陈旧的形态送进坟墓。世界历史形态的最后一个阶段是它的喜剧。"[1]科学地确证历史发展的必然性，并由此承诺人的自由解放的价值理想，这是马克思主义哲学对人类发展境界的精神自觉，也是对人类发展的必然性与应然性信念的理性表达。马克思主义哲学透过社会形态曲折发展的历史进程，揭示和确认了历史发展的必然性和规律性，为人类实现自由而全面的发展开辟了一条真理性的思想方向和历史道路，也把人类的精神生活带

---

[1] 《马克思恩格斯文集》第1卷，人民出版社2009年版，第7页。

入了内在超越的崭新境界。它为迄今为止仍显脆弱的历史进步信念注入了内在的坚定性，也为人类的精神生活战胜怀疑主义、非理性主义提供了坚实的根基。自然主义和人道主义内在统一的存在论承诺，以及自由个性的生活理想，是马克思主义哲学的思想期待，也是现代人需要用实践确证的精神方向。对于现时代人类的精神生活而言，作为科学的理论与希望的哲学，马克思主义哲学将依然具有巨大的信念引导价值。

二、精神家园的自觉意识

历史唯物主义视域下的精神家园现代性建构问题，不得不直面马克思主义哲学与中国思想传统之间比较复杂的关系。实际上，现当代西方哲学与社会理论在讨论和反思现代性的过程中，起初它所讨论和反思的主要是西方的现代性，非西方世界的发展最初并没有被纳入西方哲学与社会理论的视野之内。后来，在对西方现代性的反思中，西方现代性建构与非西方区域的关系才逐渐被揭示出来。1978 年，萨义德发表了《东方学》一书，具体分析了几百年来的西方社会是如何认知、想象和建构东方的。1992年，萨义德在其《文化帝国主义》中进一步揭示了西方中心主义的现代性话语和文化霸权如何通过对东方的殖民而隐蔽地建构起来的。乔治·拉雷恩在其《意识形态与文化身份：现代性与第三世界在场》中明确地提出，在 16 世纪开始的欧洲文化身份的现代性建构中，美洲、非洲和亚洲其实一直作为在场的他者起着重要的作用，从而表明了西方现代性与第三世界在场之间的内在关联。詹姆逊在 2002 年出版的《单一的现代性》中，试图以第三世界的观点来反观西方的现代性。罗伯逊也指出，尽管现代性观念通常以一种时间、历史的方式暗示了体制和一般经验的同质性，但是，人们现在越来越认识到，现代性在欧洲以外的其他地方正在自主地形成和建构之中。可以说，在当代现代性的认识视野中，对现代性的未来理解日益融入与自身社会生活结构内在相关的本土性思想传统、历史体验、生存际遇与生活理想。

马克思主义哲学与中国传统文化的融合过程是马克思主义中国化的过程，是对西方资本主义现代性及其物化困境的内在超越与扬弃，它为当代人的精神生活走出有神论与虚无主义之间的二元对立，实现精神家园的当代建构提供了必要的思想路径。从根本上看，马克思主义所确立的人的自由而全面的发展目标，既是对西方有神论的宗教思想传统与蒙昧主义精神生活的扬弃，也是对资本主义现代性所造成的精神生活物化状况及其所导致的虚无主义的克服与超越。在马克思看来，"无神论是以扬弃宗教作为自己的中介的人道主义"①。马克思主义的无神论在本质上既区别于有神论，又区别于虚无主义，它把人的自由全面的发展承诺为自己的价值理想与终极关怀，超越了"神圣形象的自我异化"，敞开了一种非宗教化的精神生活与信仰的思想道路，从而为现代人的精神生活走出有神论与虚无主义之间的二元对立，实现精神生活的现代性转换提供了思想上的可能性。

马克思主义中国化不仅内在地要求超越西方化以及资本主义的现代性，而且内在地要求实现中国思想传统的现代性转化。西方资本主义的现代性是一种造成人与自然、人与人、物质生活与精神生活之间尖锐对立与冲突的"矛盾的现代性"。这种现代性是与西方二元对立的形而上学思想传统一脉相承的，正如许多思想家所意识到的，物化所导致的虚无主义乃是西方超验理性主义思想传统的自我否定与自我完成。马克思所实现的哲学革命及其对西方现代性的批判，既是对西方超验理性主义思想传统与有神论的超越，同时也终结了西方中心主义、普遍主义、绝对主义的现代性文化观念与历史观念，从而使精神生活与思想传统的民族性、差异性、多样性与丰富性从根本上获得肯认与尊重。在这个意义上，马克思主义中国化的过程，也就是马克思主义与中国思想传统相互促进、相互融通的过程。从文化融合的视角来看，马克思主义之所以在当代中国获得普遍的传播、被广泛接受并获得真正的发展，不仅具有社会历史和意识形态的根由，也与马克思主义和中国思想传统在文化精神、价值理念的契合性、互

---

① 《马克思恩格斯文集》第 1 卷，人民出版社 2006 年版，第 216 页。

补性紧密相关。中国思想传统中非宗教化的入世的道德信仰精神、对和谐理念的尊崇及其所具有的包容性、融合性、现实性，与马克思主义的无神论精神、人的自由全面发展的价值理念及其具有的人类性、开放性、实践性，具有一定的契合性。这就为马克思主义与中国思想传统的相互融通、相互促进提供了可能。因此，当代中国精神家园的建构，需要以中华民族的优秀思想传统为根基，努力探索马克思主义与中国思想传统相互融合、相互促进的思想文化路径，特别是要在代表人类先进文化方向的马克思主义的引导下，使民族思想传统得到激活并经过转化而使之获得现代性，从而使精神家园的建构既具有现代性特质又具有中华民族的文化特色。在我们看来，马克思主义与中国思想传统的融合，首先应当表现为对二者相融共通的核心价值理念的凝练与提升。当代中国以人为本、和谐社会等价值理念的提出，既标志着马克思主义与中国思想传统的融合进入了新的阶段，也表明精神家园的建设正逐渐获得作为其思想内核的核心价值理念。

第四章　中华思想传统及其生命精神

　　作为世界上拥有最悠久的思想传统的伟大民族之一，中国人以其独特的智慧形成并创造了自己独特的生命传统和生命精神。中国人以直觉领悟和整体性的思维方式，追求关于人生的义理之道，追求生命与人格的完善，在天地人整体中获得其生命存在的精神家园。中华民族注重天、地、人之道，以道作为自己生命精神的形上、超越根据并形成了传承道的传统。中华民族以明德、修身、齐家、治国、平天下作为生命主题，形成了重视德性的精神品格。中华民族重视宇宙的生生不息、变化日新，重视生存与处世方式的中道与和乐。中华民族重视德性生命、超越精神并以自己独特的思维方式来领会和创造生命的存在。此种生命精神是历史的传统更是中华民族生命精神未来发展创造的资源和动力，是中华民族生生不息的生命源泉与根基，也是中华民族生存、成长与发展的生命摇篮。

第一节　悟"天"觉"人"的思想特质

　　西方传统哲学的思维，是以概念为载体通过逻辑推演的方式得出结论的抽象思维。中国人不太重视思维的过程，而更重视思想的道理。可以说，中国哲学的特有思维方式是以生活体验与心性修养的直觉体悟为主，是一种直接悟觉道理的思维方式。高清海先生认为中国哲学讲求悟道，用心体认（悟），以主体与客体、内在与外在、人性与物性的融通一体为基点。① 中国哲学、中国思想是在生命的关照下对天地人整体、对人的生命存在的直觉证悟。中国哲学是源于"生命忧患"，悟觉"生命之道"的思想体系。悟觉"道"，是中国哲学的最根本的思想主题，也是中国哲学最为显著的特征。这种"悟"的思维方式，我们认为可以表现为意向性的思维模式、"虑"的思维过程、整体性的思维视域等方面。

一、"悟道"与意向性的思维方式

牟宗三曾概括中国哲学思维是智的直觉。我们认为，中国哲学的"直觉体悟"可以理解为："直觉"中的"直"是"直接"，"觉"是"觉得"，"觉得"就是觉解道理。"体悟"中的"体"是"体会"，"悟"是"领悟"。"体会"与"领悟"都是对"道"的把握。"直觉"强调的是当下的把握，"体悟"则是思考、琢磨。直觉体悟的思维方式与中国哲学的思想主题密切相关。中国哲学要寻求"道"，我们无法通过固定的模式和程序得"道"，只能在经验的积累基础上悟得。所以中国哲学强调直接悟觉道理，而不在意思想的过程。这正如庄子所说的"得鱼忘筌"，以及王弼所说的"得意忘象"。西方哲学的话语方式主要是论证。这种方式要把思考的每个环节都清楚明确地论述出来。中国哲学的话语方式比较特殊也较为多样。从中国哲学家的著作来看，很少把思想的结果直接说出来，总是通过格言或寓言的方式加以隐喻的表达，其中的道理要人们自己去体会。例如，孔子的核心思想是"仁"，"仁"字在《论语》中出现了一百多处，但没有一处是为"仁"下定义；老子的《道德经》则全篇都是格言；庄子善于用寓言表达思想。中国哲学家的这种话语方式与"道"的本性有关。正如老子所说，"道可道，非常道"，能说出来的道就不是"常"道本身。"道"不可说，也就是不能定义。"道"是玄奥的，给"道"下定义就破坏了自身本然性的玄奥。"道"是不易的，也是变易。如果定义"道"，"道"就静止了，就成了僵死的教

---

① 参见高清海：《中国传统哲学的思维特质及其价值》，《中国社会科学》2002 年第 1 期。

条，也就失去了"道"自身的本性，不成其为"道"了。所以"道"只可意会，不可言传，一定要表达出来也只能用比喻的方式，这正是中国哲学话语方式的特点。儒家则以承当的精神积极应对这种由生存问题引发的人的心性上的问题，从正向的方面把问题引到对"生命之道"的思虑上，以对人存在着善根（仁）善性的理论把人引向心性的自我修养上来，进而通过人的自我修养达到绝弃伪诈之恶的目的。这正是《大学》强调"正心诚意"的用意所在。

中国传统文化显示了与其他文化不同的特质，正是在这种比较视域中，中国传统文化完成了成其为自身的一个是其所是的过程，即中国文化有其特质，也即中国人有自己的理解问题的方式。关于中国传统思维方式的特质，学者们提出了"整体的思维方式"、"动态的思维方式"、"关系的思维方式"、"象的思维方式"等等主张。在对《周易》、《老庄》等先秦哲学思考方式的理解基础上，我们认为中国传统思维方式的特质更应该是一种"意象思维"①，简单地说即是"立象以尽意"（《易传·系辞上》）的思维方式。虽然这样的理解仍是用西方的思维方式来解读中国传统思维的特质，但是，中国哲学在当代的理论思索之困境就在于西方文化中的因素已经成为我们建构自身的手段和方式。中西是无法完全对立分割的，因为中西文化都是通过对"道"的思考与求索来实现从形上到形下的"赋形""践形"、从灵魂到身体的"自在""自为（自觉自律）"、从个体到群体的"同构""共生"，从而达到精神生活和社会生活的和谐与幸福；也即在个体精神上有其归宿，群体生活上有其归属。东西方文化建构自身的过程就是不断地被放逐又不断地复归精神家园的历程。

二、整体性思维之"悟"

中国人基于自身生命的关怀，而有以"虑"的方式进行的生命体悟、

① 参见刘鹤丹：《〈易经〉是否属于原始思维》，《周易研究》2007 年第 2 期。

直觉体证。中国古代思想家更在天人合一的整体中体证、体悟其整体性的生命存在。中国古代哲学的核心在于将"人在天地中"、"天地在人中"的存在真实展示出来，"整体性思维"无疑是其核心与根本的特征。当今中西方大多数思想家重视建立人与自然的和谐关系，重视人与"他者"的共生关系。在强调排斥、二分、人类中心主义、主体中心主义的传统下，西方哲学家仍然有很多困难。郭齐勇先生认为："中国人没有这样的看法，自然、他人、天道都不是'他者'，而是自身或自己的一部分，或是与自己有机联系在一起的整体。"①什么是整体性思维？已故张岱年先生认为中国传统哲学的思维方式首先具有整体观点（或曰整体思维）的特征。他说："所谓整体观点，就是认为世界（天体）是一个整体，人和物也都是一个整体，整体包含许多部分，各部分之间有密切的联系，因而构成一个整体，想了解部分，必须了解整体。"②"所谓整体思维，是以普遍联系、相互制约的观点看待世界及其一切事物的思维方式。这种思维方式不仅把整个世界视为一个有机整体，认为构成这个世界的一切事物是相互联系、相互制约的，而且把每一个事物又各自视为一个小的整体，除了它与其他事物之间具有相互联系、相互制约的关系之外，其内部也呈现出多种因素、多种部件的普遍联系。其中任何一个环节或部件发生变化，都会引起整体的变化；任何环节或部位受到损害，其整体都会受到伤害，从而影响其正常的运作。这种整体思维方式在易学中表现得十分突出。"③关于中国古代哲学思维特征，众多学者从"联系性思维方式"维度进行研究，如美国汉学家李约瑟、史华慈、葛瑞汉等，但对此"联系性思维方式"进行系统梳理和研究的当推台湾学者黄俊杰先生。他认为最具有中国特色而且对现代最富有启示意义的，首推"联系性思维方式"。黄俊杰先生亦认为，基于古代中国文明的"整体性的宇宙生成论"，在儒道两家皆表现而为一种"整

① 郭齐勇：《中国哲学智慧的探索》，中华书局 2008 年版，第 13 页。

② 张岱年：《中国传统哲学的思维方式》，载《张岱年学术文化随笔》，中国青年出版社 1996 年版，第 38 页。

③ 郑万耕：《易学中的整体思维方式》，《周易研究》1995 年第 4 期。

体思维"的观点。①

中国哲学之所以呈现"整体性思维"的特征，源于它对宇宙生成、宇宙本源方面的本体论的见解。或者说，中国哲学"整体性思维"最根源的是其宇宙本源、世界本根与万物连续、互通、内在超越的本体论见解。西方汉学家牟复礼发现了中国哲学思维方式的整体性特征，他说："真正的中国人的宇宙起源论，是一种有机过程论，即整体宇宙的所有组成部分都属于一个有机整体，它们都作为一个参与者在一个自发的自我生成的生命过程中相互作用。"但牟复礼坚持这样的前提，即中国人之所以具有整体论的思想特征是由于他们缺少创世神话。杜维明先生认为，并非由于中国人缺乏一个外在于被造的宇宙的上帝观念，他们才不得不把宇宙的起源看作是一种有机的过程，毋宁说，正是由于他们把宇宙看作是连续创造活动的展开，才使他们不能想象"由上帝的手或上帝的意志从无中创造世界的观念，以及其他一切类似的机械论的、目的论的和有神论的宇宙观"②。我们可以认为，中国古代哲学关于宇宙的存在、生成、构成方式的基本观念决定了其整体性的思维方式。

《周易·系辞》言："太极生两仪，两仪生四象，四象生八卦。"从本体论的角度看，包含着天下万物皆由太极所生的内涵。理学家朱熹以"理"即阴阳五行之理的全体解释太极，认为此太极之理是宇宙万物的本体，即存在于天地万物之中，所以说："太极非别为一物，即阴阳而在阴阳，即五行而在五行，即万物而在万物，只是一个理而已。因其极至，故名曰太极。"又说："太极只是个极好至善的道理。人人有一太极，物物有一太极。"（《朱子语类》卷九四）他将"太极生两仪"理解为生则俱生，相互涵蕴，故说"物物有一太极""人人有一太极"。这无非是说，作为宇宙万物本原的太极，虽然不同于所生化的阴阳、五行和万物，但并非独立于天地万物而存在，而是寓于阴阳、五行和天地万物之中。太极含两仪，两

---

① 参见黄俊杰：《传统中国的思维方式及其价值观：历史回顾与现代启示》，载《传统中华文化与现代价值的激荡》，社会科学文献出版社 2002 年版，第 23 页。

② 《杜维明文集》第 3 卷，武汉出版社 2002 年版，第 222 页。

仪一太极，太极化生万物，万物各具一太极，衍之为万，合之为一。这又从本体论的角度，将世界万物联结为一个统一的整体。[1]"气"作为中国哲学中具有独特内涵的本体存在，亦奠定了中国哲学整体思维的基础。实际上，用"气"来概括宇宙的基本结构和功能，即说明"中国哲学家是有意识地坚持那种把精神和物质综合为一个整体的思维方式"[2]。《老子》有"冲气以为和""抟气致柔"；庄子谈"通天下一气耳"（《庄子·知北游》）；孟子也谈"浩然之气"，尚不完全具有宇宙本体的意味。气论之大成者为北宋哲学家张载。[3] 张载认为宇宙存在的根本都是"气"，他说："凡可状皆有也，凡有皆象也，凡象皆气也。"（《正蒙·乾称》）张载又把本根之气称为"太虚"，他说："太虚无形，气之本体；其聚其散，变化之客形尔。"（《正蒙·太和》）"太虚不能无气，气不能不聚而为万物，万物不能不散而为太虚。"（《正蒙·乾称》）万物形态各异，或聚或散，或生或灭，都是本体"太虚"之气存在的暂时形态。气始终存在于一切形式的具体之物中，具体之物亦共通存在于气的场域和生命的洪流之中，彼此联系、互通、息息相关。

中国哲学"整体性思维"的另一重要表现和基础乃在于其心性方面的主张。中国哲学重内在超越，价值之源在天，也在由天所禀赋的人之所以为人的"性"与"心"中。人心与天道、性与命相贯通。儒家主张在心性本然的基础上，天、人、物、我的相知、相感、相通。孔子讲"天生德于予"（《论语·述而》），人的道德根据在于天。《中庸》言："天命之谓性"，每个人在其通于天命的本性上是相通的，每个人、物都因天命、天道而获得其生生不息的生命价值。在"诚"的意义上言天、人、物、我的一体。一方面，"诚者，天之道也"。在"诚"的本体意义上，万物本然合一。另一方面，"诚之者，人之道也"。"诚之"孟子称为"思诚"，即人努力地寻求真实无妄。"至诚而不动者，未之有也。"（《孟子·离娄》）达到真实无妄，

---

① 参见郑万耕：《易学中的整体思维方式》，《周易研究》1995 年第 4 期。

② 《杜维明文集》第 3 卷，武汉出版社 2002 年版，第 225 页。

③ 参见张岱年：《中国哲学大纲》，中国社会科学出版社 1982 年版，第 42 页。

才能与物感动、感通。"感而遂通天下之故也。"(《周易·系辞传上》)人类只有真实、真诚地反思自己、认识自己,才能消解自己"理性的狂妄",取消主客对立、天人二分,突破己与人、人与物隔绝不通甚至截然对立的状态。对此,《中庸》有更集中的论说:"唯天下至诚,为能尽其性;能尽其性,则能尽人之性;能尽人之性,则能尽物之性;能尽物之性,则可以赞天地之化育;可以赞天地之化育,则可以与天地参矣。"唯有至真无妄者,才能尽量了解和展现他的本性;能尽量了知他的本性,才能了解、实现他人(或人类)的本性;能实现人的本性,才能尽量了解、实现物的本性;能对人、物的本性尽量了解而实现之,便能赞助天地自然化育万物之事业,如此而有与天地并而为三之地位。孟子主张:"尽其心者,知其性也;知其性,则知天矣。"(《孟子·尽心上》)人通过人心的努力,真心地、真实地、依照本性的生活即可知天道如此,即可知人即是天。孟子又说"恻隐之心"、"羞恶之心"、"辞让之心"、"是非之心"是人皆有之,理、义是"心之所同然"。有学者认为,在孟子思想中,个人、社会政治及宇宙之所以能够维持"发展的连续性"或"结构的连续性",主要是透过人心的"扩充"来完成的。这实际上是说在人心的基础上实现世界的整体性存在。在宋明儒家那里,更是在心性本体意义上谈天人、物我合一。据《象山年谱》记载,陆象山十余岁即书:"宇宙便是吾心,吾心即是宇宙。东海有圣人出焉,此心同也,此理同也;西海有圣人出焉,此心同也,此理同也……千百世之上,至千百世之下,有圣人出焉,此心此理,亦莫不同也。"在本心基础上,吾心之理即整个宇宙之理。一人之心所思考、谋划的即代表整个宇宙的意思,所以,千百世之上下,东圣西圣心同理同,在时间和空间的双重维度,一心而通全体。王阳明的《大学问》更直说:"夫大人者,与天地万物为一体者也。"中国古代哲学的根本目的在于揭示人的"天人一体"的真实存在方式。此"天人一体"不是理论预设和逻辑思辨,而是人的真实存在。人的真实存在需要人的真实感受和个人的体会与体悟。人的存在意义和价值便在于真实地追求和展示此存在的真实,"诚者天之道也。诚之者,人之道也"(《中庸》)。中国传统哲学的整体性思维方式代表着中国古代哲学家整体地、共通地看待和感受宇宙、人生的基本视角，由此视角生发出其独特的价值追求与实现目标。在当代，研究和追思中国传统哲学的整体性思维方式，既是对中国古代哲人整全的存在方式与感受方式的再次领略与品鉴，也可以为现代人"上不着天，下不着地，中不在人"的孤立无助的存在处境提供一种反观和借取的资源。

三、以"虑"体"道"

中国哲学、中国文化的最大特征在于其对于"生命之道"的重视与求索。中国哲学所求索的"生命之道"并不是在人的生活之外孤立存在的，而就在人的生命存在之中。所以，中国哲学、中国文化不需要以逻辑的方式追寻在人之外的道或真理，而需要重视对人生命自身的悟，这种悟首先便以"虑"的形式体现出来。

对于"形上"的生命问题的"虑"，源于中国古人在面对生存问题时所引发的生存之"虑"。中国古人最大的生存问题是生存资源的匮乏，由这种问题所产生的生存"忧患"要通过"虑"来寻求解决之道。但是，中国哲学思想并不是简单的应对现实之策略，而是蕴含着对人的生命问题的深沉感悟，是一种对"生命之道"的理解。要达此目的，"得道"之"虑"的思想方式是首先需要继承的。"虑"在当今时代仍是在生存问题的解决上被使用，也仍是导致伪诈的根源。解决这种问题就应把"虑"重新提升到"形上"的层面寻求根本的解决问题之道，而学会在"形上"的方向上"虑"，也就是对中国传统哲学思想方式的继承。子曰："未知生，焉知死？"（《论语·先进》）对人来说最重要的是如何在生命存在的有限历程里度过人生，即人如何在他的生活中完成他的人生。"中国哲学必须把传统的形式与内涵转化为现代的中国思考，亦即转化为适合现代生活的思考方式，并且能够充实及指导现代人生活的思考实质。"[1]从学理上说，形而上

---

① 成中英：《中国文化与中国哲学》，东方出版社 1992 年版，第 549 页。

与形而下是两个层面，《易传·系辞》云"形而上者谓之道，形而下者谓之器"，但在人的现实生活中这两个层面不是截然分开，而是融合一贯的，道未离器，器未离道，二者是体用一源、显微无间的。所以，天人合一是中国人的终极关怀。关键在于以"虑"的方式去体悟、证悟此种天人合一的形上之道。

"虑"是指向未来的首要方式。《易传》言："天下何思何虑。"这道出了"思"和"虑"两种不同的思想方式。《易传》中还说："天下同归而殊途，一致而百虑。"《大学》中说："安而后能虑，虑而后能得。"这不仅表明了"虑"是不同于"思"的思想方式，而且表达了"虑"在中国哲学思想方式中的特殊地位。"虑"之所以是一种不同于"思"的思想方式，主要在于"虑"的思想活动在针对的问题的性质、问题发生的根源以及问题的诉求等方面都与"思"的思想活动有着根本的区别。中国传统思想所针对的问题总是对于生命存在的"求解"性问题，其思想方式则是"虑"。或者说，"虑"是关联着人自身的问题，源于人本身所存在的问题，需要在人自身存在之内去思虑。在中国古代文献中也经常出现"思"，不过这种"思"多与西方人使用的"思"的指向不同。西方式的"思"总是要指向某一对象，这一对象即便是人自己，也是把自己当成"思"之外的"客体"。因此，西式之"思"的指向总是向外的。而中国人所说的"思"的指向往往是向内的，对此《荀子·法行》中记载的孔子的话是有代表性的，孔子曰："君子有三思，而不可不思也：少而不学，长无能也；老而不教，死无思也；有而不施，穷无与也。"这种内向的思想方式，用"虑"来表达更能突出其特质。用"虑"来表示这种内向的思想方式，是因为"虑"总是关联着人自身的问题。也就是说，"虑"源于人本身所存在的问题。人本身所存在的问题就是人所遇到或面对的问题，这种问题不是要求回答而是需要解决的问题。这种问题对人来说不是"事物"而是"事情"。"事情"总是要处理和解决的，而如何处理与解决就需要"虑"。外向的"事物"之"思"并不是和每个人都相关的，并不是每个人都需要认清事物获得真知，这种认识活动完全可以由少数人来做，人们日常生活中所需要的知识是通过社会的教育系统得到的，尽管这种知识未必是"真知"，但这并不会影响人的正常生活。内向的"事情"之"虑"则是关涉每个人的，尽管所"虑"之事会有所不同。由于人总是在"事情"之中的，因此人总是要"虑"的；而且由于"虑"与人本身具有根本性的内在关联，人的"虑"就总是要"动心"的。可以说，"虑"由"心"生，或者说"虑"与"心"相连。在"心"的意义上也可以把"虑"转换为"思"，不过这种"思"不是对象之"思"，而是对"事情"的"心思"，"心思"就等于"虑"，日常话语中说一个人"心思重"就是说这个人有些过"虑"。

徐复观认为，中国哲学的发生源于"忧患意识"，在这种意识中蕴含着人自己担当起问题的责任感，这种责任感是一种坚强的意志和奋发精神的表现。按牟宗三的理解，"忧患意识"是人的生命主体性挺立的表现。"忧患"虽然针对的是当下的问题，但对这种问题的"虑"却不局限于当下，而往往是从事情的未来可能性中寻求最佳方案，因而"虑"蕴含着荀子所说的选择，王船山则认为"虑"就是一种指向未来的思想方式。由于"虑"所针对的"忧患"问题是需要解决的，"虑"的结论必然要付诸行动，因而"虑"是关联着"行"的。如果把"虑"的结论也看成是一种"知"，那么这种"知"是与由"思"所得到的关于事物的知识是不同的，这种由"虑"而得的"知"才是指导"行"的"知"，只有在这个意义上才有"知行合一"的问题。中国哲学的思想成果就是由"忧患"所生，以"虑"的方式而得到的"知"。这种"知"是关于人的生命问题如何解决、人的生活如何安顿的"知"。这种"知"的内容可以说就是"道"。"虑"只是解决"忧患"的思想方式，在何种意义或境界上"虑"取决于为何而"忧患"，这说明"虑"的思想方式也存在着针对的问题的不同序列。在生存问题的意义上是为"形下"之"虑"，在生命问题的意义上则为"形上"之"虑"，在"形上"的层面进行"虑"才是一种哲学性的"虑"。对于这种由不同意义上的问题导致的"忧"的态度分别，孔子的思想是有代表性的。孔子所云"君子忧道不忧贫"（《论语·卫灵公》），正表明了孔子的思想不是基于对生存问题之忧而是对生命问题之忧。对于生存问题，孔子的态度是"饭疏食饮水，曲肱而枕之，乐亦在其中矣"，"发愤忘食，乐以忘忧"（《论语·述而》），而对于生命问题则云"德之不修，学之不讲，闻义不能徙，不善而不能改，是吾忧也"（《论语·述而》）。正是通过对生命问题的忧患而进行"虑"，孔子才开创出儒家解决生命问题的"生命之道"——"仁道"。①《大学》所言"知止而后有定，定而后能静，静而后能安，安而后能虑，虑而后能得"中的"虑"也是对人的生命问题的"虑"，经过这种"虑"的"得"即"得道"，也即"德"。中国哲学就是这样一种由"生命忧患"所引发的对"生命之道"的求索，而其求索的方式不是西方式的"思"而是中国式的"虑"。

第二节　履"道"尚"德"的生存方式

"道"是中国古代哲学的思想内核，亦是中国哲学的形上根据。道是天下万物形成和展开其存在性的本源根据。老子言"道生之，德蓄之"，言万物"莫不尊道而贵德"，既是言道是万物存在的根本所在，同时也是说万物要以道为尊，以道为根据。万事万物都会有自己所遵循的"道"。天有"天道"，地有"地道"，人有"人道"。道是天、地、人之自身本然，是人所体悟的天、地、人之"形上"道理。"诸子百家"提出各种思想观点求"道"、论"道"，但"诸子"所求所论之"道"在层次上是有区别的。这种区别是"生存之道"与"生命之道"的区别。"诸子"都有"生存之道"，但只有"儒家"、"道家"才有真正的"生命之道"，并以之统摄"生存之道"。孔子、老子所追求和解释之"道"奠定了中华民族精神家园追求的超越根据和精神方向。

一、老子之道的超越与孔子之道的德性

老子和孔子的"道"殊途同归。在中国古代哲学中，人有双重生命本

---

① 胡海波等：《哲学导论》，吉林文史出版社 2005 年版，第 55 页。

性。一重生命本性正如孔子之道的"有为"生命；另一重生命本性就是老子之道的"无为"生命。这两重生命是殊途同归的统一生命。孔子和老子的路径不一样，但最后的追求是一样的。孔子的"仁"追求的是仁的真性情，人的生命当中最真实的东西，老子的"无为"追求的是生命当中真实的自然性，那个也是最真实的东西。他们的统一就在于生命之"真"，然而他们对生命之真的理解是不一样的，这是他们的差异。可是他们追求生命之真的目标，都是一样的。

"道"在古代汉语中的基本意思为道路和道理。但是道又不仅是意味着道路和道理，而是意味着道本身。它规定了人和万物的道路和道理，即人和万物的道路和道理，是由"道"而获得并展现之的。正如老子所说："天得一以清，地得一以宁，神得一以灵，谷得一以盈，万物得一以生，侯王得一以为天下正。"（《老子》第三十九章）

道家以"道"作为宇宙本根、世界本原。老庄之"道"是"道体"与"道用"的整合，是贯穿于自然、社会、人身、人心之中，贯穿于现实之中的。宇宙万物因"道"而凝结成牢不可破的整体，凝结成相通相感的整体。"道生一，一生二，二生三，三生万物。"（《老子》第四十二章）"道"是宇宙万物化生的终极根据，但"道"不是在万物之外的实体，而是贯穿在宇宙万物的生成发展过程中。老子言："有物混成，先天地生。寂兮寥兮，独立不改，周行而不殆，可以为天下母。吾不知其名，字之曰道。强为之名曰大。"（《老子》第二十五章）就本源的意义言，老子把"道"看作"物"，以之为天地之先、万物之母；"母"又具有在万物生成过程之中衣养万物的意义，所以"道"又指本源的承续者。"道"在万物之中存在着。"道生之，德蓄之……"，"道"以"德"的方式蓄积于万物之中，万物以"德"的方式蓄养"道"，与"道"沟通。万物因分有"道"而获得其存在之基。老子之后，庄子继言"天地与我并生，而万物与我为一"，主张"物固有所然，物固有所可。无物不然，无物不可。故为是举莛与楹，厉与西施，恢诡谲怪，道通为一"。（《齐物论》）万物在"道"的基础上获得其存在的通性，获得其平等的存在价值与合理性。"以道观之，物无贵贱"。从道的通性上看，万物都是可以互相沟通、互相适应并在价值上齐一的。在此本体论基础之上，道家认为可以通过独特的修养方式实现个体（部分）与整体的相通。道的"本根性"从时间上说，表现为先天地生、自古以存、自本自根等特性，从共时性上说，"道"是天地万物统一共存的基础，是天地万物的存在根据。

老子之道的基本精神是"道法自然"。老子所说的"自然"并非"自然界"的"自然"，而是指万物的"自身本然"。老子认为，"无"是生命自身本然的天性，亦是宇宙的"恒道"。人的生命与内心以"无"为本。老子遵从生命之"道"，觉解人之天性。他主张通过内心体验与生命修为，悟觉真人圣者之"道"与"德"。从人生与社会两个方面理解老子之"道"，可以概括为"自保之道"和"无为之道"。老子面对当时剧烈变化的社会，寻求生命的"自保之道"。这种"道"不是保全性命的具体方法，而是以天地宇宙为根基的生命"常道"。"常"道在哪里呢？老子认为，"常"道即天地之道，人的生命之道源于天地之道，所以人应当效法天地。老子说："人法地，地法天，天法道，道法自然。"（《老子》第二十五章）在老子的思想中，"道"是万物创生的根源，"道法自然"不是说在"道"之上还有一个决定"道"的"自然"，"道法自然"说的是"道"遵循着天地"自身本然"之性。"道"所具有的"自然"本性，有着"反"与"弱"的特点。老子说："反者，道之动。弱者，道之用。"（《老子》第四十章）"反者，道之动"，说的是"道"之动是反向的。这里的"反"有两层含义：第一层含义是与"正"相对。"正"是向前的方向，也是人们意欲的方向，但向前的动力并不来自"正"向，而是来自"反"向。老子说："曲则全，枉则直，洼则盈，敝则新，少则得，多则惑……夫唯不争，故天下莫能与之争。"（《老子》第二十二章）这里，"全"、"直"、"盈"、"新"、"多"是"正"，"曲"、"枉"、"洼"、"敝"、"少"是"反"。道之"反"，则"将欲歙之，必固张之；将欲弱之，必固强之；将欲废之，必固举之；将欲取之，必固与之"（《老子》第三十六章）。"反"的第二层含义是"返"。"反"所指向的方向是"返回"的方向。"返"是说"道"最终是要返回原点，因为"万物生于有，有生于无"，"有"最终要归于"无"，所以"返"是"道"的方向。从人生的方面来说，人们因为欲望的驱使而争名夺利，造成天下大乱，反而损害了自己的利益。所以，反其道而行之则应知足、去欲，"知足不辱，知止不殆"（《老子》第四十四章）。"祸莫大于不知足，咎莫大于欲得。故知足之足，常足矣。"（《老子》第四十六章）但知足、去欲还不根本，人的欲望来自于人的身体，只有"去身"才根本，"宠辱若惊，贵大患若身。……何谓贵大患若身？吾有以大患者，为吾有身，及吾无身，吾有何患！"（《老子》第十三章）但"去身"又不能不要生命，因为道家的目的是要能够生而长久，所以"去身"就是使生命的状态返回生命的起点，即"复归于婴儿"，"复归于无极"，"复归于朴"。生命不能长久是因为欲望驱使下的争斗，要使生命得以长久就要效法"常"道，"常"道是反世俗的大道。"常"道之所以"常"，不是因为刚健而是因为柔弱，所以"弱者道之用"，即"道"能具有"道"的功用是因为弱。万物当中最柔弱的当属水，所以，"上善若水，水善利万物而不争，处众人之所恶，故几于道。……夫唯不争，故无尤"（《老子》第八章）。"天下莫柔弱于水，而攻坚强者莫之能胜，以其无以易之，弱之胜强，柔之胜刚，天下莫不知，莫能行。"（《老子》第七十八章）为了保全自己的生命，老子主张反世俗之道而行之，避让、退守、不争、知足、寡欲，效法水的品格，以柔弱、谦下的姿态立足于世。所以，老子的"自保之道"，主要是以自我克制的方式消解问题。老子说："知人者智，自知者明，胜人者有力，自胜者强。"（《老子》第三十三章）"胜人"是与人争斗，"自胜"是克制自己。这种反求诸己的思路正是中国思想的特征。在社会混乱的形势下，个人虽可消极退守，但也无法避免社会混乱带来的危险。社会混乱失序是因为社会无道，只有遵循恒常不变的宇宙之道，才能在根本上解决社会问题。宇宙大"道"的特点是效法"自然"，所以，社会也应顺其"自然"。这就是"无为之道"。老子说："大道废，有仁义。智慧出，有大伪。六亲不和，有孝慈。国家混乱，有忠臣。"（《老子》第十八章）"天下多忌讳，而民弥贫；民多利器，国家滋昏；人多伎巧，奇物滋起；法令滋彰，盗贼多有。"（《老子》第五十七章）解决这种问题的"道"是"无为"，"故圣人云：我无为而民自化，我好静而民自正，我无事而民自富，我无欲而民自朴。"（《老子》第五十七章）"无为"总的原则是"绝圣弃智"，"绝仁弃义"，"绝巧弃利"。这样，按照"无为"之道治理社会，社会就会达到"小国寡民"的理想状态。

总而言之，老子思想的基本思路是"反"。"反"既是一种逆向思维，又具有向回"返"的指向。向回"返"就是要"返回""常道"，"常道"的精神是"自身本然"，人要得"常"道而具有"德"，就要效法"常"道，具体来说就是要"无为"。"无为"不是什么也不做，而是不有意去"为"，不动用心计、智力去"为"，是顺着人的自然本性，自然而然地"为"。这种为的境界就是"无为而无不为"，即自然而然地达到"为"的目的与效果。

一般认为，孔子的思想核心是"仁"，但孔子之"仁"不仅仅是一种思想，在根本上说是一种"道"，即"仁道"。孔子说："吾道一以贯之。""仁道"是个人与社会的根本道理。从《论语》中我们可以看到，孔子的言论针对的主题有两个：一个是个人的修养，另一个是社会的治理。所以，"仁"道从个人的角度说是"君子之道"，从社会的角度说是"正名之道"。

"君子"是孔子的人格理想。"君子之道"就是孔子关于做人的思想。"君子"是真正的人，是堂堂正正挺立于天地之间、可与天地并列为三的人。那么，"君子之道"的主要内涵是什么呢？首先，"君子"乐天知命，积极进取。《论语》开篇就说："学而时习之，不亦悦乎？有朋自远方来，不亦乐乎？人不知而不愠，不亦君子乎？"孔子还说："饭疏食饮水，曲肱而枕之，乐亦在其中矣。"（《论语·述而》）孔子主张效法"天"的创生精神，"发愤忘食，乐以忘忧，不知老之将至"（《论语·述而》）。其次，"君子"坦荡、率真。因为"君子"乐天知命，所以在内心里是坦荡的，孔子说："君子坦荡荡，小人长戚戚。"（《论语·述而》）因为坦荡，所以表现出来的行为是率真的。子曰："巧言令色，鲜矣仁。"（《论语·学而》）子曰："刚毅、木讷，近仁。"（《论语·子路》）这种坦荡、率真的生命是本真的、没有经过功利算计之心污染的纯净生命，这种生命才是能知善知恶、得道行道的生命。再次，"君子"宽容、和善。因为"君子"胸怀坦荡，不计较个人私利。孔子说："君子怀德，小人怀土。"（《论语·里仁》）"君子喻于义，小人喻于利。"（《论语·里仁》）君子为人宽容、和善。《论语》卫灵公篇记载："子贡问曰：'有一言而可以终身行之者乎？'子曰：'其恕乎？己所不欲，勿施于人。'""夫仁者，己欲立而立人，己欲达而达人。"（《论语·雍也》）曾子曰："夫子之道，忠恕而已矣。"（《论语·里仁》）"君子"因为宽容，才会待人和善，成人之美，才是有道德的人。"君子"是"仁"的人格体现。"仁"是"君子"的内在品质与个人修养上的追求，所以"君子之道"就是"仁道"。春秋战国时期的中国社会混乱失序，激发了"君子"的忧患意识与"救世"精神。孔子以"正名""救世"。子曰："必也正名乎！""名不正，则言不顺；言不顺，则事不成；事不成，则礼乐不兴；礼乐不兴，则刑罚不中；刑罚不中，则民无所措手足。"（《论语·子路》）"正名"就是要"君君臣臣""父父子子"，在家庭和社会中，人人名副其实、各安其位、各尽其责。这样的社会才能"老者安之，朋友信之，少者怀之"。如何"正名"呢？孔子的方法是恢复"周礼"。"周礼"已经"礼崩乐坏"，如何恢复？"礼崩乐坏"是因为"周礼"已经成了一种没有实质的空壳，要恢复"周礼"就必须为其注入新的内容，即"仁"。孔子说："人而不仁，如礼何？人而不仁，如乐何？"（《论语·八佾》）所以，颜渊问仁的时候，孔子答之曰："克己复礼为仁。一日克己复礼，天下归仁焉。"（《论语·颜渊》）"礼"的内容就是"尊尊、亲亲"的伦理，所以孔子的弟子有若说："孝弟也者，其为仁之本与。"（《论语·学而》）

在孔子那里，道就其超越意义而言一方面是指尧舜禹汤文武周公之道，另一方面是指仁民爱物之道、人所当行之道。但道为人道、仁为人道的内涵，在孔子那里仍是潜在地具有的，孔子并未明确地加以阐发。《中庸》则是"子思子忧道学之失其传而作也"①，直接就道之超越性、普遍性、

---

① 朱熹：《四书章句集注》，中华书局1983年版，第14页。

人间性、中道性、正义性予以阐发，进一步主张通过修身成德而获得至道，并提出具体的修身的内外途径。"君子之道费而隐。夫妇之愚，可以与知焉。及其至也，虽圣人亦有所不知焉。夫妇之不肖，可以能行焉，及其至也，虽圣人亦有所不能焉……君子之道，造端乎夫妇。及其至也，察乎天地。"（《中庸》）君子之道，是最普通的人都能知能行的，但究其极，则遍在于天地之间，为天地万物普遍遵循与适用的至当法则、正义原则。作为天下共法的公道，永远不是固定的，永远不会被封限，必在君子的无限的成德努力中而得以实现。在儒家，以道为正义的标准，道之秩序即正义的安排。《礼记·礼运》中有一段话如此描述大道之行的正义社会："大道之行也，天下为公。选贤与能，讲信修睦。故人不独亲其亲，不独子其子，使老有所终，壮有所用，幼有所长，鳏寡孤独废疾者皆有所养。男有分，女有归。货恶其弃于地也，不必藏于己；力恶其不出于身也，不必为己。是故谋闭而不兴，盗窃乱贼而不作，故外户而不闭，是谓大同。"这是一个无强盗乱贼，无阴谋权诈，人尽其力，物尽其用，"老有所终"，"幼有所长"，社会残疾病弱皆有所养的公正和平、亲爱和睦的理想社会。这亦是正义理想（大道）大行的社会，是儒家所追求的正义社会。在儒家这里，社会正义的实现有一个"道"作为保障，或者说，社会是否实现正义在于天下是否"有道"。

西方学者塞班言："自然哲学家所谓的本体，以'自然法则'的面貌出现，这种自然法则永远存在于无止尽限制和变动中。如果能够发现这一种永久的法则，那么人类社会就可以达到合乎理性的境界。希腊的政治哲学和伦理哲学就碰巧是沿着由自然哲学开创出来的古老线路前行——以寻求变化中的永恒和纷乱中的统一。"[①]中国古代思想家自始便关注和追问作为人间秩序最终根据的"天"、"道"。而且，"道"从来不曾远离人而作为所谓的自然哲学探寻的对象，《中庸》所谓"道不远人。人之为道而远人，

---

① 赛班：《西方政治思想史》，李少军、尚新建译，桂冠图书出版有限公司1991年版，第43页。

不可以为道"，是此思想之表征。"道"虽然是道家的思想根据，但却成为儒家的永恒追求。对于"道"的追求，成为儒家士大夫知识分子的精神向往和精神归依。儒家认为，社会国家有一个普遍的道义标准——尧、舜、禹、汤、文、武、周公之道。作为儒家知识分子的代表，士（或君子）具有"志于道"、"喻于义"、"仁以为己任"的正义追求精神，具有"舍生取义"、"见利思义"、"见危授命"、"不可以不弘毅"的道义担当精神。作为儒家学派的创始人，孔子深切而执着地追寻着"大道之行"，认为判断社会是否正义的标准即在于"天下有道"与否。

孔子与孔门弟子及士君子皆以追寻、代表道为己任。孔子的弟子曾参说："士不可以不弘毅，任重而道远。仁以为己任，不亦重乎？死而后已，不亦远乎？"（《论语·泰伯》）这应该可以看作是儒家志士仁人对于社会正义的承当精神的写照。显而易见的是，以宏大之心、刚毅之志承担历史传统和时代责任，以死而后已的坚强决心迈向未来，体现了孔子对"道"的执着，以及"道"的理念对孔子的历史意识和时代精神的渗透。"天下之无道也久矣，天将以夫子为木铎。"（《论语·八佾》）虽然所处时代是礼坏乐崩的时代，但孔夫子乃"知其不可而为之"者，纵然天下无道，孔子亦以其对道的执着而坚持社会的正义理想，以此正义理想唤醒人们对正义的渴望，以此正义来评判政治正当与否。孔子所说"朝闻道，夕死可矣"，虽然可就个人人生之道理解，然孔子更是高扬正义之"道"的超越性与崇高性。孔子说："志士仁人，无求生以害仁，有杀身以成仁。"（《论语·卫灵公》）孟子亦言："天下有道，以道殉事；天下无道，以身殉道。"（《孟子·尽心上》）孔子在危难之际，在生命受到严重威胁之时，在道义理想受到考验之时，说出"天生德于予，桓魋其如予何"（《论语·述而》），"文王既没，文不在兹乎？天之将丧斯文也，后死者不得与于斯文也；天之未丧斯文也，匡人其如予何"（《论语·子罕》）之类正气凛然的话语。杜维明先生对孔子的道义担当精神如此评价："设想当时的孔子，一个毫无政权势力支持的知识分子，可以主动地、独立地慨然以承担华夏民族的思想传统自许，这是何等胸襟，何等气魄！"①孔子讲"五十而知天命"，依照徐复观先生的理解，孔子到了五十岁才有对天命的知，天乃进入到他生命的根源里面，由此而使他常常感到他与天的亲和感、具体感，及对天的责任感、使命感，以形成他生命中的坚强自信。②君子畏惧"天命"，其所畏的"天命"，就是这种天赋的弘道责任。畏天命，其实就是对自己弘道责任的敬畏，非畏天命之责罚，其实是畏"道"之不行，畏"道"之不能担当，是自己的"戒慎恐惧"。有了这种强烈的使命感，孔子的选择必然是"人能弘道，非道弘人"。生活之种种困窘乃至生命之危险均不曾使孔子放弃或减弱自己的弘道之志。在其生命的历程中，其弘道之精神，以道自任之担当精神愈益强烈，愈益坚定。虽知天下无道、道不可行，然而仍坚持"君子之仕也，行其义也"（《论语·微子》）。

孔子说"人能弘道，非道弘人"，道是需要人来体认与指认的。前述孔子以尧舜禹为圣人、以文武周公为理想，即以传道为天所赋予的使命。进而，在儒家则以士、君子为道义担当的主体，如"士志于道"、"君子谋道不谋食"、"君子忧道不忧贫"等。然而，为什么中国古代的士能有道义担当的精神，士在主观与客观方面的机缘与保证是什么？事实上，无论传道之责由谁承担，但其最后的保证必落在修身之上。徐复观先生认为，中国古代知识分子——士——以道自任，这是他们的主观道德理想，但士欲追求道义理想，以"道"评说时政、匡正乱世的理想，却没有任何客观的保障，这不同于西方的教会式组织以及人格性的上帝所做的保障。这样欲彰显自己所代表的"道"的超越与崇高，士的唯一办法就是修身成德。士之修身，一者，以修身之成就与境界保持其地位和尊严，依此与时王保持一定的距离，并进而保障"道"的尊严；二者，士以修身保持其思想的非功利性与正义性，以此保障其所主张、坚持是纯粹之"道"，是正义。这如孔子所说"君子固穷，小人穷斯滥矣"（《论语·卫灵公》），真欲保障

---

① 《杜维明文集》第 5 卷，武汉出版社 2004 年版，第 18 页。

② 参见徐复观：《中国人性论史（先秦篇）》，上海三联书店 2001 年版，第 78 页。

"道"之尊严与己之尊严，必以修身为目的、为根本，如《大学》言："自天子以至于庶人，壹是皆以修身为本。"

二、中华文化之核心的德性精神

中国哲学与思想的主要特征是天人合一。而天人合一的连接点是德，老子有"道生之，德蓄之"的主张，孔子亦道、德连用，主张"志于道，据于德"。牟宗三先生曾言，中国文化在开端处的着眼点是在生命，由于重视生命、关心自己的生命，所以重德。德性这个观念只有在关心我们自己生命问题的时候才会出现。[1]中华文化自古就有重德的传统，这种传统能够传承不息是由于对德性的重视已经成为一种文化精神，这种精神蕴含着中国人自我完善、以德立世的生命追求与价值理念，也成为中国人汲取生命养料的精神家园。

唐君毅先生认为中华民族的总体文化精神是人文精神。[2]其实，人作为文化性的存在，人类各种文化当中都蕴含着人文精神，只不过不同的人文精神的着重点不同，比如西方的理性精神也是一种人文精神，这种精神倾向于运用人的理性于人的外部关系呈现人之"文"，而中华文化的倾向是通过人本身内在的德性修养表现人之"文"。因而，人文精神的概括不足以表达中华文化的特质与个性。我们认为，中华民族的总体文化精神是"德性精神"。之所以这样理解和概括，根本原因在于"德性精神"是中华文化一以贯之的精神传统。从传说中尧传位给舜所依据的道德要求，到殷商时代甲骨文"德"字的出现，再到《尚书》中表达的周代"以德配天"、"明德慎罚"、"敬德保民"等大量蕴含"德"的思想的出现，以及《周易》、《诗经》当中对"德"的重视，一直到《国语》、《左传》中各种具体德目的表现，特别是《左传》关于人生三不朽的思想中把"立德"置于首位，都反映了

---

① 参见牟宗三：《中国哲学十九讲》，上海古籍出版社1997年版，第43页。
② 参见唐君毅：《中国文化之精神价值》，江苏教育出版社2006年版，第38页。

在中华早期文化中就已经逐渐形成了以重"德性"为核心的文化精神。孔子作为中华文化自觉而忠实的继承者，以对古代文化悦服向往的心态深刻把握中华文化"德性精神"的根本，创立了以"仁"为核心的儒家思想系统。"仁"直接来说是中华人文精神外在表现的"礼"的思想根据，从根本上说是孔子对人之为人的生命本性在德性方向上的自我解觉，因而"仁"不仅是思想、价值理念，更是人的生命之道。儒家后学对"仁道"的不断阐发，正是对"德性精神"的继承与弘扬。特别是《大学》、《中庸》在儒家传统的方向上进一步总结和明确了人的生命方向，"明明德"，"苟不致德，至道不凝焉"，"故君子尊德性而道问学"等思想深刻把握了儒家思想的精髓。《中庸》提出的"尊德性"可以比之于古希腊的"爱智慧"，"爱智慧"塑造了西方文化的"理性精神"传统，"尊德性"则表达了中华文化自古以来生生不息的"德性精神"传统。宋儒对《大学》、《中庸》的重视反映了宋儒对儒家思想及中华文化精神的精准把握，一直到港台新儒家的牟宗三也明确表示中国哲学的着重点是"生命与德性"[1]。

承继先秦众家思想之精髓并融会贯通形成具有时代特征的汉代哲学，尤其是董仲舒的哲学思想以其独特的方式体现自己的德性生命精神，浸润、滋养着中华民族的生命精神追求。作为构成中华民族传统的重要部分，董仲舒及其汉代哲学具有兼摄百家的融通精神、"强勉"有为的进取精神、任德废刑的德性精神、天人共进的整体和谐精神等。这样的精神传统融入中华民族的思想传统以及中华民族的命运，内化为中华民族"自强不息、厚德载物"的生命伦理精神，是我们今天创造当代中华民族精神生命宝贵的思想遗产与精神财富。人类有此心灵，有此德性生命精神，才不会停滞于疲顿、无方向、灰暗之阶段，才会在综合传统、继承先辈的基础上，不断推陈出新，不断创造新的理想世界。此有为之生命精神，到董仲舒时则愈发彰显而在现实中日臻完成。董仲舒在其《对策》之第一策中提出"强勉"的观念。董仲舒体察到《诗》、《书》所蕴含着的黾勉精进、不

---

[1]　参见牟宗三:《中国哲学的特质》，上海古籍出版社 1997 年版，第 10 页。

敢懈怠的生命精神，指出欲广闻博见、立德建功必须具有强勉有为的精神。他说："今临政而愿治七十余岁矣，不如退而更化。"他引古人"临渊羡鱼，不如退而结网"之句，意思是与其被动、消极地希望和等待国家太平、百姓安康，不如采取积极的、彻底的改革。他说："当更张而不更张，虽有良工不能善调也；当更化而不更化，虽有大贤不能善治也。……更化则可善治，善治则灾害日去，福禄日来。"董仲舒的有为主张概括言之，据《春秋》"一元"之意，"为人君者正心以正朝廷，正朝廷以正百官，正百官以正万民"；立太学、设庠序，行仁义礼乐，教化万民；量材而授官，举贤废不肖；官不与民争利。今日看来，这种有为精神不仅值得我们同情，更值得我们深入吸纳而成为我们的生命精神、文化精神。此有为并非盲目的、无理想的作为，在其背后实有一超越理想的支撑和思想传统的继承。有思想传统的继承，我们的生命精神就不会成为无源之水、无本之木，而可以源源不竭，常开常新；有超越理想的支撑，我们的生命精神可以不畏于艰难、不囿于现实而可以超拔、挺立、高昂起来。有为，实即儒家的德治主张。董仲舒在《对策》中主张"王者承天意以从事，故任德教而不任刑"，在其阴阳五行系统中论证其任德教而不任刑的思想。在董仲舒的思想中，占据核心地位的是仁德思想，以儒家仁义之德作为其理论的落脚点。虽然不同于先秦儒家注重个体心性的反省与培护，但他求之于天的论证方式，却使孔孟孜孜以求的儒家的德治追求在天人系统中落到了实处。任德不任刑、重视德化教育的思想也在制度层面塑造着中华民族的德性生命精神。

作为中华文化重要组成部分的道家和佛家思想当中也蕴含着"德性精神"。对于这两家思想中蕴含的"德性精神"无需再做引经据典的烦琐论证，仅从这两家思想都重视对生命的修养来说，就足以反映其中蕴含的"德性精神"，只不过这两家的思想对生命的理解与儒家不同，所要解决的生命问题的方向也与儒家不同。无论怎样，三种先秦之后的中华文化主流思想都着眼于人的自身生命修养，这种"向内用力"（梁漱溟语）的文化特征正是"德性精神"的体现。正因如此，儒、道、释才成为中华思想代代相传、绵延不息的思想主流，而那些忽视德性修养的思想学派（如名家、墨家、法家）都避免不了为中国历史所淘汰或边缘化的命运。虽然以"德性精神"为核心的中华文化在西方文化的冲击下使中华民族经历了一百多年的屈辱历史，但是中华民族没有被西方强大的物质力量所击垮，其中一个重要原因正是中华文化"德性精神"所蕴含的强大精神力量使然。在中国人的日常生活观念中，重人品、重做人的观念也一直是评价人的根据和信念，而且"德性"一词也成为日常话语中的词汇，如"德性"，"瞧他那德性"，"缺德"等。因而，无论从代表中华文化大传统的思想经典还是中国人的日常生活话语来看，"德性精神"正是中华文化生生不息的总体文化精神。

"天地之大德曰生"，正如孟子所言，以恻隐之心为首的仁、义、礼、智四德是人生而有之，非由外铄我也，孔子亦曰"天生德于予"；人也正是以自身之德敬献上天，"黍稷非馨，明德为馨"。无论儒家还是道家，都主张人以德合天、以德合道。中国传统文化与西方不同的特质正是以"德"作为人的根本价值。对在生活中不断实现自己本质的人而言，"德"具有永恒的意义，因此，中国传统思想的精神财富即是为人之为人找到了"根"，这是精神可以生养的地方。"德性精神"是修养人的自身生命，使人成为人的精神。这种精神把人之为人的根据理解为人本身的德性，而不是人所拥有的各种身外之物。中国文化中的德性精神与西方文化中的德性观念是有区别的。西方文化中的德性源于人的社会角色，柏拉图所说的四美德都是这一意义上的，而且西方观念中的德性具有质的固定性，因而才能成为知识；德性的获得要通过知识，而获得知识仍要依赖理性。德性不同于理性，理性具有工具性，而德性是人本身的生命属性，不具有工具性。西方文化中的德性基于理性的认知而从属于理性，这实际上已经消解了德性的生命属性。西方文化对德性的关注只是反映了做人问题的人类普遍性，并没有因此形成以德为核心的思想传统。人的德性属于人的超自然的生命本性，不像人的自然本性那样源于先天且固定不变，而是随着人的生命的生长而不断生成的。德性不是依靠理性认识就能自然、自发地获得并贯注到行为中的，而是基于人的自觉并通过艰苦修炼才能不断充实、提升并成为人的生命本身的。孔子对自己生命历程的描述，表达的正是他的德性不断生成的过程。德性精神传统是使中华民族成其为自身的文化精神，其意义不仅体现在民族关系中，也体现在民族生活内部，是中国人之为中国人的根本所在。德性精神既具有上述作为人类之中的个体与民族的意义，也具有整个人类历史发展意义上的人类意义。就后者来说，当今人类发展处于马克思所说的"以物的依赖性为基础的人的独立性"① 阶段。在那个时代，人的德性将成为社会评价标准，从而实现"人的世界即各种关系回归于人自身"② 与"各正性命"。

三、修齐治平的道德追求

先秦时期，孔子及其后的儒家继承以往的思想传统，以礼乐文明为基础，以"天人性命"为核心，创立了凸显人性精神、人道自觉、人格完善的"仁"道思想，是中国传统文化注重德性生命精神的集中表达。在孔子看来，"仁"是一种心性，是以灵活变通的心性悟觉生命的内心态度。孟子言："仁者，人之安宅也；义者，人之正路也。"《孟子·离娄上》在儒家看来，人的存在的最真实的方式、最踏实的方式是在家庭亲情、家庭伦理中的存在。人在家庭亲情中获得其情感的归依和精神的寄托。在此基础上，儒家以修身为根基而有社会责任的担当和社会道德的追求，《大学》之修身、齐家、治国、平天下即代表儒家的这一根本主张。

首先，儒家重视孝悌之德。在中国传统文化中，孝一直是维系社会稳定，维系家庭和谐的一个非常核心的要素。亲情之乐，天伦之乐，子孙三代、四世同堂之乐，乃中国人所一直追求的精神享受。有学者提出中国传统社会是一个超稳定的社会结构，恐怕以孝治国、以孝治天下是其核心部

---

① 《马克思恩格斯文集》第 8 卷，人民出版社 2009 年版，第 52 页。
② 《马克思恩格斯文集》第 1 卷，人民出版社 2009 年版，第 46 页。

分。《孟子·尽心上》里面有这样一句话："君子有三乐，而王天下不与存焉。父母俱存，兄弟无故，一乐也；仰不愧于天，俯不怍于人，二乐也；得天下英才而教育之，三乐也。""父母俱存，兄弟无故"即人的整体性存在。就此而言，我们需要对父母尽到孝，老者也需要在子女的孝敬之中体会一种温馨的情感。《论语·学而》："其为人也孝悌，而好犯上者鲜矣；不好犯上，而好作乱者，未之有也。君子务本，本立而道生。孝悌也者，其为仁之本与！"在儒家看来，孝是人之为人的一个根本，人作为人的基础和前提就是要具有孝道。如果人不具有孝，做不到孝敬，那么你在为人之本上就欠缺了，你就做不到人之为人的根本。《孝经》里有这样一句话："夫孝，天之经也，地之义也，民之行也。"

　　《论语·阳货》篇记载，孔子的弟子宰我认为三年之丧时间有点长了，要把它改成一年。孔子问宰我："食夫稻，衣夫锦，于汝安乎？"父母去世之后你穿好的、吃好的，心里面感到心安吗？宰我说：安。孔子说："汝安则为之"。宰我出去后孔子说："夫君子之居丧，食旨不甘，闻乐不乐，居处不安，故不为也。""旨"即甜的意思。吃甜的东西吃不出甜的味道来，听音乐也不会有心情上的高兴，在哪里居住也不会有安享的感觉。这是君子的道德，正常的、理想的对父母的尽孝应该做到这一点。现在父母刚刚去世，就及时享乐，花天酒地，你安那你就做吧。"予之不仁也"，宰我这个人不仁。"子生三年然后免于父母之怀，夫三年之丧，天下之通丧也。"《大学》里面讲父慈、子孝："为人父止于慈，为人子止于孝。"为人父要做到慈，为人子就要做到孝。父慈既是一个自然的情感，同时又需要人文的教养，人文的教化。相对于父亲的爱而言，子孝是一个更需要自觉的培护，自觉培养的一个道德。所以儒家大力提倡孝悌为人之本。儒家认为，如果孩子在家庭当中、在自然的父母怀抱当中养成孝悌之情，那么到社会上就会关爱他人，关爱邻居，关爱同事，不违法乱纪，不犯上作乱。孝是人类社会其他一切道德行为的基础和前提。只有做到了孝，才能有其他的道德行为。所以孔子的弟子有若说："其为人也孝悌，而好犯上者鲜矣；不好犯上，而好作乱者，未之有也。"（《论

语·学而》)

　　其次，儒家重视孝悌基础上社会之德的形成。"孝悌为仁之本"，孝悌是天下所有人的一个根本，是仁爱的基础。孔子思想核心和最高理想就是仁、仁爱天下。弟子樊迟问仁的时候，孔子说："仁者爱人"。儒家之爱是所谓的差等之爱，是一个由己及人的、逐渐的推扩过程。孟子称为"老吾老以及人之老，幼吾幼以及人之幼"。儒家又讲"亲亲而仁民，仁民而爱物"。关爱天下所有的人，关心天下所有的老者，这是儒家最高的理想。但如何关爱？儒家提出一个最自然的次序，就是"老吾老以及人之老"，先孝敬自己的老人，先孝敬自己的父母，在自己的心中有这种孝悌之情，见到其他人的老人、老者、长者的时候自然会有一种尊敬之情。当然，儒家在这里面还有一个更高的理想，就是人不单要关爱自己的父母，不单要关爱自己的子女，同时一定要推扩出去，关爱天下的老者，关爱天下的老人，关爱天下的婴孩。孔子言："己欲立而立人，己欲达而达人。"在孝悌的基础上，儒家更主张对他人的义务和责任，主张个人实现基础上他人价值的实现。儒家认为大家都能够成为社会发展中间的一个成员，而社会的发展可以使得每一个个人都可以完成自己的人格。这个观念对于西方人来说可能很奇怪，因为西方人认为个人和社会有很多冲突，这种意识是使其民主制度、法律、人权能够出现的非常重要的因素。由于他们有强烈的个人主义精神，所以要求隐私权，要求个人权利的保证，对执掌政权的人基本上不信赖，要用各种不同的法律、各种不同的方式进行限制。对于儒家人士，杀身成仁，是自我的自主选择，但成仁所成就的"自我"又不是孤立的、要求个人利益的我，他所要成就的恰恰是朋友的利益、群体的利益、国家的利益。儒家坚持认为，人是通过与他人不断交往才成为完善的人。人的尊严依赖于群体参与，就像依赖于他自己的自尊意识一样。或者说，人的价值与尊严在于参与到群体中，在于在群体的承担中成为"我"。"我"是需要"成"的，但"成我"即在成为父亲或儿子、兄或弟、丈夫或妻子、君或臣、朋友中结下这些关系。《大学》言"修身、齐家、治国、平天下"，儒家一贯注重个人与家、国、天下的一体，认为家、国、天下之义务的承担，家、国、天下乃是个人修身的目标与最终实现场域，只有在家、国、天下中充分展开，在家、国、天下中完整地履行其义务与责任，人的实现才是完满的，才算是成人。或者说，"我"即是家、国、天下中之"我"，根本就没有一个有待实现的，要从所有集体与他人中抽离出来的"我"。当然，这个成人不是既定目标的实现，由于根本就不存在作为道德或精神性终极来源的"造物主"的概念，因此儒家的成人就不需要求助于"彻底的他者"作为人的可完善性的真实基础。毋宁说，其重点在于学做人。

最后，儒家强调成就天地万物之德。《中庸》指出："唯天下至诚，为能尽其性；能尽其性，则能尽人之性；能尽人之性，则能尽物之性；能尽物之性，则可以赞天地之化育；可以赞天地之化育，则可以与天地参矣。"至诚尽性，尽天地在我之性，尽我本然之性，天地之性为仁，仁爱天下，仁爱万物。使万物各适其性，各得其所，各有其存在与发展，则圣人即在辅助天地化育、长养万物之事。进而具有德同天地、化成天下之功。此段的关键性概念是"诚"，人达到"诚"，即是实现了自己的真实本性，实现自己真实的本性即可以实现同胞及整个天下万物的本性。实现自己，亦可实现他人。实现他人，一方面是辅助其实现，化成天下；另一方面，此辅助亦不是己意的任意干涉，不是使其失去个性，而是使其拥有自我的发展空间，拥有自我的独立与选择的自由。张载的《西铭》更言："乾称父，坤称母，予兹藐焉，乃混然中处。故天地之塞，吾其体；天地之帅，吾其性……民吾同胞，物吾与也。"人在天地间傲然伟然而立，乾坤是我之父母，乾坤亦是天下所有人（物）的父母，如此，共有父母的人我物乃构成天地间一"大家"，"我们"都是此"大家"的成员。（"民胞物与"是此意也。）天地间一切皆在"我"的关照之下，对他人的一切道德行为都是对我的家人的亲情，血缘亲情是自然的、真挚的、自愿的。张载指示人们如何真切地、自然地爱天下所有的人如爱自己的亲人，所谓爱人如己，天下一家。这是儒家人的存在方式的实现。人在此成己、成人、成物的过程中，获得其真实的生命存在意义与价值。

第三节　"易""中""和""乐"的生命精神

中国文化既视宇宙人生为一整体，并以直觉体悟的方式来思想。同时，中国文化就其整体精神而言，更重视宇宙人生的变化不已、乾乾精进，重视宇宙人生的中和之道，以中、和为天下之根本和大道，中国文化、中国人更具有乐的精神，在此世、此生中积极地创造其生命的价值和生存的意义。

一、生生不息之德

中国古代哲学非常重视"生"的观念，认为宇宙即是一个创生不已、充满生意的世界。孔子说："天何言哉？四时行焉，百物生焉。天何言哉？"（《论语·阳货》）孔子又说："逝者如斯夫，不舍昼夜。"（《论语·子罕》）孔子切实地体悟着天地宇宙的生生不息、变化不息。即肯定创生、变易是这个世界的根本事实，一切事物莫不在流变之中，而宇宙是一个创生不已、变化不息的大流。梁漱溟认为，"这一个'生'字是最重要的观念，知道这个就可以知道所有孔家的话。孔家没有别的，就是要顺着自然道理，顶活泼顶流畅的去生发。他以为宇宙总是向前生发的，万物欲生，即任其生，不加造作必能与宇宙契合，使宇宙充满了生意春气"[①]。在梁漱溟的心目中，"生"最能代表儒家的道理。我们也认为，生的观念足以代表中华文化的道理。

流变、变易、生生不已的观念在《周易》一书中恐怕体现得最为明显。《周易》蕴含着对天、地、人的思考。《易传》言："作《易》者，其有忧患乎？"《易》所忧患的是人的生命本身，试图用简易的方式在生命的变易中把握"不易"的"生命之道"。从《周易》哲学的观点看来，一切事物

---

① 梁漱溟：《东西方文化及其哲学》，商务印书馆 1999 年版，第 126—127 页。

都在大化流行之中，整个宇宙都是一个变动不居、生生不已的过程。运动变化的根源，就在于阴阳之气的翕辟成变。《易传》是对阴阳作较多论述的著作。"一阴一阳之谓道，继之者善也，成之者性也。仁者见之谓之仁，知者见之谓之知，百姓日用不知，故君子之道鲜矣！显诸仁，藏诸用，鼓万物而不与圣人同忧，盛德大业至矣哉！富有之谓大业，日新之谓盛德。生生之谓易，成象之谓乾，效法之谓坤，极数知来之谓占，通变之谓事，阴阳不测之谓神。"（《周易·系辞上传》）道，或者说天地之道，表现为阴、阳的相互推荡。独阳不能自生，独阴不能自成，一阴一阳方可生养、成就万物。生，就是"天地之根本性德"（张岱年语），就是天地之道。《周易》系辞下传云："天地之大德曰生。"作为天地之间的人，则要继天地之善，成就己之性、人之性、物之性，赞天地之化育，与天地参。这就是君子之道、圣人之道。牟宗三认为"显诸仁，藏诸用，鼓万物而不与圣人同忧"就是在描述"上天之道"，是说"天道在万物的创生化育中、仁中显露"，"在能创生化育的大用（Function）中潜藏"，"它鼓舞着万物的化育，然而它不与圣人同其忧患"。① 因为天地无心而成化，正所谓"天地不仁，以万物为刍狗"（《老子》第五章）。天地虽生养万物、鼓舞万物，但它不会忧恤万物，也就不会有圣人的忧患。而圣人不会容许自己麻木不仁，面对万物之不得其所，会抱憾担忧，产生一种悲天悯人之情怀。正是基于此悲悯情怀，君子、圣人积极效法天地之大德，参赞天地之化育，成就盛德大业。富有、日新皆是天地、圣人之功，其中生生之易贯穿其始终。宇宙间最高最大的原理就是：一切都在迁流变化中发展着，世界是一个生生不息、日化日新的历程，生长衰亡，新陈代谢，永不停息。在宇宙精神的感召之下，人类可以创起富有日新之盛德大业，能够日新其德，日新其业，开物成务，创造美好的世界。②

"天地设位，而易行乎其中矣。"（《周易·系辞上传》）所谓易，就是

---

① 牟宗三：《中国哲学的特质》，上海古籍出版社 2007 年版，第 12 页。
② 参见郭齐勇：《中国哲学智慧的探索》，中华书局 2008 年版，第 9 页。

生生不穷、创造不已之义。"乾坤，其易之缊邪？乾坤成列，而易立乎其中矣。乾坤毁，则无以见易。易不可见，则乾坤或几乎息矣。"（《周易·系辞上传》）"子曰：乾坤，其易之门邪？乾，阳物也。坤，阴物也。阴阳合德而刚柔有体，以体天地之撰，以通神明之德。"（《周易·系辞下传》）乾、坤集中体现了易之精神，即生生不息的精神。《周易·象传》言："天行健，君子自强不息。""地势坤，君子厚德载物。"天行刚健，君子效法天之品性，则刚健有为、生生不息；地势柔顺，君子效法地之包容，则广大宽厚、性情柔顺。"乾道成男，坤道成女。乾知大始，坤作成物。乾以易知，坤以简能。""夫乾，其静也专，其动也直，是以大生焉。夫坤，其静也翕，其动也辟，是以广生焉。"（《周易·系辞上传》）乾生大，坤生广，乾坤共建广大之业。乾为男，坤为女，通天下万物而言，动物、植物亦有牝牡、雌雄；乾坤各具特征与功能，乾主开创，坤主完成，并行不悖，乾坤并建。《易传》认为阴阳、刚柔、动静、文武是相辅相成的。《周易·说卦》言："是以立天之道曰阴与阳，立地之道曰柔与刚，立人之道曰仁与义。"天、地、人的存在都是以阴阳、柔刚、仁义的对立统一而呈现为恒常不变、生生不已的法则。如果一味地刚（重阳）或一味地柔（重阴），那么就不会有"生"意。

二、持"中"守"和"之魂

中国文化思想亦重中和。最新公布的清华简《保训》中，圣王相与之际皆重视"中"之德，说明中国文化重视"中"是由来有自的。中国古代经典《尚书·洪范》即有追求有刚有柔、刚柔互济的中正平和的思想，如其中所述"无偏无陂（颇），遵王之义……无偏无党，王道荡荡；无党无偏，王道平平；无反无侧，王道正直；会其有极，归其有极。"孔子极重视中庸之德，"子曰：中庸之为德也，其至矣乎？民鲜久矣"（《论语·雍也》）。《中庸》里也讲，"仲尼曰：君子中庸，小人反中庸。君子之中庸也，君子而时中"。可见，"中庸"是很难达到的至德，是"君子"的一种品德，即行为举止的恰到好处，既无"过"又无"不及"。孔子评价其弟子子张与子夏"过犹不及",二者都不是"中行",是"君子"所要克服的。"君子"追求的是"质胜文则野,文胜质则史,文质彬彬,然后君子"(《论语·雍也》)。这是"中庸之德"在君子人格上的体现。孔子个人之行为亦是中庸的表现,孟子认为孔子是圣之时者也,即随时合礼随时中道的行为。孔子七十岁达到的"从心所欲,不逾矩"的境界就是一种"中庸"境界。《礼记·中庸》篇则专以"中庸"为题。那么,中庸的内涵是什么?子程子曰:"不偏之谓中,不易之谓庸。中者,天下之正道。庸者,天下之定理。"不偏邪、不偏私,正直公平是王道之义。朱熹言:"中者,不偏不倚、无过不及之名。庸,平常也。""不偏不倚,无过不及",正合英语 impartiality之意。中庸又乃天下之正道、天下之定理,此亦是平天下之正义。徐复观言:"完全的说法,应该是所谓'庸'者,乃指'平常的行为'而言。所谓平常的行为,是指随时随地,为每一人所应实践,所能实现的行为……实际是指有'普遍妥当性的行为'。"[①] 妥当性,是指其公正、正当、合理,普遍指其为所有人应知、应行,所有人能知能行。我们把中庸之内涵概要地理解为如下几方面。

首先,中庸是天下人共由共守的常道:"中也者,天下之大本也;和也者,天下之达道也。致中和天地位焉,万物育焉。"(《中庸》)郑玄言:"中庸者以其记中和之为用也。""中和"即是中庸。其次,中庸是平常人所能知能行的常道。这指示,人皆应努力于此。再次,中庸是人所难知难行的常道。中庸虽就人之本性而言,是可知可行的,但现实行为中人又很难做到中庸之公正、无偏无私。"中庸其至矣乎!民鲜能久矣!""天下国家可均也,爵禄可辞也,白刃可蹈也,中庸不可能也。""遁世不见知而不悔,唯圣者能之。"(《中庸》)最后,中庸之平常性。"子曰:舜其大知也与!舜好问而好察而言,隐恶而扬善,执其两端,用其中于民,其斯以为舜乎!"(《中庸》)朱熹解作:"舜之所以为大知者,以其不自用而取诸人也。迩言者,浅近之言,犹必察焉,其无遗善可知。然于其言之未善者则隐而

---

① 徐复观:《中国人性论史》,华东师范大学出版社 2005 年版,第 70 页。

不宣，其善者则播而不匿，其广大光明又如此，则人孰不乐告以善哉。两端，谓众论不同之极致。盖凡物皆有两端，如小大、厚薄之类。于善之中又执其两端以取中，然后用之，则其择之审而行之至矣。然非在我之权笃精切不差，何以与此？此知之所以无过不及，而道之所以行也。"①

《中庸》作者又将"中庸"思想概括为"中和"，提出"中也者天下之大本也，和也者，天下之达道也"。认为中和是天下万物的根本、大道。实现中和之德便能实现化育万物、德配天地之功效与境界。所以，中又指和的思想。中国古代思想重视"和而不同"，重视发挥集团协作的力量，不同的"他者"互相促进。整体是包含"他者"的整体，"以他平他谓之和"，而非只有一种声音、一种价值、一种标准的一维的整体；包含着对万物价值之肯认与尊重，"四海之内皆兄弟"；是"曲成万物而不遗"，帮助成就他人他物之性。人必须对他人、他物尽自己的责任，使他人他物更好地存在，也即是使这个整体完好地存在。孔子说，"舜其大智也与"，"执其两端用其中于民"。焦循《雕菰楼集》言："孔子曰：舜其大智也与！舜好问而好察迩言，隐恶而扬善，执其两端，用其中与民。孟子曰：大舜有大焉，善与人同，舍己从人，乐取于人而为善。舜于天下之善无不从之，是真一以贯之，以一心而容万善，此所以大也。又云：孟子曰：物之不齐，物之情也。惟其不齐，则不得以己之性情，例诸天下之性情……"舜其实是体现了和的思想。舜善于吸收听取众人的意见，即使是看似平凡的见解，也要给予重视。一方面，于己可以更客观更全面。另一方面，于人乐于把不同的意见反映上来。其对言论中不正确的不讽刺打击，对于正确的不排挤打压。对于事物价值的评价，总会有两种乃至多种不同的甚至互相对立的意见，如何在众多价值中获得最普遍的能被广泛认同的价值？如何在众多的意见中获得一致？舜的"用中"智慧无疑是高明的实践的智慧，亦是难能、难行的智慧。这即是虚心的、宽容的心境，奠定了中华民族用中求和的宽容待物、容纳异己的思想智慧。

---

① 朱熹：《四书章句集注》，中华书局 1983 年版，第 20 页。

三、和乐有为之境

在宇宙生生不息、乾坤并建、中和为本的基础上，中国文化、中国思想更具有积极进取、和乐有为的精神特质。因为体会到宇宙是生生不息、健行不已，因为中国思想文化中宇宙人生是一体同构的，"巍巍乎"之天命下贯到人而成为人的性命。《中庸》言："天命之谓性"，人的存在和本性依托、贯通于天命，连接着生生不已的宇宙精神，所以，人的存在是乾乾精进、创新不已的。人对于宇宙及人的存在充满着积健为雄、积极向上的乐的精神。故此，中国文化、中国思想是一个"乐"的文化。李泽厚先生即认为中国传统文化是"乐感文化"。孔子有"乐以忘忧，不知老之将至"之乐，颜回有"箪食瓢饮"之乐，宋儒周敦颐要求弟子寻"孔颜乐处"，都是对乐的追求和表现。孟子说："万物皆备于我矣，反身而诚，乐莫大焉。"（《孟子·尽心上》）因为天人一体、天人合一的整体是人的存在的最真实、最完美的存在状态，所以人必须在此整体中才获得其真实。但此"在"或"投入"并非以个人之消融于整体中为目标。这种"进入"或"在"整体中是以道德的方式、伦理的方式展开的。依照孟子所说，成为天地整体的人去真实存在的时候，这样的存在才是一个欣然的、乐的存在。孟子言："君子有三乐，而王天下不与存焉。父母俱存，兄弟无故，一乐也；仰不愧于天，俯不怍于人，二乐也；得天下英才而教育之，三乐也。"（《孟子·尽心上》）在天地之间行道德仁义、感受家庭伦理、教化学生的事业，都是和乐的、妥帖的存在。因为人的存在都是行己之所能，尽己之本分。进一步说，道德、伦理的方式又并非仅是个人实现目的的手段，此生活即真实，即本体。李泽厚说："为此不容易活而顽强地活着和活下来这一事实，即可构成活的意义，它支撑着活的意念，成为活的理式和力量。这正是中国乐感文化的本源。"[1]他亦认为中国文化是一个世界，没有外在的寄托，人必须在此世界中自己创造生命、生存的意义。所以此种对生

---

① 李泽厚：《世纪新梦》，安徽文艺出版社 1998 年版，第 22 页。

活、对生命的乐的精神，体现为一种奋发有为的进取精神。

　　作为中华文化重要基础的汉代思想即是有为精神的代表。汉初70年实行道家黄老之治，不事更张，与民休息，百姓因此得到安宁和富足。但这种无为而治的局面毕竟是要打破的，儒家即代表这一方向。陆贾、贾谊倡有为在前，董仲舒则踵继于后。贾谊主张"移风易俗，使天下回心向道"，认为"不为不立，不植则僵，不修则坏"。(《汉书》卷四十八《贾谊传·第十八》)这种不沉醉于过去，不满足于现实，革除流弊，移风易俗，以道德的、政治的理想主义从事于建构，即是继承孔子遗风的有为主张。牟宗三谓："此是一综合而向上提撕之心灵也。"[1]有此精神，中华文化、中华民族才能经历百转千回依然前行，能够历经苦难而依然屹立于世界。

---

[1]　牟宗三:《历史哲学》，台湾学生书局1988年版，第243页。

第五章　西方思想传统及其生命精神

　　精神家园的生命精神，不是抽象的存在，总是属于特定的个人或社会群体，并与其历史思想传统内在相关。中国人与西方人不同的思想文化在具体的生命活动中形成了各自的生命精神，中国人向人的内心求取，注重内心体验、崇尚敏锐而宁静的坦荡心性，追求悟觉性的生命精神。西方人向人以外的对象求取，注重于知识、宗教、艺术，由此形成理智性的生命精神。西方人的思想文化注重自身生命的"存在"与"生存"，把人与世界作为认知的对象，理性地把握其确定性的本质。这种目光外投以求"知物"的认知性智慧，以逻辑的思维方式认识存在的本质，从而获得关于世界的知识。

　　精神生活不仅表现为对"存在意义"的理性觉知，同时也表现为对"存在意义"的文化认同、心灵归属与情感寄托。这种理性觉知、文化认同、心灵归属和情感寄托总是要通过具体历史的文化样式呈现出来。它内蕴于各种具体的文化样式与载体之中，是各种文化样式及其载体共同的思想灵魂与精神纲领。人的精神生活在历史的积淀中逐渐形成和孕育出一个相对稳定的意义世界和"活"的文化世界。生命精神的理解不能是抽象的、纯概念的演绎，而是必须结合具体的思想传统，在其历史性中把握生命精神的内在根源动力及其真正的丰富性。不仅要知其然，而且要知其所以然。因此要对西方思想传统的内在思维方式有比较准确的把握，进而理解由此生成的科学与神学的双重文化样态，最后探究内蕴于这种文化之中的生命精神。

第一节　西方生命精神的思想传统

从思维方式的视角去把握西方文明传统的特征，这个问题在当代中国思想的形成中有其传承的历史。换言之，这个问题的提出有其具体的历史处境。五四新文化运动中的知识分子因为直面现实困难的冲击而有着很强的文化批判与文化自觉意识，他们以解决中国当下的问题为目的，深入地比较了中华文明（或东方文明）与西方文明。我们可以在此基础上明确生命精神视域中的西方文明的思维方式问题，从而确定此问题的基本研究思路。西方人如何能有他们的科学与宗教，也就是说，作为科学与宗教之根本的生命精神是怎样的？

一、问题的提出与基本判断

中国晚清以来的历史是饱受西方列强欺凌的历史，因此西方文明成为近代以来中国知识分子不得不研究的对象，并且大多是以一种仰视的态度来比较中西。梁漱溟先生在《东西文化及其哲学》中曾对此前的西方文明研究有所简介，如许多人认为西方文明是征服自然，而东方文明是与自然融洽，杜威在北京的演讲即持此说；陈独秀及《新青年》诸君主张德先生（民主）与赛先生（科学）是西方之长于中国的精神；李守常先生认为，东西文明根本不同之点在于东洋文明主静而西洋文明主动，在此根本点外又可补充一系列相对立的概念，如自然与人为、安息与战争、消极与积极、依赖与独立、苟安与突进、因袭与创造、保守与进步、直觉与理智、空想与体验、艺术与科学、精神与物质、为灵与为肉、向天与立地、自然支配人间与人间支配自然。梁漱溟认为以上立论虽很有道理却不够根本与明晰，他提出西方文明以意欲向前要求为其根本精神，从这根本精神出发而有民主与科学两大文化。与西方文明相区别，中国文化是以意欲自为调和、持中为其根本精神，而印度文化是以意欲反身向后要求为其根本精神。他进而更详细地解说什么是科学与民主，这是可以从形形色色的西方事物中抽出的共同的色彩，比照于手艺，科学把零碎的经验、不全的知识，经营成学问，要求一个客观共认的确实知识，科学求公例原则，要大家共认证实的，前人所有的今人都有得，其所贵在新发明，逐步前进。西方是学（科学）独立于术（应用），科学看事物是解析地看，而不是整个地看。科学的对象是自然，表现于学术思想。就社会生活而言，西方文明的特别色彩是民主，即个性伸展社会性发达，即有自己的观念，觉知有自己，是个体的人，彼此不相归属，因个人自己意思组织团体社会国家，个性不失的社会组织即社会性发达。民主与科学寓于生活的各个方面，如政治，如法律，如教育，如反宗教。梁漱溟讲，这两者是西方特别的长处，为人人所看见，可惜的是，大家却不发问，科学与民主怎么被西方得到，而在中国竟不能产生？他认为这两者只是面目，而非路向，单学面目是学不来的，还是要沿那路向走才行，因此在查明西方之特异彩色之后，当寻其本源。他的答案是西方人意欲向前改造对象的态度。我们的问题与他相似，即西方人如何能有他们的科学与宗教，但对问题的回答不同。

先把握特色，再觅其本源，从方法论上看是可行的，然而，科学、民主、宗教各自的确切内涵是什么？特色是个相对的概念，由此可能只是一个事物的部分性质，甚至只是较少部分的性质，仅仅从特色出发，未必能恰当地寻觅到本源。民主，如果从制度上来理解，含义是比较确定的，但如果很宽泛地理解，理解为具有强烈自我意识的个体以及由此个体所组成的社会，那么就在确实的现象之外设定了不可靠的前提，并且与这现象存在着跨越和间隔，不能作为现象的真实原因，而成为一个主观的价值判断。作为制度的民主以及相应的对民主价值的承认，只是西方近代以来的现象，以此为根据不能把握源头上的差异，并且近代以来的民主实践可以在科学与宗教的发展中获得解释，宗教不能仅以印度起源的佛教为唯一的最完善的代表，西方近代以来的宗教革命并不意味着宗教在西方的终结或从犹太教起源的基督教从本质上低于佛教。因此，科学与宗教更有理由作为需要解释的特色。

根据以上的分析，我们的问题得以被确定为，西方人如何能有他们的科学与宗教，也就是说，作为科学与宗教之根本的生命精神是怎样的？我们溯其源于古希腊。首先这个事实不能归因于个人的天才，或偶然的"奇迹"，或简单的经济富庶。劳埃德认为，古希腊米利都哲学家们的思辨有两个重要特点，使得他们的思考有别于他们之前的希腊或非希腊思想家们的思考，这两个特点是自然的发现、理性的批判与辩论活动。自然的发现是指区分自然与超自然，即认识到自然现象具有规则，受一定的因果关系支配。第二个特点是辩论活动。早期希腊哲学家们互相了解大家的思想并互相批评。他们处理的问题是相同的，探讨的自然现象也是相同的，他们提出的各种理论和解释正好是相互竞争的，他们迫切需要发现最佳的解释和理论，因而他们不可不考虑自己的理论基础，充分有力的证据和论点，以及对手的理论弱点。米利都哲学家们的贡献实质是，在人对于自然世界的态度中引进了新的批判精神。在米利都哲学家们之后，毕达哥拉斯学派的数学研究为西方文明的发展引入了更重要的火种。重要的不是现代意义上的纯数学研究，而是他们把数与本原两个概念结合在一起，提出数是万物的本原，在事物中寻找数，在数理系统与自然宇宙之间确立了同一性。认识自然事物中的数，这并非是对事物的量的把握，数不是数量，不是个数，不是程度，不是长短轻重，而是内在的比例、秩序与和谐。亚里士多德对毕达哥拉斯学派的批评代表了一种普遍的误解，他抓住那些夸张的附属性论点，认为毕达哥拉斯学派只是看到了不同事物之间数量的相似，却忽视了更重要、更大的方面。赫拉克利特与巴门尼德的思想使得古希腊哲学重视运动和变化的问题，然而，运动和变化的主题可能使人误解他们思想的真正原创，真正的问题是感觉与理性的对立，是知识的可靠性问题，① 这甚至可以被称为西方哲学的第一次认识论转向。伴随着主体认识能力的区分，由此而有感觉经验的世界与理性思辨的世界，在这个对立中

---

① "不要遵循这条大家都习惯的道路，以你茫然的眼睛、轰鸣的耳朵以及舌头为准绳，而要用你的理智来解决纷争的辩论……"（《巴门尼德残篇》七）

可以确立思辨神学的开端。以思辨（theoria）为根据的神学，不同于以神话（传说）为根据的神学，也不同于以非常体验为根据的神学，思辨神学服从于理性自身的逻辑，在语言之内没有矛盾，在开端处的思辨神学认为神是唯一的、完美的、不动的。

对前苏格拉底哲学家的回顾，可以使我们初步把握西方文明生命精神的原初创造力，对苏格拉底—柏拉图思想的考察，我们可以发现此生命精神形成的基本路径并确认西方文明生命精神气势磅礴的定型。公元前5世纪，雅典成为希腊思想文化的中心，米利都学派、毕达哥拉斯学派、赫拉克利特和巴门尼德，他们的思想也在柏拉图的对话中会通融合。在探讨柏拉图的思想之前，我们有必要从思想上确定苏格拉底与柏拉图的关系。将两个人的思想分开，单独讨论苏格拉底思想的贡献，从现有文献上讲，最早最明确的是亚里士多德。阿里斯托芬的戏剧与色诺芬的回忆录可以用来确定苏格拉底的思想，但不能用来确定苏格拉底与柏拉图的区别。亚里士多德在《形而上学》第一卷和第十三卷谈到苏格拉底的思想，"苏格拉底忙于研究伦理问题而忽视了作为整体的自然世界，只在伦理方面寻求普遍的东西，开始专心致志寻求定义"，"有两件事可以公正地归于苏格拉底，即归纳的论证和普遍的定义，这两者都是知识的出发点，但苏格拉底并没有将这个普遍的东西或定义看作是分离存在的东西"。根据柏拉图的对话自身，我们还不能作出上述的区分，对话中的苏格拉底不能被确认为柏拉图或经过柏拉图修饰的苏格拉底。就柏拉图的对话整体来看，柏拉图显然不希望后人将他与苏格拉底区分开，他对苏格拉底思想的尊敬是后人难以想象的，亚里士多德并不能够理解这种感情，因此不能成就柏拉图的心意。我们认为就探寻思想本源的问题而言无须区分苏格拉底与柏拉图，下文中如果只是讲苏格拉底或柏拉图，那完全是为了行文的方便。我们说，米利都学派、毕达哥拉斯学派、赫拉克利特和巴门尼德，他们的思想在柏拉图的对话中会通融合，我们需要解释此融合的具体实现以及它如何奠定了西方文明的科学与宗教的开端。

柏拉图的对话从形式上体现着上述融合的真实可能性，它的条件与限度。对话体具有多方面的意义，就这里的问题而言，对话体所具有的包容性与开放性需要优先地予以重视。布朗德尔（R. Blondell）提出对话是动态的、发展的，观点与立场处于变化中，这样避免了思想的教条化，避免了作者的独断论，同时也可以引导读者思考并参与讨论。他不赞成地提到有一些柏拉图对话的解释者强调对话的戏剧性，即各种观点之间的张力与竞争，不存在清晰的主张或支配性观点。① 我们认为，对话所展现的与其说是冲突中的诸观念，不如说是诸观念虽然在冲突中却仍然能够在一起对话，即对话的可能性。在记录者与交谈者之间，在陈述者与作者之间，在模仿者与真实者之间，对话体构建着距离，培育着从理论（theoria）出发的态度，自我确立为一个过渡、一个引导性桥梁。这里不仅是作者的缺席，文本自身也要挣扎着腾身而去。这最为明显地呈现于《菲德罗篇》对书写的批判。在苏格拉底所讲述的故事中，萨玛斯认为文字只会使人们容易忘记，因为他们不再努力记忆，书写的文本不能自我辩护，只能重复，文本不能挑选读者，无法避免误解。在灵魂中的知识与文字之间，有一种相互讨论的逻各斯，这种讨论出来的道理比写下来的文字高明，因为它找到一个合适的灵魂，运用辩证法在里面播下理智的种子，在讨论中还可以进行辩护解释，使道理流传下去，这是最大的幸福。

二、柏拉图对话中的科学和哲学

柏拉图的哲学思想与现代的科学精神是否一致并不是没有争议的，有人认为，以理念论为基础的哲学绝对与科学不相容，对科学发展构成了重大障碍。《理想国》与《蒂迈欧篇》中的一些段落被用来证明柏拉图对具体科学的轻视。在《理想国》第七卷，苏格拉底与格劳孔一起讨论为何学习天文学，他们一致认为，在有助于农业、航海和军事之外，天文学的真

---

① 参见戈登等：《戏剧诗人柏拉图》，张文涛选编，华东师范大学出版社 2007 年版，第71—134 页。

正价值不在于能够把心灵的注意力引向可见的天上的事物，而是引向不可见的实在，天体虽然是可见事物中最真最美的，但仍然不如理性和思想所认识的实体完美。如在几何学中使用可见的几何图形来帮助学习，在天文学中眼睛所看见的天体并不是研究的真正的最终的对象，而仅仅是认识理念所必需的中间过程，是为了更高级学习的准备。对柏拉图的思想作出公正的评判，不可缺少的前提是恰当地理解他所说的不可见的实在。我们应该在严格的字面意义上理解可见的，所谓"可见的"，仅仅是指我们的眼睛所能看见的，就当代的物理学所研究的世界而言，例如电磁场、分子原子结构以及更微观的结构、射电望远镜所看见的极其遥远的天体、黑洞等等，在严格的意义上，都属于柏拉图所说的不可见世界。不可见世界不能被等同为概念世界，不能被等同为精神世界，简略地讲，它可以被理解为单凭人的感觉器官无法直接认识而必须依赖理性才能够认知的世界。

对话《蒂迈欧篇》包含着柏拉图成熟的自然哲学体系，影响巨大，据说在柏拉图的著作中亚里士多德对此篇对话的引用次数最多。近代以来，有些人指责《蒂迈欧篇》是科学发展的障碍，但到了现代，有些科学家对其中的世界几何结构重新发生兴趣。即使是波普尔也认为这种几何结构理论是从哥白尼经过牛顿到爱因斯坦的现代宇宙论的基础，海森堡认为现代物理学的倾向更接近《蒂迈欧篇》，而不是德谟克利特。① 劳埃德认为，从西方文明的历史看，此篇对话最有影响的部分不是其中具体的物理学和生物学理论，而是对科学的哲学思考，能够凸显柏拉图的科学哲学的两个主要理论是他的目的论和他关于理性和感性的相对价值评判。就前者而言，根据他的目的论，科学研究的意义对应于它对宇宙秩序和理性的认识程度，就后者而言，他偏好理性而贬低感性和观察。柏拉图观点的积极意义在于他坚持科学研究的目标是要发现隐藏在经验材料后面的抽象定律，两个最重要和最富有成果的思想是：他相信宇宙的数学结构，他对理想的

---

① 参见汪子嵩、范明生、陈村富、姚介厚：《希腊哲学史》第二卷，人民出版社 1993 年版，第 1014 页。

数学天文学和物理学的设想。[①] 劳埃德在他的另一本著作《古代世界的现代思考》中，扩展了他对柏拉图目的论的理解，并且在托勒密这里确认了这一思想的历史影响。柏拉图在《蒂迈欧篇》中提出，研究天体的规则性能够帮助一个人调节他自身灵魂的运动，因此变成更好的人。托勒密继承了科学研究具有道德意义的看法，他说："在所有的研究中，这一研究（天文学）尤其能让人感受到行为和气质的高贵：当一个人沉浸于如此的一致性、如此完美的秩序和如此均衡的比例，摆脱了对神圣事物的傲慢态度，这一研究让他成为神圣之美的爱慕者，他的灵魂因此也自然而然地浸透了同样的美。"[②]

苏格拉底在洞穴比喻中指出，心灵教育或精神生命的成长是个渐进的上升过程，就如同从阴影到投射阴影的影像，再转向火光，之后走出洞穴到阳光下，看真实事物的阴影和水中倒影，看东西本身，在夜晚观察月亮和星星，最后直接观看太阳本身。与之相应，对理念的接近，对智慧的寻求也必须渐次上升，而非一步登天，学习必须包括以下的阶段：数学，几何学（平面和立体），天文学（运动中的立体），音乐（和声学），之后学习辩证法。当一个人依靠辩证法，通过推理而非感官的知觉，以求达到每一事物的本质，并一直坚持到靠思想本身理解到善的本质时，他就达到了可知世界的顶峰。

柏拉图对于科学的思考隐藏或者呈现在对话《泰阿泰德篇》中，此篇对话的主导问题可以翻译为"什么是知识"（episteme），也可以翻译为"什么是科学"，它的方法是典型的苏格拉底助产术，对于"什么是科学"这个问题的三种回答都给予了否定，没有给出确定的答案就结束了对话。首先需要理解这个问题——它所问的是什么。它问的不是作为类别的科学包括哪些个例，也就是说所要求的回答不是枚举，所问的是什么使得科学是

① 参见劳埃德：《早期希腊科学》，孙小淳译，上海科技教育出版社 2004 年版，第 76—78 页。

② 转引自劳埃德：《古代世界的现代思考》，钮卫星译，上海科技教育出版社 2004 年版，第 23 页。

科学，也就是那个所谓的本质（to ti en einai）。它所问的不是将科学与别的什么加以比较，例如与神话，从而辨认出科学的特性，而是就科学自身来追问科学，在开端或在原则上追问，问的是那个"元"或能提供正当性的根据，因此这个问题规定着亚里士多德的《形而上学》（元物理学）所讨论的内容，也规定着科学哲学的可能性。感觉，或者当下的感性直观、个体的经验，能不能作为科学的根据？苏格拉底指出"感觉是科学的根据"这个理论与赫拉克利特的"万物皆流"，与普罗泰戈拉的"人是万物的尺度"是一致的，是相互支持的。这个分析表明，从对象的角度讲，科学必须有确定的对象，能够在语言中予以指称陈述，从主体的角度上，科学必须克服相对主义，具有普遍性。这种确定的普遍性，根据对话《菲力布篇》，来自于对无限中的有限的理性认识，即显示出事物各自如何是一与多，各自所拥有的确定的数，真正的科学或者说真正的辩证法，所认识的是一与无限之间的有限者。

哥白尼革命对于物理学的发展，对于科学的发展具有特别的重要性，它改变了传统的宇宙秩序，所产生的影响甚至超出了科学的范围。当探究这个科学革命的条件时，我们发现，不是经验观察起了决定性的作用，不是托勒密和亚里士多德给了哥白尼灵感，而是毕达哥拉斯和柏拉图。如哥白尼的学生所言，正是由于追随了柏拉图和毕达哥拉斯主义者，哥白尼才认识到，为了确定现象的原因，就必须赋予球形地球以圆周运动。[①]

柏拉图对知识的理念论考察得到康德的高度评价和尊重，尽管后者的哥白尼革命似乎是对传统理论的整个倒转。这再次表明真正的思想之间不存在彻底的断裂。康德说，如果我们不介意夸张的表达，那么柏拉图从对感性物理世界的模仿性考察上升到按照目的（即按照理念）对世界秩序的构筑，"这股精神的冲劲是一种值得敬重和仿效的努力"，而且，在道德、政治和宗教领域，柏拉图更是作出完全特别的贡献。[②]康德的洞见是感性

[①] 参见科瓦雷：《从封闭世界到无限宇宙》，张卜天译，北京大学出版社 2008 年版，第 24 页。

[②] 参见康德：《纯粹理性批判》，邓晓芒译，人民出版社 2004 年版，第 270—273 页。

只能提供杂乱无章的直观；给予秩序和规范的是知性，知性以综合判断的形式给自然立法，由此可以说明自然科学是如何可能的；在感性和知性之外的理性，进一步综合各种系列的知性判断，以理念的形式彻底地将世界纳入理性的范围内，由此得到的理论形式却不是科学，而是形而上学。库恩的科学范式革命和蒯因的科学本体论承诺理论表明，经验观察、数量化、因果判断不足以解释科学的发展，尽可能充分的解释要求对给定科学体系的形而上学基础作出说明。康德的认识论转向表面上似乎与科学哲学后来的发展相违背，但在他的理论中所蕴含的积极因素却正是库恩和蒯因等人思考的出发点，也就是说康德所归结的理性的作用恰恰是科学之所以可能的深层前提。这可以部分地论证我们对柏拉图对话中的科学哲学所进行的考察和研究。

如吴国盛先生所言，科学成为一种独立的、占主导地位的精神范例是从希腊开始的。希腊人最早对世界形成了一种不同于神话而又系统的理性看法，而且创造了一套数学语言来把握自然界的规律。

三、柏拉图对话中的神学思想

在探究西方文明精神家园的本源并且将科学与宗教视为此本源所开显的特色的视域中，我们沉思柏拉图对话中的神学思想，这并不意味着我们认为柏拉图的神学思想就是西方宗教的源头。此一沉思的指向在于显明以古希腊文明为根本的西方文明的先天宗教接受性，即在思想的内在旨趣上古希腊思想具有接纳内化基督教文化的真实可能，就如同以儒家思想为主体的中国文明就思想的志向而言可以兼容并包古印度的佛教文化与近代欧洲的马克思主义。

研究柏拉图对话中的神学思想，首当其冲的问题是他的理念论与神学的关系，特别是善的理念与最高的神是怎样的关系。假如最高的神与最高的理念是分离的，那么如策勒所说只有三种可能：上帝是善的理念的原因；上帝的存在以善的理念为根源；两者同为最高的独立的终极的实在。

这三种可能都是自相矛盾的，因此只能认定最高的神（上帝）与善的理念是同一的。然而，斯塔斯认为这样仍然有问题，即上帝只是概念的存在，而非人格的上帝，这可能使整个体系崩溃，因此他建议对话中的神学（对神的言说）应该如同其他的神话一样看待，即这些神话只是不同于哲学的诗歌成分，是在不能合理地解释事物时所使用的替代品，是柏拉图思想体系的弱点。① 我们不认同斯塔斯对柏拉图神学思想的忽视，也不认同他对柏拉图对话中神话作用的理解，关键点在于我们认为处于柏拉图思想体系顶点的善的理念绝对不能仅仅理解为概念。普罗克洛对《巴门尼德篇》的解释有助于回答上面的难题。普罗克洛讲，神学的全部教义都在这篇对话里完整地表现出来，整个神圣等级也显得和谐连贯。在这篇对话里，所有的神从第一因中产生，最高的神与"一"相关，最底处的神则具有多样性。根据普罗克洛的分析，在《巴门尼德篇》中第一个三一体是一、权能和存在，"一"是创造者，存在是被创造者，权能从一而来，与存在结合；第二个三一体是一、部分与整体，在这里有分离与统一，永恒的事物是一个整体；第三个三一体是一、生成的二和无限的多，是理智。②

在回答了最核心的质疑之后，可以发现柏拉图的神学思想是多方面的，有道德神学，有自然神学，有辩证神学，有否定神学，这些思想一以贯之地体现于各篇对话之中，如普罗克洛所讲，关于神的真理渗透柏拉图的所有对话。③ 因篇幅所限，下文仅讨论几个核心问题以作为柏拉图神学思想的导论。

神性的问题如何能被生命短暂的人所提出？永恒不朽的神圣世界与终有一死的生活有怎样的关系，在不可逃避的死亡面前，如何能坚定信仰，

---

① 参见斯塔斯：《批评的希腊哲学史》，庆泽彭译，华东师范大学出版社2006年版，第158—159、133—135页。

② 参见普罗克洛：《柏拉图的神学》，石敏敏译，中国社会科学出版社2007年版，第18、148—152、175—180页。

③ 参见普罗克洛：《柏拉图的神学》，石敏敏译，中国社会科学出版社2007年版，第13页。

如何回答另一个世界仅仅是幻想的质疑？对话《斐多篇》可以被理解为另一篇申辩[1]，在尘世生活与神圣生活之间，在短暂的尘世生活面前为永恒的神圣生活辩护。面对朋友们的悲痛，苏格拉底说："我现在希望跟你们列位法官说清楚，为什么一个在哲学中度过一生的人会在临终时自自然然地具有充分的勇气，并且强烈地希望自己死后会在另一个世界获得最大的福祉。"[2] 在这里，灵魂与身体的分离被设定为至福的条件，更高的幸福唯独属于灵魂，因为人是一个复合物，由可见的身体与不可见的灵魂组成，可见的身体阻碍灵魂去认知纯粹的神性的事物，但在人死之后，灵魂与身体分离，不可见的灵魂进入到另一个世界，高贵的、纯粹的、不可见的、神圣的、不朽的世界，那里居住着善良智慧的神，灵魂在这个世界摆脱了谬误、恐惧、凶猛的爱欲、各种邪恶，在这里灵魂与神同在，得享无与伦比的幸福。对话《斐多篇》所提出的死后的幸福与灵魂不朽的论证具有何种哲学含义？

如果存在至善的神，并且我们当下所生存的世界是神所创造，那么如何理解这个世界中的邪恶，在神的善意与人的行动之间有怎样的关系，人如何是自由的？在讨论城邦的教育问题时，《理想国》中的苏格拉底指出传统教育存在的致命问题，即没有描述出诸神与英雄的真正本性，真正的教育应该在灵魂中确立神是善的原因，而不是一切事物之因。苏格拉底等人没有明确地讨论什么是最高的善，而是用一个比喻来显示，眼睛没有光不能看见颜色，太阳在可见世界带来光明，而善的理念则在可知世界带来认识的可能性。太阳、视觉和可见事物的关系，正好像可知世界里善本身与理智和可知事物的关系一样。善的理念给予知识的对象以真理，给予知识的主体以认识能力。善是知识和真理的源泉。知识的对象不仅从善得到它们的可知性，而且从善得到它们自己的存在和实在，虽然善本身不是实

---

① 《斐多篇》的申辩主题在对话自身中的直接显示："我要提出一项申辩"（63b）；"如果我现在的申辩可以说服你们"（69e）。参见《柏拉图对话集》，王太庆译，商务印书馆2004年版，第215、223页。

② 《柏拉图对话集》，王太庆译，商务印书馆2004年版，第216页。

在。在《理想国》的最后部分，苏格拉底与格劳孔一起再次论证了灵魂不死，由此表明正义和其他美德能给人的幸福不仅在此生，而是在永恒的时间中。最后，苏格拉底讲了英雄厄洛斯的故事，人的自由选择与神的正义审判的故事。潘菲里亚人厄洛斯在死后 12 天举行葬礼时，在火堆上复活了。复活后，他讲述了他在另一个世界所看到的情景。他说，灵魂离开身体后，来到一个地方，这里有法官坐在天地之间审判每个人，正义的上天，不正义的下地。灵魂将为生前所做坏事受十倍惩罚，也将为生前所做好事得十倍奖励。在经历千年的痛苦或幸福之后，灵魂开始新一轮生死。不是神决定人的命运，而是每个人自己选择命运，决定自己新的一生过怎样的生活。美德任取，过错自己负责，与神无涉。有各种各样的生活方式可以选择，有各种动物的生活，也有各种人的生活。如何选择？这时方能明白辨别善恶生活的重要性，只有了解美貌、贫穷、富裕、出身等等与好生活的关系，才能作出正确的选择。在整个的今生和所有的来世永远选择中庸之道而避免两种极端，因为，这是一个人的最大幸福之所在。第一个选择者挑选了一个最大僭主的生活，因为愚蠢和贪婪，没有进行全面的考察，他没有看到其中包含着吃自己孩子等可怕的厄运在内。当他定下心来，想到这些，后悔了，捶打自己的胸膛，号啕痛哭。这个人前生是正义的人，死后在天上享了千年的福，但他前生的正义是由于风俗习惯，而不是学习哲学的结果。可以确信，人生在世时追求智慧，这样的人不仅今生今世能快乐，死后以及再回到人间时，也会行走在平坦的天国之途，而不是崎岖的地下之路。灵魂的选择大部分决定于前生的习性。例如，曾经的歌唱家选择了天鹅的生活，因为他曾死于妇女之手，而不愿再生于妇女。最后一个选择的是奥德修斯的灵魂。由于没有忘记前生的辛苦劳累，他抛弃了雄心壮志，因此只想过一种只需关心自己事务的普通公民的生活。他在一个角落里找到了这种生活。他说，即使能第一个选择，他也会选择这种生活。苏格拉底最后提出忠言：灵魂是不死的，它能忍受一切恶和善。让我们永远坚持走向上的路，追求正义和智慧。这样我们才可以得到我们自己的、神的爱，无论是今生，还是死后。

　　神如何创造宇宙与人，如何能证明这种创造？这个问题可以在《蒂迈欧篇》的世界创造论中得到解答。宇宙是生成的、变动不居的，凡是生成的事物都有其原因。宇宙的原因就是它的创造者，创造者（德莫格，Demiurgos）依据唯有理性才能认识的原型创造宇宙，这个创造者是善的，它将混乱无秩序的运动安排得有秩序，这就是它的创造。他认为理性比非理性更好，所以将理性放入灵魂，将灵魂放入躯体，使宇宙具有理性和灵魂。[①] 伽达默尔认为，这个宇宙创造论是纯本体论的，而非神学的。汪子嵩等先生不赞成伽达默尔的观点，他们认为柏拉图的思想是一种理性神学，与爱利亚学派一脉相承，德莫格是有目的、有意志的，因此可以为后来的基督教神学所援引，尤其是与《菲力布篇》中作为宇宙原因的努斯相比较，更可以看出这里突出了宇宙创造者的意志性。[②]

　　通过对柏拉图思想的反思探究，我们可以发现柏拉图的神学思想显明了以古希腊文明为根本的西方文明的先天宗教接受性，即在思想的内在旨趣上古希腊思想具有接纳内化从希伯来文明而来的基督教文化的真实可能，由此就可以理解西方文化之所以如此的内在的思维方式的基础。

　　五四新文化运动以来对西方文化特征的把握一般强调两个"先生"，所谓的"德先生"（民主）与"赛先生"（科学），这对于中华文明从困境中走出，自强更新无疑是恰当的药方，但就完整地理解把握西方思想传统而言，则是不够的。在中国的现代化过程中，仅仅强调这两者，甚至会引起严重的问题，也就是说在制度文明与物质文明之外，忽视了精神文明。今天，当代中国的马克思主义从时代的现实问题出发，提出了精神文明的建设问题，从由此敞开的视域出发，我们对于西方思想传统特征的理解也可以有更完整的视角，由此可以从科学与神学（宗教）这个更丰富的维度去理解西方文明的生命精神。

---

① 参见汪子嵩、范明生、陈村富、姚介厚：《希腊哲学史》第二卷，人民出版社 1993 年版，第 1021—1024 页。
② 参见汪子嵩、范明生、陈村富、姚介厚：《希腊哲学史》第二卷，人民出版社 1993 年版，第 1024—1025 页。

第二节　科学与神学的双重思想传统

具体的思维方式生成于与之相对的文化样态，对具体的思想传统的考察可以使得这种思维方式的确认有更充分的根据，并进而可以在此基础上把握西方文明的独特的生命精神。通过认真的考察可以发现，在西方思想传统中，神学与科学并非在永恒的相互对立、相互攻伐之中的两个思想体系，而是在相互借鉴中各自发展。造成这种情况的原因是共同接受和坚持对理性概念的方法论、工具性理解。在古希腊的思想中，科学虽然是主导性的，但可以容纳神学的思考。在中世纪，神学与科学基本上延续着相互借鉴中各自发展的态势，启蒙运动后，随着现代科学登上历史舞台，神学与科学才常被认为是相互冲突的两种意识形态，神学由此被认为是科学发展过程中必须被清除的障碍。经过现代主义与后现代主义洗礼的西方文化逐渐确认，科学与神学的关系有必要向古典模式回归，科学需要将理性限制在方法和工具层面，神学需要把自己的领域限制在形而上的超越层面，科学为人类提供形而下的器，神学为人类提供形而上的道，二者的相互借取才能够保证西方文化的健全性，从而既能够提供维持生存的手段又提供安身立命的精神皈依。

一、西方文化的科学概念与神学概念

"科学"（science）这个术语来自拉丁文的 scientia，意思是"知识"（拉丁文的 scientia，希腊文的 epistemē），其原始意思是知识的一种类型，这种知识是人们可以交流、分享的。在希腊哲学家们看来，交流和分享的根据有两种，即实验和理性。实验因其可观察性、可重复性而能够交流和分享；理性因其普适性和公共性而能够交流和分享。作为一个历史性的术语，"科学"在古代与现代有着不同的意思。在西方文化中，从古希腊到整个中世纪，"科学"一直在与"哲学"接近的意思上使用。那个时代的

哲学家与科学家基本上不做区分，如泰勒斯既是希腊第一个哲学家又是第一个科学家，毕达哥拉斯既是一位哲学家又是一位数学家，亚里士多德是哲学的集大成者也是科学的集大成者。直到 17 世纪，"自然哲学"这个词广泛存在，其内涵就是今天我们所谓的"自然科学"。经过文艺复兴、宗教改革和地理大发现，在哥白尼、布鲁诺、第谷·布拉赫、开普勒等杰出科学家的推动下，西方在 17 世纪以后进入"现代科学"的时代。"现代科学"常被认为与"自然和物理科学"同义，其研究领域主要是物质宇宙的现象及其法则。虽然与古典的科学概念相比，现代科学概念的外延明显狭窄了，但是，古典科学概念所坚持的基本精神，即对实验方法和理性能力的注重，却被忠实地继承下来了。鉴于西方文化涵盖古典与现代，科学对西方思想传统之形成的贡献也更在于它所坚持的对实验方法和理性能力的注重，本书将在广泛的意义上使用"科学"这个词汇，既包括古典的科学概念也包括现代的科学概念。

"神学"（theology）这个词来自希腊词汇 θεολογία，由 θεός 和 λόγια 两个词根组合而成，θεός 的意思是"神"，λόγια 的意思是"研究"。由上述构词法可以看出，神学的原初意思是"研究神的学问"，对其研究对象"神"的确切定义是揭示"神学"概念的关键。我们知道，希腊文化中的神是神人同性的，即希腊人的神是和人一样，具有各种性情，希腊的神只是放大了的人，因此，希腊文化中的"神学"乃是研究希腊诸神的学问。西方世界的中世纪是个信仰的时代，那个时候神学是门显学，并比其他学问更为高贵，造成这种现象的直接原因是，基督教成为当时西方世界的支配性意识形态，从基督教的立场上看，神学自然是最高贵的学问。基督教所信仰的神是三位一体神，即神具有一个本质三个位格。"三位一体"学说既坚持了严格的一神论，又合理地解释了圣父、圣子、圣灵三者之间的关系，因此中世纪所谓的神学是指研究三位一体神的学问。由于基督教对西方文化的影响根深蒂固，时至今日，"神学"这个词仍然同时包含着宽泛和狭窄两重意思：宽泛地说，神学是研究神的学问；狭窄地说，神学是研究三位一体神的学问。基于西方文化是由希腊哲学所传达的理性精神

（主要载体是科学）和希伯来一神信仰所传达的信仰精神（主要载体是神学）这个基本判断，本书所使用的神学都是狭窄意义的神学，即专指研究三位一体神的学问或称基督教神学。

尽管古希腊哲学家们对科学和神学都进行了思考，但是，作为构成西方思想传统的科学与神学却来自不同的源泉。"西方文化的源头是两希文明，即希腊文明和希伯来文明"，这个观点已经成为学界共识。确切地说，希腊文明为西方文化所贡献的是科学，希伯来文明为西方文化所贡献的是神学。

长于慎思明辨的前苏格拉底希腊哲学家们把他们的研究对象称为"自然哲学"，即以外在于人的心灵的自然为研究对象，如对世界本源的探讨产生出了"水本源说"、"数本源说"、"四根说"等，对自然规律的探讨产生出了"一切皆流，万物常新"、"相反者相成"、"否定运动的四个论证"等。当时的爱利亚学派、阿那克萨戈拉、恩培多克勒等都把自己的著作命名为《论自然》。苏格拉底提出哲学的目的不是探讨自然而是关心人事，从而导致希腊哲学产生了从自然向伦理的转变，尽管如此，苏格拉底之后，对自然的关注仍然是希腊哲学的一个重要特色，亚里士多德的"自然是运动和变化的本原"、"自然的活动也是有目的的"，卢克莱修的"万物都由原始物体构成"、"原始物体是不可毁灭的"等命题就是明证。在关于自然的讨论中，实验的方法、理性的推理是希腊哲学家们一以贯之的原则。希腊哲学家们对实验方法的坚持，对理性能力的强调使得他们的成果与当时的神话、诗歌等建立在猜测和想象根据上的学科形成鲜明的对比。鉴于此，把希腊文明当作科学的源头是毫不夸张的："科学成为一种独立的、占主导地位的精神范例是从希腊开始的。希腊人最早对世界形成了一种不同于神话而又系统的理性看法，而且创造了一套数学语言来把握自然界的规律。"[1]

与希腊哲人们推崇实验和理性的特色相比，作为西方文化另一个源头的希伯来文明却提供了另一个视野：信仰。诞生于巴勒斯坦地区的犹太教是希伯来文明的载体。犹太教的最早开端，可以追溯到犹太人的始祖亚

---

① 吴国盛：《科学的历程》，北京大学出版社 2002 年版，第 20 页。

伯拉罕蒙招"离开本地本族父家，到我所要指示你的地去"（《圣经·创世纪》）。从此以后，上帝通过与亚伯拉罕立约，拣选犹太人作为地上万族的祭司，在上帝与犹太人的圣约中，"我要做你们的神，你们要做我的子民"（《圣经·利未记》）。这条原则被牢牢地烙在犹太民族的文化中。上帝的出现给希伯来民族提供了神圣的、超越的维度，正是这个维度塑造了希伯来文明所独有的特色：顺服神的旨意、倾听神的指引。顺服与倾听要求把神的话语当作智慧的来源："敬畏耶和华是智慧的开端，认识至圣者便是聪明。"（《圣经·箴言》）与神的话语相比，人的理性思考所产生的成果因为是来自有限的人，而在认知地位上等而次之。希伯来文明所坚持的一神论及对顺服与倾听的强调被基督教完整地接受下来，更在中世纪提出了"信仰先于理解"、"启示先于理性"等正统观点。西方世界的中世纪是个基督教的时代，对信仰的强调是思想界的支配性意识形态，中世纪思想家们的卓越工作也为信仰的优先性提供了系统的、有力的论辩支持，从而使得"信仰先于理解"拥有了深厚的文化底蕴，并最终使神学成为西方文化不可或缺的组成部分。

二、科学与神学所表达的双重思想传统

如上所述，科学所秉持的基本精神是对经验方法和理性能力的推崇。从历史的进程看，这个精神有强弱之分。古希腊时代，科学是哲学家们的主要兴趣，但是，这种兴趣并没有阻碍他们对广义神学的探讨，如克赛诺芬尼对神人同体同性论的批评、赫拉克利特对神圣的逻各斯的描绘、亚里士多德对不动的推动者的诉求等。到了启蒙时代，情况发生了彻底变化，这个变化的核心精神是理性从逻辑法则变成了自然律："理性从形式逻辑的方法变成自然科学的方法，理性的法则也变得与自然规律同一。"[①] 这个

---

① 托马斯·L.汉金斯：《科学与启蒙运动》，任定成、张爱珍译，复旦大学出版社2006年版，第6页。

变化实质上是将理性从一种认识论的概念转变成一种形而上学的概念。认识论是探讨知识的起源、界限和性质的学问，而形而上学是探究存在之为存在的学问，认识论概念的功能是方法性的、工具性的，不具有终极的事实判断，而形而上学概念的功能是提供系统的说明，其本身就构成一个理论系统，这个系统给世界提供一个终极的说明。弱的科学精神是将理性视作认识论概念而推崇，强的科学精神是将理性作为形而上学概念而推崇。在弱的科学精神下，理性作为工具可以为神学服务也可以为逻辑、哲学服务；在强的科学精神下，理性作为审判者，它自身就是所说明的对象的终极尺度，神学、逻辑、哲学等的研究必须在理性的规则下展开。希腊哲学家们所阐发的科学精神是弱的科学精神，所以它能够与广义的神学共处；肇始于启蒙理性的现代科学所秉持的则是强的科学精神，正是这个强的科学精神最终导致了西方思想界从中世纪的基督教意识形态逐渐转变为"自然主义"这种世俗的意识形态。

神学所秉持的"信仰先于理解"、"启示先于理性"原则也随着理性概念的转变而转变，并进而导致神学自身的变迁。基督教脱离犹太教走上独立发展道路的年代，正是希腊文明进入后期但开始大规模影响世界的希腊化时代。当时，希腊语作为学术语言在罗马帝国的东部被广泛使用，《新约圣经》的许多篇章都是用希腊语写成，基督的使徒们也曾直接与希腊文明对过话，如使徒保罗曾在雅典以雅典人所熟悉的"未识之神"为因子来宣讲福音（《圣经·使徒行传》）。希腊化的宏观背景不可避免地带来了希腊文明与希伯来文明的冲突，同时也为二者的借鉴、交融提供了契机，基督教正是在这种两希文明的冲突与交融中构造完善自己的神学体系的。基督教神学对希伯来文明的继承和坚守表现在它对信仰和启示优先地位的坚持，基督教神学对希腊文明的吸收表现在它对希腊的理性概念的接受和改造。神学对理性概念的接受主要表达为把理性当作一种方法、工具，这一点与希腊哲学的理解一致，也正是基于对理性的这种理解，中世纪才会产生"哲学是神学的婢女"（换言之，即"理性是启示的婢女"）这种广为流传的观点。神学对理性概念的改造，表现在为理性概念找到神圣的源泉，理性是上帝赐予人的认知能力的一种。作为一种认知能力，理性同样是受造物，它不能作为衡量万物的尺度，衡量万物的最终尺度只能是创造天地的上帝。与人的有限的理性所能够获得的知识相比，全知全能的神无疑是知识更为丰备，因此，敬畏神、认识神才是知识的开端。按照基督教神学的正统观点，虽然神是超越的，人神之间有着不可逾越的鸿沟，但是，因为三位一体神是位"人格神"，而且人在受造的时候就分有了神的形象，所以人与神之间是有沟通、交流的管道的，这个管道就是启示。简而言之，启示就是上帝通过《圣经》、先知的话语、自然现象、神迹等媒介向人说话，而把信息放入人的心灵中。如果说通过理性思考所获得的知识是来自人自身的能力，而通过神圣启示所获得的知识则是来自上帝。正是因为神学坚定地持守上帝存在、启示的神圣性等基本的基督教信念，"信仰先于理解"、"启示先于理性"才能够成为神学的核心信条之一。

如上文的追溯，在希腊化时期神学与科学并非相互对立、相互攻伐的两个思想体系，而是在相互借鉴中各自发展。造成这种情况的原因，是共同接受和坚持对理性概念的方法论、工具性理解。在中世纪，神学与科学基本上延续着相互借鉴中各自发展的态势。启蒙运动后，随着现代科学登上历史舞台，神学与科学才常被认为是相互冲突的两种意识形态，神学被认为是科学发展过程中必须清除的障碍。导致神学与现代科学冲突的一个原因在于天主教会自身的腐败和教义的曲解，这些腐败和曲解导致了宗教裁判所等暴力机关的产生，以暴力的方式限制了科学家们的自由探索；然而，导致二者冲突的另一个原因更为根本，即现代科学以自然主义的世界观取代中世纪的有神论世界观。"自然主义"是坚持如下核心观点的一种理论系统：整个宇宙的现象都能够由自然律提供充分的说明，对这些现象的任何超自然的解释都是不可接受的，而自然律与理性法则是同一的。通过对自然主义的接受，现代科学倡导的是强的科学精神。在强的科学精神中，理性不再是一个方法论、工具性概念，而变成了一个形而上学概念，成为衡量万物的尺度。可以看到，在这个意义上，强的科学精神与神学已经迥然异趣，强的科学精神没有为神圣者保留任何地盘，来自神圣者的

"启示"也没归于无意义的迷信，启示与理性之间的关系由互动变为理性支配一切。这个改变使得构成西方思想传统的科学精神与神学精神展现出与古典时代完全不同的特色。

在现代的语境下，科学精神与神学精神所展现的中心问题有以下这些：科学与神学所坚持的不同世界观之间的冲突如何协调；科学与神学各自的领地如何划定；二者如何做到相互取长补短以为当今的西方人提供健全的精神生活等。

美国哲学家杜威曾说过："知识的增长以及相关的方法学和检验法的进步已经导致对（宗教）信念的接受日益艰难，或者对许许多多有识之士来说甚至是不可能的。"[1] 杜威的这个观点清晰地表达了现代科学与基督教神学的"天然"冲突。但是，一项 20 世纪与 21 世纪之交的调查却表明情况并非如此简单："尽管 20 世纪的科技发展迅速、成就惊人，教育普及而且素质大幅提升，今日有宗教信仰的科学家的百分率竟然与 80 年前的数值完全一致。不但如此，在极为严谨、近似基督教信仰的宗教界定下，有宗教信仰的科学家依然占有极为显著的比率——有高达四成的科学家相信'一个有位格、聆听世人祈祷的上帝'以及'永恒的生命'。"[2] 这个调查表明，在现实生活中，协调现代科学与神学两种世界观是必要的。或许协调的出路之一是严格划定科学与神学的领地，如同康德因着道德的理由而为信仰留下地盘一样。在这种思路下，科学的领域被限定在自然界，而把道德、宗教情感、神人关系、终极关怀等神学的传统领域归还给神学。领域的区分固然能够为化解科学与神学的冲突提供一个处理方式，但是，这种处理方式所造成的后果是当事人的"人格分裂"：四成相信上帝的科学家，当他们在做自己的研究时坚持自然主义的观点，以自然律和人的理性为评判对错的唯一尺度，当他们回归日常生活的时候，就变成有神论者，认为

---

[1] 转引自江丕盛：《自然科学与基督教神学对话的知识论意义》，载何广沪、许志伟主编：《对话二：儒释道与基督教》，社会科学文献出版社 2001 年版，第 357 页。

[2] 转引自江丕盛：《自然科学与基督教神学对话的知识论意义》，载何广沪、许志伟主编：《对话二：儒释道与基督教》，社会科学文献出版社 2001 年版，第 360—361 页。

敬畏上帝才是智慧的源泉、启示是先于理性的。一种导致"人格分裂"的文化显然不是一个健全的文化,它无法做到既为当事人提供养家糊口的谋生手段,又为当事人提供一个安身立命之所。

今天,现代科学所带来的问题愈加严重,并且,现代科学无法为这些问题提供满意的解决之道。现代科学所带来的问题至少可以概括为如下三重危机:生存危机、信仰危机、伦理危机。核武器的研发成功是 20 世纪科学长足进步的一个标志性事件,但是,核武器却将整个人类笼罩在核战争的威胁之下,此后,人类时刻面临着深刻的生态危机;现代科学接受自然主义的世界观,但是,现代科学发展的结果是,不断地违背自然规律,给自然带来严重破坏,如大工业所带来的二氧化碳排量剧增,臭氧层破坏,水资源污染,土地肥力递减,森林、草地、湖泊大面积萎缩等;现代科学坚持理性为唯一评判标准,但是,理性在伦理面前往往苍白无力,如基因技术所导致的伦理危机,理性基本上无法提供满意的答复。这些科学本身无法解决的问题与人类的生存、文明的延续息息相关,为之寻找出路是必需的。当把目光从科学转到神学上时,人们会猛然发现,神学对这些问题早有比较成熟解释的应对方案。对于生存危机,神学早已告诫人类不要试图把自己等同于上帝,不要试图建立自己的巴别塔,而要以"爱神爱人"作为生存法则,远离暴力冲突;对于信仰危机,神学已经形成了以"三位一体"、"道成肉身"、"十字架救赎"、"最后审判"等为核心教义的信仰体系,这个信仰不存在摧毁自身的危险因素;对于伦理危机,神学把人类定位为受造者,而作为创造者的上帝是完美道德形象的表率,他是全善的、圣洁的,听从上帝的教导,追随上帝的足迹,人就不会在道德上迷失。

三、双重思想传统在西方人生命中的体现

"17 世纪末,古典科学的基本纲领已经建立,人们将在 18 世纪将之付诸进一步的实施。""19 世纪经常被誉为科学的世纪。一方面,古典科学的各个门类均相继成熟,形成了空前严密和可靠的自然知识体

系……""20 世纪在两方面显示了近代科学正处于一个转折点上……"① 这些论断说明科学对西方人的影响是广泛而深刻的。今天，科学在西方人的生命中留下诸多烙印：核能的掌握使西方人对宇宙能量的认知得到深刻拓展；登月、外空间科技改变着人类对空间概念的认知；医学的日新月异使西方人对身体、生命有了新的认识；计算机科学的发展使西方人拥有了关于智能、心灵的新洞见；信息技术的发展使"地球村"的概念进入人类的视野。所有这些无不深刻改变着西方人的思想世界，也改变着整个人类的思想世界。在科学精神的熏陶下，今天，西方世界不会再有人把地球中心说当成一个严肃的问题，不会再有人把巫术当作治疗疾病的良方，不会再有人质疑地球是个球形这个基本常识，也不会再有人混淆神话的传说和科学的判断。科学在西方人生命中的体现还表现在西方人的政治、经济、建筑、艺术及日常生活的方方面面。在政府管理上，西方人实行严格的科层制，以明确的分工合作原则处理复杂的事务；在经济生活中，人们生活在市场经济的大潮中，尊重、服从市场经济的规则已经成为大众的共识；在建筑中，从设计、施工到监督、维修及材料的选配等流程，科技含量不断增加；艺术的创造也呈现出科学的影子，好莱坞大片的创造、宣传、推广无不是大力借助科学最新进展的结果；日常生活中，人们已经习惯了现代的交通系统、通信方式、生活节奏和话语方式。

科学精神对当今的西方人具有举足轻重的影响这一点毋庸置疑，但是，科学的昌盛并没有导致神学的消失；相反，二者是相得益彰，同步前行的，这一点在科技最为发达的美国表现得最为明显。塞缪尔·亨廷顿在2004 年出版的著作《谁是美国人?》中针对美国人的信仰状况提供了这样一组数字："绝大多数的美国人现今仍然确认他们的宗教信仰。在 1999 年的一次民意测验中，当问到是否信仰上帝，或信仰宇宙精神，或两者都不信时，86％的人说信仰上帝，8％的人说信仰宇宙精神，5％的说两者都不信。2003 年一次民意测验问到是否信仰上帝时，作肯定回答的人占

---

① 吴国盛：《科学的历程》，北京大学出版社 2002 年版，第 22—23 页。

92%。在 2002—2003 年的一项系列调查中 57% 至 65% 美国人说宗教信仰在他们的生活中很重要，12% 到 18% 的人说不很重要。72% 至 74% 的人说相信死后还有来生，17% 的人说不信。1996 年，39% 的美国人说他们相信圣经真是上帝的话，句句要听；46% 的人说相信圣经是上帝的话，但不是句句都得听；13% 的人则表示不信。"① 这组数字说明，在 20 世纪与 21 世纪之交的时代，宗教信仰仍然在美国人的精神生活中占据着重要地位。塞缪尔·亨廷顿在同一著作中提供的另一组数字说明，在科学日新月异的今天，美国人对宗教信仰的坚持并没有丝毫动摇的迹象："很大比例的美国人积极参加教会活动。在 2002—2003 年，63% 至 66% 的人说自己是基督教堂或犹太教堂的成员。38% 至 44% 的人说过去 7 天之内上过教堂。29% 至 37% 的人说每周至少上教堂一次，8% 至 14% 的人说几乎每周一次，11% 至 18% 的人说大约每月一次，24% 至 30% 的人说一年有几次，13% 至 18% 的人说从来不去。在 2002—2003 年，58% 至 60% 的人说每天祷告一次或几次，20% 至 23% 的人说每周祷告一次或几次，8% 至 11% 的人每周少于一次，9% 至 11% 的人说从来不祷告。鉴于并非人人说真话，以上统计数字无疑偏高，但即使打了一定折扣，宗教活动的水平仍然是很高的。属于教会成员的人数比任何其他组织成员的人数都高出一倍以上。美国人的慈善捐款中，42.4% 是交给教会的，其数额比任何另一类捐款都高出两三倍。据报道，任何一周内，上教堂的人都多于参加体育运动的人。""在美国历史上，各种统计数字也有过波动，但总的看来，基督教信仰程度始终是很高的。1775—1845 年，美国人口增多近 10 倍，而基督教的教职人员增加得更快，按人口平均计算，从每 1500 名居民一名教职人员增加到每 500 名居民一名教职人员。基督教团体的会员人数增也很快。据多次调查统计，教会团体正式会员在人口中的比例，1776 年为 17%，1860 年为 37%，而 1980 年已至 62%。在 21 世纪开始时，美国人的基督教特性并不低于历史上的任何时期，很可能还

① 塞缪尔·亨廷顿：《谁是美国人？》，程克雄译，新华出版社 2010 年版，第 66—67 页。

是比过去更高。"①

美国人的精神生活状况是西方人精神生活状况的缩影。西方人的精神生活之所以呈现出科学与信仰相得益彰、同步前行的态势，是因为内在于西方人精神深处的科学与神学两种思想传统的内在生命力。如前文所示，当科学与神学明确了各自的定位，能够在形而上与形而下的领域分别给人们提供帮助以应对现代社会的各种挑战，它们就自然地能够在西方人的心灵中茁壮成长。概言之，科学与神学这双重思想传统仍然鲜活地呈现在当代西方人的生命中，成为他们的精神皈依和心理支柱。

第三节　理性、信仰、否定、超越的生命精神

在西方文化中，宗教与科学成为人们精神家园的文化样态，而哲学的生活正是人归家的路途，"哲学"作为"爱—智慧"之学是人之基本生命精神的体现。在西方传统中，"哲学"本质上是一项理性的事业，理性精神构成了西方哲学的主流，理性原初的意思就是一种理论关照（theoria）。在中国传统中，"理"与"性"是两个基本的范畴，其合法性诉诸"天道"及"人伦"的建构。从词源上看，西方的理性概念在古希腊源出于赫拉克利特的逻各斯（Logos）概念和阿那克萨哥拉的努斯（Nous）这两个词，它们大体表达了理性的最初含义。Logos 作为理性之意，有词语、言说、叙述之意，海德格尔把它概括为"聚集"，即"让一切存在者整体作为存在者呈现和显现的聚集"②。言说是对所遮蔽的东西的展示和表达，它既是人的主观意谓的展示，又是表达出来为人们所认可的公共的东西。理性概念的另一个来源是"努斯"，其本意是"心灵"。第一个把努斯作为哲学概念来加以讨论的是阿那克萨哥拉。在他看来，努斯是精神性的，它无处不

---

① 塞缪尔·亨廷顿：《谁是美国人?》，程克雄译，新华出版社 2010 年版，第 66、76 页。
② 海德格尔：《林中路》，孙周兴译，商务印书馆 1997 年版，第 512 页。

在，但又不与任何东西相混同，它是无限的、自立的，是推动和规定世界的精神性力量。理性的这一含义表明，人类早期的理性意识已在另一向度上具有了能动和超越的意识。理性能力的彰显使得人真正地认识了自己，人的主体性正是在理性的认知的过程中显现的，而人的主体地位也是在理性的认知中才被奠基的。

"理性"作为一个词是对英文 reason 或 rationality 的翻译，reason 有"根据"的意思，所以"理性"在哲学史上通常表示推出逻辑结论认识的阶段和能力；rationality 的词根 ratio 源于拉丁文，有比较比例而使其条理划分之意。海德格尔在论述根据的本质的时候，指出这一问题也即"超越问题"，"超越"标志着主体性的本质，乃是主体性的基本结构，主体的超越就表现在主体把握对象的过程中不断通过反思从外在的客体到主体客体再到主体自我的否定，从而完成一种绝对意义上的超越，也即对于人的超越，最终为人在主体信仰上完成一种神的构建。因此，超越所表现的是主体的一种自由状态。可以说理性的本质在于"自由"，这种自由只有在主体支配作用下的世界不断地按照一定比例被有条理地划分才能展现出来。西方文化正是通过理性的自我彰显来否定和超越客体，在主体的精神中完成一种自我信仰，从而构建主体的家园之感。

一、理性的二元对立与统一追求

如果理性说是对对象的划分，毋宁说是对自身的一个建构。因为理性在整理对象的过程中，对象以明晰的结构展现在意识中不过是理性对自身的一次训练。因为理性对对象的整理并不从对象自身的角度出发，而是把自己的结构赋予给所整理的对象。这似乎有一个不可逾越之处，即对象本身也不过是理性的一个影像。这一问题是西方哲学长期争论的话题，尤其到了近代，对知识合法性的探究，对象只有在主体中才能获得其存在的根据。这样的论述根本性的错误是，混淆对象作为本体的存在过程与对象在主体显现明晰的过程。康德显然强烈地意识到了这样的混淆是不可取的。

因而在他的先验的知识中保留了"物自体"的概念，这一概念使他的先验逻辑演绎得以顺利进行，从而完成知识合法性的论述。但他把理性这种解释运用所导致的各种矛盾（二律背反）归结为理性的幻相，是理性作为解释思辨能力的一次超越其自身权限的冒险，起到的是消极的作用，所以他把理性引入到实践的运用领域中。理性动用自身的能力在解释思辨领域中导致诸多矛盾对理性本身来说不是极为真实的吗？理性这样的冒险必然导致理性在实践领域的积极运用，但理性超越自身对理性本身来说不正是一种积极的表现吗？虽然理性这种积极的表现的结果是使自身陷入一种困境之中。费希特充分地肯定了理性在思辨领域对自身超越的积极作用，这样的超越给了知识学以绝对的确定性，理性的自明性的获得是理性自身的赋予，所以不诉诸外在的经验。因而费希特完全抛弃了康德的"物自体"的设定，这对黑格尔是有巨大启发的，他看到康德已找到了纯粹理性的思辨运用的矛盾，但否定矛盾从而否认这种运用是不可取的，应在肯定这样的矛盾的基础上获得理性能力的验证。因此黑格尔把理性分别作为"根据的给出者"和"根据的检验者"，① 就是说理性自身即具有生成自身的能力，并且给出的过程是一种有秩序的状态，这使得长期争论的问题有了一个圆满的回答：知识作为关于对象的明晰有序的理性结构是理性自身展现的过程，理性在使自己知识化的过程中始源性的分化是其根本的结构。

这种始源性的分化表现为理性的本质任务在于使人区别于其他，即为人划清一条界限：在宇宙范畴内，界限的另一部分被称为"物"；在生物范畴内，界限另一部分被称为"动物"；在社会范畴内，界限的另一部分被称为"他人"；等等。总之，为人确立一个对立的属性以使自身得以凸显。因此当人如果未获得这样二元的理性结构就很难把自身展现出来，因此"二元化是哲学要求的源泉"②。但二元结构并非是人类形而上学生存的全部根基，因为理性在此基础上还展现着更重要的一面，即理性的统一追

---

① Hegel, *Phenomenology of Spirit*, Translate by Miller, Oxford University Press, 1977, pp.252, 256.

② 黑格尔：《黑格尔论矛盾》，商务印书馆 1963 年版，第 5 页。

求，两者作为理性的基本结构共同作用于人类现实生活，即"哲学要求克服二元化"①。

理性的始源性的划分结果只有在现实生活中才真正表现为一种对立或矛盾，也即是说划分本身是一个一以贯之的行为，所谓的二元只是作为结果清晰有序的一个见证，每一次划分都是对整体的一个回溯，每一次划分也都是对整体的一个认证。也即是说理性结构的二元特质的显现与理性结构的统一追求是共同运作的，而且是交织在一起的。

理性的统一追求，首要地表现为追求世界的统一与人生的统一。世界是在理性的不断始源性划分中显现出来的，但由于这样的划分是最基本的划分，所以新的给出总有一个始源的建基，这种根源性是新的绽出何以作为全体固有部分的合法性解释。世界的整体并未因为划分而显得破碎，反倒由此而使整体性得以显现。因为理性在二元结构不断深化时其所要求达到的就是使这一结构达到最为普遍认同，也恰恰是这一对可以达到最为普遍的认同的信念指示着划分得以进行，并且保持划分的清晰及有效性。人生的统一性是理性最为真挚的追求，毋宁说，正是在追求人生的统一性中才使得世界的统一性追求获得了无限动力与可能。但人生的统一性对人总是隐而不显的，因为人生是生命本身去生存的一个永恒轮回的过程，人的个体性是人生统一性隐而不显的根本阻碍，但隐而不显并不意味着这一始源性的动力的减弱，恰恰是理性这一最为宏大的结构操纵着人对个体性的不断突破，最终实现生命的个体化，唯有去生存才使得理性对统一性的追求结构化。

康德通过对理性的全面批判，把理性的二元特质与对统一的追求的基本结构作为任何一种未来形而上学得以可能的根源，这对于理解形而上学以及重建形而上学都是无法回避的问题。对康德来说，二元特质的理性结构是自然界统一的形而上学根基，追求统一是精神世界获得自由从而建构形上学的根基，因此康德的理性的体系"需要形而上学作为统一体系包含

---

① 　黑格尔：《黑格尔论矛盾》，商务印书馆 1963 年版，第 5 页。

自然和自由两个领域"①。黑格尔正是在康德哲学的基础上真正完成了理性的历史与逻辑的统一。理性由最为现实的对立走向最为绝对的统一过程，即是精神不断外化构建自身的历程。在这样的历程实现的时候也即形而上学的哲学最终完成的时候，哲学终结自身。

二、信仰与怀疑

理性是人的一种探究能力。在探究的过程中，生命个体获得对于自我的独立精神，正是这样的自身生命精神的获得使其有了家园感。而个体精神的构建和获得的过程是在认识世界与改造世界的过程中不断完成的。在自我的周遭世界与一般的世界思考中，自我在构型的过程中不断地把自我意识投射到一个影像中，然后通过自我意识对可能界限内的意识对象进行反思，这样的反思是无限的，因此反思的结果常常是一种怀疑的状态。西方哲学从苏格拉底到柏拉图再到亚里士多德，最终用理性奠定了获得真知的二元路线与追求统一的传统。但是，希腊化的过程中这样的理性要么陷入二元的怀疑中，要么陷入统一的命定结构中，直到奥古斯丁论证了信仰寻求理性的理解，理性是为了信仰最终的完成。在奥古斯丁看来，信仰先于理解，因为"除非相信，你们不能理解"②。在理性的事业中一直把信仰看作是与怀疑精神相对立的问题方式，信仰可以像德尔图（Tertullianus）所说的那样越是荒谬越是可信，还是在可信的背后那种荒谬只是人自身的局限性的显现？奥古斯丁当然是选择了后者，因为对于理性的人终极的事件是不能怀疑的。笛卡尔通过"我思故我在"的怀疑到不能再怀疑来确证自我的根源。这个问题一直到了克尔凯郭尔才真正唤醒人们对于现代理性与信仰的重新思考，他认为信仰是一种绝对的弃绝，发生在"怀疑止步"的地方，"信仰是毕生的任务"，是人的"拯救的学问"，"人类最高的激情

---

① Werkmmeister, *Kant the Architectonic and Development of Philosophy*, London Open Court Publishing Company, 1980, p.99.

② 奥古斯丁：《独语录》，成官泯译，上海社会科学院出版社 1997 年版，第 80 页。

就是信仰"。① 这样的人性的激情是对以往的人性的尊重与理解，因此信仰的主观性仍要以理性的客观性为根基，只有这样才能真正地重新思考信仰问题。信仰在与理性怀疑的历史对峙中相互认证共属一体。"在传统的对待主体的方式中，信仰被看作是一种特殊的精神事件，有时被说成是精神活动"，"而现代对待信仰的方式相当不同，信仰多半不被看成是反思的事件，而是一种品格"。② 从外在的精神事件到内在精神品格构成，正是人的精神家园在理性的结构化过程中的形成历程。

理性结构生命化的方式作为结果必然是信仰的或怀疑的，因此理性能力完成于信仰与怀疑。这里的信仰与怀疑是使理性结构生命化的机制与方式，信仰是对理性结构的接受、赞同，并贯彻到生存环节的机制，而怀疑是对理性结构的生命化的还原。信仰与怀疑作为形而上学得以建构的方法并非是对立的或矛盾的，毋宁说，两种方法在理性建构形而上学的过程中是交织在一起的。这是因为当理性面对形而上学问题时，理性结构必然作用于问题所指，而其结果就是使问题出现被划分状态：问题可以成为问题或问题不成为问题，当承认问题可以成为问题时，就为回答问题提供了一个可能；当不承认问题可以成为问题时，回答就是不必要的。理性再次面对可回答的问题与不必回答的问题时会继续划分下去：回答是不是问题的答案，不必回答的依据是真是假。理性划分总会肯定一部分而否定另一部分，肯定和否定都基于理性结构的二元结构。肯定与否定又是一个过程，肯定是对否定的否定，否定是对肯定的否定。因此，理性结构不断地面对形而上学问题时，无论肯定还是否定都是信仰方法，赞同理性结构的过程。而当理性回避形而上学问题时，理性结构将作用于理性自身，其结果就会使问题的依据发生分化：理性结构中的理性使形而上学本身成为问题，或理性结构中理性自身成为形而上学问题，而当理性这样考查自己时就是在使用怀疑的方法。

---

① 克尔凯郭尔：《恐惧与战栗》，一谌等译，华夏出版社 1998 年版，第 5、6、117 页。

② H. H. Pricen, *Belief*, New york: Humanities Press, 1960, pp.19—20.

信仰的方法使理性结构回答形而上学问题成为形而上学，怀疑的方法使理性结构回避形而上学问题成为形而上学；信仰使回答形而上学问题成为形而上学，使形而上学作为问题不断地展现，怀疑使回避形而上学成为形而上学，使形而上学不断地展现为问题本身。

信仰的方法使形而上学问题不断地玄化，因此信仰的方法使形而上学最终完成于宗教神学，宗教神学在回答形而上学问题时就是对形而上学问题肯定赞同的方式。但宗教神学绝对未给出形而上学问题的答案，只是以信仰的方法对形而上学问题作为一个问题的肯定。因此理性结构使宗教神学明晰过程中，也正是理性建构形而上学的过程。

怀疑的方法使形而上学不断地实证化，不断地为根据找根据，因此怀疑方法最终使形而上学完成于科学技术。科学技术在回答形而上学问题时就是对形而上学问题的回避、拒斥甚至是反驳，但科学技术由于此也使自身丧失了根据，因而形而上学在科技中完成，但科技同样也不是对形而上学问题的回答，是以怀疑的方式对形而上学问题的存在的肯定，因此理性结构使科学技术成为科学技术本身时同样是理性建构形而上学的过程。

因此，海德格尔在分析神学时指出其依据信仰的原则，"是一门实证科学"[1]。在分析技术时指出，科学技术作为"座架"使人迷失于命定的神话之中。宗教神学与科学技术在本质上都是理性结构生命化过程中，以怀疑或信仰的方法建构形而上学时所提出的形而上学的问题。

信仰与怀疑作为理性建构形而上学的方法本身是在理性结构之中的，即信仰与怀疑共同作用于理性所考查的同一对象。如宗教神学对彼岸世界的信仰与对现实生活世界的怀疑是一致的，科学技术对自然的信仰与对神秘世界的怀疑是一致的。但这种方法本身也在统一的理性结构视域中，即信仰是对信仰本身的信仰，信仰为信仰作为方法提供一切根据，怀疑对怀疑本身并不怀疑，怀疑为怀疑作为方法提供一切根据，信仰和怀疑本身只是理性结构在使理性外化过程中对理性的不断确认。

---

[1] 海德格尔：《路标》，孙周兴译，商务印书馆 2000 年版，第 55 页。

信仰是一种肯定的方式与状态，而怀疑是一种否定方式与状态，但二者都与自明性相关，也即无论是信仰还是怀疑都使得自己在自身的精神界域中更加地坚信自我。信仰与怀疑在理性探究的过程方式上也许是不同的，但从表现结果来看，都是理性不断超越的表达。

三、否定与超越

如果说怀疑最终也会走向信仰，那么怀疑所持有的否定精神最终也应是一种肯定。然而，这样的推理与理解似乎弱化了西方文化精神在自我构建的生命历程中所显现出来的无限的生命冲动。否定在直观的意义上所显现的是理性的二元对立中一个方面对于另一个方面的争斗、对立与批判关系，甚而是一种消解与替代，但从本质意义上来说，否定是一种创造与建构，因为根本性的否定中包含着肯定。理性的自我否定是对自身的一个可能的给予，在精神的生成中拓展自我的可能界限，因此，否定的过程也是自我精神不断超越自身的过程。超越是对已经的固有的否定性批判，超越显现的是时空中的一种延续性的运动，其内在的指向是一种生成。没有否定就没有超越，否定是在二元对立的统一中从一个方面看另一个方面的理论视角；没有超越也就没有否定，超越是在二元对立的统一中从整体运作看对部分的影响的理论视角。因此，否定是超越的前提，超越是否定的目标。否定与超越的交织，共同认证着理性的精神生命完成自身构建的生命理念。西方的历史之所以被认为是一个不断前进的奋进的历史，其生命就在于西方文化是一个在不断的否定中获得自我超越的文化形态。

作为形而上学的哲学之历史，在黑格尔看来就是一个充满杀戮的纷争不息的战场，因此这样的历史进程是思想的不断否定的过程。可以是一个思潮对另一个思潮的否定，可以是一个主题对另一个主题的否定，可以是一个思想家对另一个思想家的否定，也可以是一个思想家晚期对自己早期思想的否定。否定的对象即是所面向的一个差异性，从一般的理解视域看，这样的差异所表征的是一个异在，即一个完全不同的他者，而实际上，否定的真正的对象应该是自身。他者只是精神自我的一个绝对的界限与映射，他者作为绝对的异在是一种与我之差异的超绝与无限。否定是从我的生命出发与他者建立的一种关联，所以否定在根本意义上并不是对他之异在的否定，而在于是对于自我的否定。正是在这一意义上，哲学是一门认识自己的学问。

否定的前提是承认异在的差异性，而这种差异性的获得是通过规定获得的，规定是对一种本质的把捉与尝试，力图使得真理进入一种澄明状态，或使真理置入一个争执的混沌中。因此，规定本质上就是一种否定。规定是差异的描述与彰显，规定通过差异开显一种矛盾，矛盾在争执中连接与交织。因此否定不是纯粹的割裂，但否定也不是同一性的一个中介，而是同一性的终结。正像阿多尔诺在《否定的辩证法》中所说的那样，"总体的矛盾仅是表示总体同一性的不真。矛盾即非同一性，反过来也一样"①。否定作为一种异质的经验感受是对辩证法的真正完成，也即精神通过无限的争执完成自身的最终构建，从而获得绝对的新规定。因此，单从否定的意义上，阿多尔诺是直接批判黑格尔同一哲学的，但也内在地彰显了黑格尔所描述的精神否定自身的历史性的辩证运动，这在黑格尔的精神现象学中被看作是一个螺旋式的上升的过程。所以，否定的过程无论是在逻辑上还是在历史上都是一个无限的过程，否定本质上是一种对话，是最为原初的辩证法。

矛盾中的争执所具有的张力是一种拓展与突围，争执所产生的否定是批判式的改造。否定作为一种创造性的力量，可以表现为继承与发展，当然也可以显现为破坏性的摧毁与替代，但即便是如此，也是一种新的建构。否定是异质性经验在精神生命中的获得，异质性作为绝对的差异是一种可能性的存在，"可能性高于现实性"②。可能性是一种敞开，更是能让其在场的赠与者，因此可能的异质性是在否定的对话联系中呼唤着现实

---

① Theodor W. Adorno, *Negative Dialectics*, Translated by E.B.Ashton, London: Routledge, 1973, p.7.

② 海德格尔：《面向思的事情》，陈小文、孙周兴译，商务印书馆1996年版，第99页。

不断地完成生命的创造，否定的目的即是获得生命的一种精神性的冲动与包容。

否定是超越的前基，否定与超越是生命精神创造性的显现，人就是被超越的存在。"超越"是西方文化的一种特质，也是西方文化特有的词汇，最早出现在中世纪。从词源上说，这个词来自拉丁语 transcandere，本意是指对于界限的超出。对于界限的超出源于希腊哲学中对于二元世界的划分以及对于统一世界的美好追求当中，超出界限即是一种不断攀升的过程，而界限与界限之外是绝对的超出。因此，超越在其自身范围内就包含着两层意思，一个是按照一定的秩序或等级不断地提升，另一个便是绝对完满的终极存在对提升的奠基之可能。在柏拉图看来，超越就意味着认知过程中从经验的世界到理性的世界提升，最终实现对于最高的相的认知，把捉到了相本身才是真正完成了超越。这样的理解为中世纪把上帝看作是最终的超越奠定了理论根基，超越也成为信仰上帝的一种方式与途径。因此在其后的历史中，超越的与内在的成为相互对立的词汇。康德正是在此一理解的传统中严格区分了 transzendent 与 transzentental 这两个词。[①] 康德"把一切与其说是关注对象，不如说是一般地关注于我们有关对象的、就其应当为先天（A priori）可能的而言的认识方式的知识，称之为 Transcendental"[②]，也即是说 transzendental 这个词并不意味着完全像先于经验的（A priori）那样隔绝一切经验的东西，但作为 A priori 的一部分，它能使得这样的超经验的知识与经验相结合，从而使得经验知识成为可能，因而 transzentental 本质上是一种超越。而 transzendent 是完全超越经验界限的超绝，因此康德"把那些完全限定在可能经验范围之内来

---

①　A priori、transcendental 与 transcendent 的意义与区分是西方思想内在的极为重要的思想特质的表征，而我们的汉语中又没有完全对应的词汇，因此在国内这三个词的译法争议颇多，大部分选择"先天的"、"先验的"与"超验的"作为译名。但从蓝公武、贺麟、熊伟、郑昕，一直到邓晓芒、李秋零对这些词翻译都未能统一，当代更因为这些词的翻译发生了孙周兴与王炳文、邓晓芒对牟宗三、倪梁康与赵汀阳之间的批判与对话。

②　康德：《纯粹理性批判》，邓晓芒译，人民出版社 2004 年版，第 19 页。

应用的原理称为内在的原理，而把想要超出这一界限的原理称为超验的（transzendent）原理"①。

正是基于超越与内在性的关系，我国在引进以及评价康德哲学的视域中提出了中国传统文化与西方文化的不同超越方式，当代的港台新儒家如唐君毅、牟宗三、张君劢、徐复观、刘述先等，把西方哲学中的"超越性"看作是"外在超越"，认为中国哲学中的"超越性"则是"内在超越"。这里的"超越"的含义已不是西方问题视域之中的超越问题了，因为如从西方的角度看，说"内在超越"是矛盾的，说"外在超越"则是语意重复。这里的超越是指人的精神境界的开显与提升方式，而如果从这个意义上来说，西方的超越自身即有内在与外在的因素。把中西文化放在超越的问题中比较，实际上就是看在超越的过程中是否有绝对超绝的信仰，在这一点上还是有重大意义的。

康德之后的哲学家，如胡塞尔、海德格尔、维特根斯坦，对 transzendental 有着不同的理解，但都承认主体是不断提升的。如海德格尔就认为"存在地地道道是 transcendens（超越者）。此在存在的超越性是一种与众不同的超越性，因为最彻底的个体化的可能性与必然性就在此在存在的超越性之中。存在这种 transcendens 的一切开展都是超越的认识"②。由此，超越成为人主体自我精神的提升。

理性精神是西方文化的基本生命精神，理性根本的追求就是在二元对立中寻求一种统一，通过信仰与怀疑完成根本的肯定与否定，最终实现人的精神生命的超越与提升。纵观理性发展的历史，从目的、手段和方式角度，理性被分为价值理性、工具理性和交往理性。人因价值理性而确立主体的自我精神信仰，使得人成为一种目的性的存在；人因工具理性而完成主体的自我否定，使得人成为一种永未完成的过渡性存在；人因交往理性而完成主体自我的最终超越，使得人成为一种政治性的社会存在。

---

① 康德：《纯粹理性批判》，邓晓芒译，人民出版社 2004 年版，第 260 页。

② 海德格尔：《存在与时间》（修订本），陈嘉映、王庆节译，生活·读书·新知三联书店 2006 年版，第 45 页。

　　西方哲学首先是西方人自己的哲学，"以西方人特有的生命形态和生存经验为基础"[①]，是西方文化与文明的精华。这样的理性文化在东渐的过程中，作为一种特质文化通过与中国传统文化的比较，从而形成一种文化的自觉，最终对重新生成中华民族的"思想自我"具有启发性与借鉴意义。

[①] 　高清海：《中华民族的未来发展需要自己的哲学理论》，《吉林大学学报（社会科学版）》2004 年第 2 期。

第六章　马克思主义思想传统
及其生命精神

人类思想传统承载和表现着人类生命精神，人类生命精神寓于并依赖着人类思想传统。不言而喻，中华民族精神家园的生命精神，离不开中华思想传统。然而，对于当代中华民族而言，当历史早已不再是"民族历史"或"地域历史"而成为"人类历史"或"世界历史"之时，当东西方已不再仅仅是一种空间地理概念而成为一种历史文化范畴之际，当马克思主义已经不只是一种社会思潮而且早已与中国人民的社会生活不可分割的时候，其精神家园的生命精神，就不仅仅是中华思想传统沃土滋养的产物，而且是西方思想传统深刻影响的结果，同时也是马克思主义思想传统长期孕育的产儿。因此，对于中华民族精神家园之生命精神的理解和把握来说，深入研究和全面探讨马克思主义思想传统及其生命精神，不仅是十分必要的，而且是极为重要的。

第一节　实践观点的哲学思维方式

所谓"思维方式"，简要说，就是人们思考问题的某种模式。在哲学上，通常是指一种哲学观察、认识和把握世界及其发展变化的根本观点和根本方法，也是其思考、处理和解决人与世界、思维和存在等哲学问题的基本模式和基本原则。而所谓"实践观点的思维方式"，亦即马克思哲学的思维方式。研究马克思主义思想传统及其生命精神，之所以要探究马克思哲学的思维方式，主要是由于它在马克思主义哲学以及马克思主义思想、理论和活动中具有特殊地位并起着决定作用。正像一般说来，哲学思维方式在哲学思维活动、哲学理论体系、哲学观念变革和哲学理论发展中居于首要地位并起决定作用一样，实践观点的思维方式在马克思哲学乃至整个马克思主义思想、理论和活动中都具有非常重要的地位和十分重要的作用。实际上，正是实践观点的思维方式构成马克思主义传统及其生命精神的思想前提。

一、西方传统哲学的思维方式及其局限

一般而言，哲学思维方式，不仅是贯穿于人们所有哲学思维活动中的思维模式与思想内核，而且是一种哲学区别于其他哲学的本质特征和主要根据。它既决定着哲学世界观和方法论的理论性质和思想实质，同时也制约着哲学各方面的具体原理、具体观点、具体理论和具体方法。可以说，不同哲学的区别，实际上是其思维方式的区别；哲学理论的发展，实质上是哲学思维方式的发展；而哲学观念的变革，其实就是哲学思维方式的变革。由此谈到马克思的哲学变革，其实质也正是其思维方式的变革，亦即用实践观点的思维方式变革并取代了传统哲学的本体论思维方式。因此，了解和把握马克思实践观点的思维方式，首先必须了解西方传统哲学的本体论思维方式。

西方传统哲学在本质上大多是某种本体论哲学，其思维方式则是某种本体论的思维方式。这里所谓"本体论"，在一般意义上说，即关于本体或存在的理论。就西方传统哲学而言，由于其大多数都相信并寻求和建构世界万物的终极本体存在、绝对真理体系和永恒价值观念，因而一般都将其视为一种典型的"本体论哲学"；而所谓"本体论的思维方式"，即本体论哲学的思维方式，亦即在两极对立的思维中，通过把一极归结为另一极的方法，寻求建立世界的终极本体存在、绝对真理体系和永恒价值观念，从而以此去认识和观察世界、思考和处理问题的哲学思维方式。古希腊哲

学开创了西方本体论哲学的先河，其典型形态包括早期哲学的"自然本体论"、巴门尼德的"存在本体论"、德谟克利特的"原子本体论"、柏拉图的"理念本体论"、亚里士多德的"质料形式本体论"等；在中世纪经院哲学中，它主要表现为"神学本体论"或"上帝本体论"；西方哲学发展到近代，尽管其研究重心出现了所谓"认识论转向"，但这种转向并未能彻底改变已根深蒂固的本体论的思维方式。

这里，我们以近代法国哲学和德国古典哲学为例，对本体论思维方式做一具体说明。面对"思维和存在关系"这一近代哲学的基本问题，18世纪法国唯物论哲学，以自然存在为本原、本体和根据，把人及其精神思维归结为自然界的产物、结果和表现，忽视甚至完全否定了人及其精神思维对自然界的主体能动作用，由此，它也把整个世界及其社会历史都归结为一个受"自然法则"所支配的"自然世界"及其"自然过程"。与此相反，以黑格尔为代表的德国古典唯心论哲学，片面夸大了人的精神意识的能动作用，甚至把整个世界的本原、本体和基础都归结为某种精神观念的东西，完全否定了自然界对人及其意识思维的先在性，颠倒了思维与存在、意识与生活、观念与实践的本原关系，由此，它也把整个世界及人类历史都说成是一个受"理性法则"所支配的"精神世界"及其"精神发展过程"。从哲学立场来看，18世纪法国唯物论哲学和德国古典唯心论哲学是根本对立的；但从思维方式来说，它们又是相同的，都奉行一种本体论的思维方式。二者的区别仅仅在于：法国唯物论哲学坚持的是一种"自然物质本体论的思维方式"；德国古典唯心论哲学则奉行一种"精神观念本体论的思维方式"。

不言而喻，本体论哲学及其思维方式的产生和形成，有其历史的必然性和认识的进步意义。它不仅是处在"人的依赖关系"条件下的人之生存方式的必然产物和思维表现，而且通过追寻现象背后的本体而促进了人类思维认识的分化、深化与进步。然而，也必须看到，本体论哲学实质上属于传统哲学范畴，其思维方式是在人尚未走向独立、还不能掌握自身命运、总是祈求某种外在权威庇佑条件下的一种思维方式。因此，当人的发展从"人的依赖关系"走向"人的独立性"进而促进"人的主体性"不断增强之后，这种原本适应于传统社会的人的生存方式之思维方式的局限性就不可避免地暴露出来。对此，高清海先生曾深刻指出："本体论哲学存在的问题主要还不在于'本体'具有虚构、假象的性质，它的最大问题归根结底还在于失落了人和人的主体性这一根本点上。"[1]因此，就其实质而言，本体论思维方式，不仅是一种"由预设的本质去解释现存世界的前定论思维方式，从初始本原去推论现存事物的还原论思维方式，从两极观点追求单一本性的绝对论思维方式"[2]，而且是一种用"物种思维"来思考人的生命的"物化思维"，用"形式逻辑"来理解和把握人的本质的"单极逻辑"，用"抽象的人"来代替"现实的人"的"抽象观点"。[3]

运用这样一种本体论的思维方式来思考、理解和把握人及其生命，必然会造成对人的生命及其本质和本性之理解和把握的抽象化、绝对化和非人化。具体来说，用"前定论思维方式"去理解人的生命，必然要预设人之生命的某种先在的前定的本质，从而使鲜活的、生成的人的生命本质之理解固定化；以"还原论思维方式"去解释人的生命，自然要把现实的人还原为其某种初始本原，从而将人的生命形态归结为物质运动的某种低级形态；用"物种思维"和"形式逻辑"来思考和把握人的生命，难免会造成人的生命之理解的物化，其结果不是把人的生命混同于动物生命，就是使人的生命之解释单一化；而以"绝对论思维"和"抽象观点"来理解和解释人的生命，不可避免地会使人的生命本性之理解绝对化和抽象化，从而使内涵丰富的人性之阐释简单化和片面化。

人自身的发展及其生存方式的历史改变，本体论思维方式本身的各种局限及其对人的理解和认识所造成的种种弊端，决定了思维方式变革已成为现代人生成的必然要求和哲学革命的迫切任务。

---

① 《高清海哲学文存》第 4 卷，吉林人民出版社 1997 年版，第 241 页。

② 《高清海哲学文存》第 1 卷，吉林人民出版社 1997 年版，第 83 页。

③ 参见《高清海哲学文存·续编》卷二，黑龙江教育出版社 2004 年版，第 3—23 页。

二、马克思的思维方式变革及其实质

其实，在马克思和恩格斯之前，近代思想家们已经在某种程度上看到了人的生存方式的历史改变及其所造成的人的生命内涵本身的历史性、丰富性和多样性。例如，文艺复兴时期的思想家就借助复兴古希腊文化而提出"人是目的"和"人是中心"的口号，笛卡尔试图通过"我思故我在"命题来确立人的主体地位，康德则通过所谓"哥白尼式的革命"试图改变"以客体为中心"观念而确立"以主体为中心"理念，法国哲学家主张人是"自然存在"，德国古典哲学家则强调人是"理性动物"，还有的思想家认为"人一半是天使一半是禽兽"，等等。

但是，由于受长期形成的本体论及其物种思维定式的束缚和局限，人们却很难以真正的"人的方式"来理解和把握人的生命本身，相反，其理解和解释总是难以避免物化、抽象化、绝对化和片面化的弊端。究其问题症结，在于人们没有找到联结和统一人的生命之不同规定的基础和中介。正如马克思针对旧哲学的缺点所深刻指出的："从前的一切唯物主义（包括费尔巴哈的唯物主义）的主要缺点是：对对象、现实、感性，只是从客体的或者直观的形式去理解，而不是把它们当做感性的人的活动，当做实践去理解，不是从主体方面去理解。因此，和唯物主义相反，唯心主义却把能动的方面抽象地发展了，当然，唯心主义是不知道现实的、感性的活动本身的。费尔巴哈想要研究跟思想客体确实不同的感性客体，但是他没有把人的活动本身理解为对象性的活动。因此，他在《基督教的本质》中仅仅把理论的活动看做是真正人的活动，而对于实践则只是从它的卑污的犹太人的表现形式去理解和确定。因此，他不了解'革命的'、'实践批判的'活动的意义。"[1] 显而易见，正是在全面考察和深刻分析旧哲学局限和弊端基础上，马克思发现："实践活动"及其"实践观点"，既是旧哲学的根本缺陷，也是新哲学解决问题的关键。于是，他抓住了实践观点并将此

① 《马克思恩格斯文集》第1卷，人民出版社2009年版，第499页。

提升到思维方式的高度。由此，才找到了哲学变革的决定性环节，同时也推进哲学革命的进一步实现。

不言而喻，马克思的哲学变革是一场全面的、深刻的哲学革命，其实质是实践观点或实践哲学的确立。这一点，为国内外许多马克思主义研究者所强调或认可。但是，究竟应该如何理解和把握实践观点或实践哲学，人们却见仁见智。实际上，就变革的决定性环节而言，马克思的哲学变革可以说就是思维方式的变革，是用实践观点的思维方式取代了传统哲学的本体论思维方式。这里所谓"实践观点的思维方式"，其实也就是按照人的实践活动的本性和方式去观察和理解世界、去思考和解决问题的哲学思维方式。不言而喻，哲学思维方式根源于人的生存方式。实践观点的思维方式的基础就是人的实践活动本身。而实践则是一种人改造世界、主体改造客体的现实活动，它本身包含着主体与客体、主观与客观、价值与事实、理想与现实等多种矛盾及其不同方面之间的相互否定和相互统一关系。在此意义上说，所谓实践观点的思维方式，实际上也就是上述实践活动自身各种矛盾关系在哲学思维中的反映和表现。

这意味着，按照实践观点的思维方式来思考、认识和处理问题，一方面，要看到客体对主体的基础作用、客观对主观的决定作用、事实对价值的根源作用、现实对理想的制约作用，由此在思维上形成所谓"客体性原则"、"客观性原则"、"事实性原则"和"现实性原则"，亦即"实事求是的唯物论原则"；另一方面，又要看到在实践活动中主体对客体的改造作用、主观对客观的变革作用、价值对事实的否定作用、理想对现实的超越作用，由此在思想上形成所谓"主体性原则"、"能动性原则"、"价值性原则"和"理想性原则"，亦即"否定批判的辩证法原则"。这种"实事求是的唯物论原则"与"否定批判的辩证法原则"的有机统一，便是马克思实践观点的思维方式的基本结构。[①]

---

① 关于马克思的哲学变革及其所确立的实践观点的思维方式问题的详细论述，参见崔秋锁：《一脉相承的实践思维方式》，《国防大学学报》2000 年第 1 期；《马克思的实践思维方式及其在中国的历史发展》，《攀登》2002 年第 5 期。

以上分析和论述表明,实践观点的思维方式,既不仅仅是一种单纯的唯物主义思维方式,也不单单是一种抽象的辩证法思维方式,同时也不是唯物论和辩证法彼此分离、相互并列的两种不同的思维方式,而是把唯物论和辩证法作为互为前提、不可分割的两个方面内在统一于自身的一个整体思维方式。事实上,正是在实践观点的思维方式中,马克思哲学才真正实现了主体与客体、主观与客观、思维与存在、自然与社会、人与世界、理想与现实、事实与价值的否定性统一,因而,也才真正实现了唯物论与辩证法、自然观与历史观、本体论与认识论、世界观与方法论、真理观与价值观、人学与哲学的有机统一。由此而言,"实事求是的唯物论原则"与"否定批判的辩证法原则"的有机统一,既是实践观点的思维方式的基本结构,同时也是其基本特征。

但是,这并不意味着实践观点的思维方式是一种折中主义的思维方式。马克思曾多次强调:"所谓彻底,就是抓住事物的根本。而人的根本就是人本身。"①"旧唯物主义的立脚点是市民社会,新唯物主义的立脚点则是人类社会或社会的人类。""哲学家们只是用不同的方式解释世界,问题在于改变世界。"②"实际上,而且对实践的唯物主义者即共产主义者来说,全部问题都在于使现存世界革命化,实际地反对并改变现存的事物。"③ 这些论述表明,实践观点的思维方式作为马克思的哲学思维方式,在本质上,是一种以人为根本通过人并且为了人的主体性思维方式,是一种以现实的人为出发点并以人的解放和每个人的全面而自由的发展为目的的类主体思维方式,是一种从现实出发而又超越现实的超越性思维方式,是一种在正确认识世界基础上能动改造世界的革命性思维方式,是一种在不断批判旧世界中创造新世界的创造性思维方式,是一种在坚持唯物论原则前提下更强调辩证法否定批判本质的否定性思维方式。所有这些特点,共同凸显了实践观点的思维方式的本质特征。在此意义上可以说,所谓实

---

① 《马克思恩格斯文集》第1卷,人民出版社2009年版,第11页。
② 《马克思恩格斯文集》第1卷,人民出版社2009年版,第502页。
③ 《马克思恩格斯文集》第1卷,人民出版社2009年版,第527页。

践观点的思维方式，其实也就是以"实事求是的唯物论原则"为前提和基础，而以"否定批判的辩证法原则"为本质特征的哲学思维方式。

三、实践观点思维方式的思想影响

正像哲学思维方式在哲学思想和哲学活动中处于首要地位并起着决定作用一样，实践观点的思维方式作为马克思哲学所特有的思维方式，它在马克思主义哲学中也具有核心地位和决定作用。这种核心地位和决定作用，具体体现在马克思主义哲学的各个不同方面。也就是说，实践观点的思维方式，不仅是马克思主义哲学的总体思维方式，而且也是马克思主义哲学各种理论和各种学说的思维方式。

实践观点的思维方式，是马克思"世界观"的思维方式。在一定意义上说，任何哲学都是某种世界观的理论，问题在于它是一种什么样的世界观。西方传统哲学作为各种各样的本体论哲学，或者把世界看作是某种"自然世界"，或者将世界解释为某种"神的世界"；或者把世界视为某种"物质世界"，或者将世界想象为某种"精神世界"。归根结底，它们都把现实世界抽象化和片面化。而造成这种抽象化和片面化的症结，正在于它们都缺乏真正的实践观点。但是，马克思的实践观点却与此不同。在马克思看来，人们"周围的感性世界决不是某种开天辟地以来就直接存在的、始终如一的东西，而是工业和社会状况的产物，是历史的产物，是世世代代活动的结果，其中每一代都立足于前一代所奠定的基础上，继续发展前一代的工业和交往，并随着需要的改变而改变他们的社会制度"[1]。这里实际上包含着实践观点的思维方式理解和把握世界的两方面意义和原则：一方面，它强调现实世界的实践基础。就是说，虽然"在这种情况下，外部自然界的优先地位仍然会保持着"[2]，但是，现实世界并非与人无关的本然

---

[1] 《马克思恩格斯文集》第 1 卷，人民出版社 2009 年版，第 528 页。
[2] 《马克思恩格斯文集》第 1 卷，人民出版社 2009 年版，第 529 页。

自然界，而是人的实践活动所改造和造就的人化自然世界。因此，"这种活动、这种连续不断的感性劳动和创造、这种生产，正是整个现存的感性世界的基础"①。这一点，正构成"世界观的实践基础原则"，而它本身只是"实事求是的唯物论原则"在世界观上的实际转换。另一方面，它又强调人通过自己的实践活动来改变现实世界。实践活动的基础地位，不仅决定了现实世界是人的实践活动的产物和结果，而且决定了人们在现实世界面前绝不是消极被动的适应外部世界，而是要通过自己的实践活动不断改造和创造新的世界。就是说，"全部问题都在于使现存世界革命化，实际地反对并改变现存的事物"②。这一点，则构成"世界观的改变现状原则"，而它本身则是"否定批判的辩证法原则"在世界观上的具体体现。总之，作为世界观的思维方式，实践观点的思维方式，实际就是"世界观的实践基础原则"与"世界观的改变现状原则"的有机统一。这种统一，在马克思恩格斯看来，其实也就是，"人创造环境，同样，环境也创造人"③。或者说，"历史不外是各个世代的依次交替。每一代都利用以前各代遗留下来的材料、资金和生产力；由于这个缘故，每一代一方面在完全改变了的环境下继续从事所继承的活动，另一方面又通过完全改变了的活动来变更旧的环境"④。

实践观点的思维方式，也是"唯物史观"的思维方式。历史观所涉及和关注的问题，主要是人与环境、主体与客体、政治与经济、主观和客观、意识和存在、观念和生活等矛盾之间的相互关系问题。在这种关系中，一方面，包含矛盾双方之间的"原初本源关系"，亦即在生成问题上何为本源、何为派生的关系；另一方面，又包括这些矛盾双方之间的"否定超越关系"，亦即在反作用关系上前者对后者的能动变革关系。面对这些矛盾关系，马克思之前的旧哲学也试图解决和统一它。然而，由于主客

---

① 《马克思恩格斯文集》第1卷，人民出版社2009年版，第529页。
② 《马克思恩格斯文集》第1卷，人民出版社2009年版，第527页。
③ 《马克思恩格斯文集》第1卷，人民出版社2009年版，第545页。
④ 《马克思恩格斯文集》第1卷，人民出版社2009年版，第540页。

二分、心物对立、思存分离的二元对峙的本体论思维方式，它们或者仅仅用环境来理解人、以客体来理解主体、用客观来统一主观、以物质说明精神、以利益来解释历史等，如18世纪法国唯物论及其"环境决定论"和"利益决定论"所做的那样；或者单纯将主体归结为精神、以主体来解释客体、以思维来统一存在、用意识来说明生活、以政治国家来说明市民社会、以思想观念来解释社会历史等，如德国古典唯心论哲学及其"自我论"和"理性论"所主张的那样。其结果，两者虽各有其某些合理性，但同时也都难以逃脱其片面性和抽象性。反思其问题症结，正在于其本身二元对峙的思维方式，而关键在于没有找到矛盾双方相互统一的中介和基础。相反，马克思立足人的实践活动，看到了旧哲学问题的症结所在，确立了自己的"实践观点"①，不仅找到了人与环境、主体与客体、政治与经济、主观与客观、意识与存在、观念与生活等矛盾真正统一的基础和中介，而且实现了历史观念及其思维方式的根本变革。按照唯物史观的实践观点的思维方式，一方面，在"原初本源关系"上，它主张环境对于人、客体对于主体、经济对于政治、客观对于主观、存在对于意识、生活对于观念的前提、基础、根源和决定的地位与作用，从而确立了"历史唯物论"的立场、观点和原则；另一方面，在"否定超越关系"上，它又强调人对于环境、主体对于客体、政治对于经济、主观对于客观、意识对于存在、观念对于生活的改造、变革、否定和超越的作用，由此确立起"历史辩证法"方法、态度和原则。由此可以说，唯物史观的思维方式，就是"历史唯物论"和"历史辩证法"内在统一的思维方式，而它本身只不过是实践观点的思维方式在历史观领域的体现和应用。

实践观点的思维方式，同样是马克思"价值观"的思维方式。价值观的问题，主要是价值与事实、理想与现实、观念与存在之间矛盾关系的理解和处理问题。在价值论研究中，对于价值的本质问题，历来存在着"主观价值论"、"客观价值论"以及"主客体关系价值论"等不同派别的分歧

---

① 参见《马克思恩格斯文集》第1卷，人民出版社2009年版，第499—502页。

和争论。"主观价值论"，脱离开人的现实存在与客观事实，将价值视为人的情感、意志、目的、欲求的主观表达，其结果，导致价值论和价值观研究中的相对主义而不能自拔，例如，西方价值论中的各种"情感价值论"、"兴趣价值论"和"欲望价值论"就是如此。与此相反，"客观价值论"，主张价值是与人及其主观因素无关的某种客观存在的东西，但具体理解不尽相同，有的将价值说成是某种自然"事实"，有的将价值视为一种纯粹善的"性质"，有的将价值看作是事物的某种"属性"，还有的将价值解释为事物的某种"功能"，其结果，不仅将价值说成是某种独立的、绝对的东西，而且将价值与事实混为一谈，例如，价值论研究中的"自然价值论"、"属性价值论"和"功能价值论"等。为了克服"主观价值论"与"客观价值论"各自的局限和片面性，国内一些论者提出所谓"主客体关系价值论"并得到许多学者的赞同。它主张价值既不是单纯的客观事实，也不是纯粹的主观情感，而是客体与主体之间的一种关系，亦即客体满足主体需要的关系，或者是客体对主体的效应。"主客体关系价值论"的提出，旨在克服"主观价值论"与"客观价值论"各自的弊端，但实际上由于在主客体关系中所强调的重点不同，最终仍然不能彻底摆脱价值论研究中的二元对峙。实践观点的价值论思维方式则不同，一方面，它主张价值与事实的区别，认为价值作为人所追求的某种目的之物和理想之物，是对现实存在与客观事实否定和超越的产物，没有这种否定和超越，也就没有价值可言。在此意义上说，休谟强调"是"和"应当"的区别是完全合理的，正像"应当"不同于"是"一样，"价值"也绝不等同于"事实"。这里所体现的原则正是价值论的否定超越原则，亦即"价值论的辩证法原则"。但是，另一方面，它又主张价值与事实之间也是内在统一的。这种统一表现在：任何价值都不是凭空产生的，也不是独立存在的，价值根源于"事实的矛盾"和"现实的困境"。只是着眼于这种"矛盾"和"困境"的克服与解决，才产生了人的价值追求。没有前定的、永恒的、不变的价值，价值总是生成的、历史的、具体的。由此决定了一切合理的价值都必然根源和生成于"事实的矛盾"和"现实的困境"。反过来说，正是这种

"事实的矛盾"和"现实的困境"决定和制约着价值理想目标的形成和确立。而这里所体现的原则，正是价值论的从实际出发的原则，亦即价值论的唯物论原则。由此而言，马克思主义价值论的思维方式，也就是实践观点的价值论思维方式，它本身就是"价值论的唯物论原则"与"价值论的辩证法原则"的有机统一。

实践观点的思维方式，还是马克思"人的学说"的思维方式。这里所谓"人的学说"，首先是关于"人的本质"亦即"什么是人"的学说。传统哲学总是脱离开现实的人的实践活动来理解和说明人，它们或者从自然出发将人归结为某种"自然存在"，或者从人之区别于动物的某些精神特征出发将人抽象地理解为某种"精神存在"，或者立足于"我思故我在"将人界定为"理性动物"，或者基于"我欲故我在"把人视为一种"情感动物"……其结果，都不可避免地将人抽象化和片面化。与此不同，马克思立足人的实践活动来理解人，把现实的人看作是一种社会的、历史的、生成性的实践存在。通常人们谈到马克思关于人的本质的思想时只知道他在批判费尔巴哈时所说的一句话："人的本质不是单个人所固有的抽象物，在其现实性上，它是一切社会关系的总和。"① 但是，却忘记了这一观点实际上建立在人的本质的实践观点基础之上。就是说，没有人的本质的实践观点，也就没有人的本质的社会观点。对此，马克思曾写道："可以根据意识、宗教或随便别的什么来区别人和动物。一当人开始生产自己的生活资料，即迈出由他们的肉体组织所决定的这一步的时候，人本身就开始把自己和动物区别开来。"② 或者说，"通过实践创造对象世界，改造无机界，人证明自己是有意识的类存在物，就是说是这样一种存在物，它把类看做自己的本质，或者说把自身看做类存在物"。"因此，正是在改造对象世界中，人才真正地证明自己是类存在物。"③ 这里所谓"类存在物"，固然还在使用费尔巴哈的概念，但是，其内涵和实质已与费尔巴哈根本不同，它

---

① 《马克思恩格斯文集》第 1 卷，人民出版社 2009 年版，第 501 页。
② 《马克思恩格斯文集》第 1 卷，人民出版社 2009 年版，第 519 页。
③ 《马克思恩格斯文集》第 1 卷，人民出版社 2009 年版，第 162、163 页。

不是指抽象的人和人之间的情感关系，而是在实践活动基础上所形成的人和人之间的现实社会关系。如马克思所说："人的本质是人的真正的社会联系，所以人在积极实现自己本质的过程中创造、生产人的社会联系、社会本质，而社会本质不是一种同单个人相对立的抽象的一般的力量，而是每一个单个人的本质，是他自己的活动，他自己的生活，他自己的享受，他自己的财富。"①应当指出，人的本质的实践观点，不仅仅体现在它用人的实践活动来理解和解释人的本质的生成基础，而且体现在它把人视为一种本质上从事改造自然界、创造对象世界的主体存在。

正是作为理解和看待人的本质的思维方式，决定了实践观点的思维方式是理解和把握人的生命的思维方式。这意味着，运用实践观点的思维方式来理解和把握人的生命，就是要坚持用"现实的生命认知原则"与"超越的生命理解原则"相统一的方式方法来把握和阐释人的生命及其本质和本性。一方面，要坚持现实的生命认知原则，就是从人的生命的现实事实出发来认识、理解和看待人的生命存在的原则。根据这一原则，理解和把握人的生命存在及其本质和本性，人就是一种"自然存在物"，他有其"种生命本质"，具有其"自在生命本性"，人需要遵循"自然生命法则"而生存。另一方面，又要坚持超越的生命理解原则，也就是要从人之为人的实践本质及其超越本性来理解、领悟和把握人的生命存在及其本质和本性。从这一原则出发，人就是一种"社会存在物"或"实践存在物"，他有其"类生命本质"，具有其"自为生命本性"，人在本质上就是一种具有自为创造性且遵循自由生命规律的"自由存在"或"创造性存在"。显而易见，坚持实践观点的思维方式来理解和把握人的生命，首先就是要坚持"双重思维"维度的观点和方法。但是，这并不意味着实践观点的生命观思维方式只是坚持"双重维度"的"双重思维"，其本质特征在于坚持"双重思维"观点和方法的有机统一。这意味着，实践观点的生命观思维方式，就其实质而言，是一种以人的"自然生命存在"为其自然前提、而以人的"社

---

① 《马克思恩格斯全集》第 42 卷，人民出版社 1979 年版，第 24 页。

会生命存在"为其社会特质的思维方式，是一种以人的"种生命本质"为其自然本质、而以人的"类生命本质"为其类的本质的思维方式，是一种以人的"自在生命本性"为其必然本性、而以人的"自为生命本性"为其应然本性的思维方式。正是以这种"现实的生命认知原则"与"超越的生命理解原则"内在统一的实践观点的生命观思维方式，取代了传统的本体论哲学那种"物化思维"和"单级逻辑"的生命观思维方式，马克思实现了其哲学地思考、理解和把握人的生命及其本质和本性之思维方式的历史变革。

实践观点的思维方式作为马克思哲学的思维方式，从根本上决定了马克思主义的思想传统；而它本身作为马克思"人的学说"及其"生命观"的思维方式，则内在地蕴含了马克思主义的生命精神。然而，马克思主义思想传统及其生命精神，却不仅仅决定于马克思的哲学思维方式，它还受制于马克思的哲学范式及其研究范式。

第二节　实践哲学范式

对于马克思主义思想传统的理解问题，中外学者们之间存在着明显的分歧和激烈的争论。在国外，以卢卡奇、柯尔施、葛兰西为代表的早期西方马克思主义者，将马克思主义视为一种本质上的"人道主义"或"实践哲学"；而以现代法国哲学家阿尔都塞为代表的结构主义的马克思主义者，则认为马克思主义哲学或历史唯物主义本质上是一种"理论的反人道主义"。在国内，传统教科书哲学认为，马克思主义哲学是一种唯物论与辩证法、本体论与认识论、自然观与历史观相统一的"辩证唯物主义和历史唯物主义"，实即"物质本体论"；而改革开放以来学界大多数学者则在反思传统教科书哲学基础上，主张马克思主义哲学或者是"实践的唯物主义"，或者是"实践的人道主义"，或者是"实践本体论"，或者是"实践生存论"，或者是"物质—实践本体论"，或者是"实践观点的思维方式"，等等。

马克思主义思想传统之理解和诠释问题上的分歧和争论，表面上看反映了人们对马克思主义理论实质理解的不同观点，但其实质却表现出学者们对马克思主义哲学范式解释的不同立场。实际上，哲学范式决定思想传统，思想传统表现哲学范式。因此，了解马克思主义思想传统，必须深入把握其哲学范式；而要把握马克思主义哲学范式，则必须首先弄清哲学范式与思想传统之间的内在统一关系。这一点，将是我们化解分歧、消弭争论的合理路径与思想前提。

一、哲学范式与思想传统

"思想传统"与"哲学范式"密切相关。一般说来，哲学范式构成思想传统的理论硬核和内在实质，而思想传统则是哲学范式的实现方式和表现形式。一种哲学范式的产生和形成，往往代表着某种思想传统的开拓和延展；不同哲学范式的转换与更替，则常常意味着思想传统的改变和断裂。这意味着，把握一种思想或思潮的思想传统，其实质是要揭示其内在的哲学范式；而理解了其哲学范式，也就抓住了思想传统的内核与实质。同样，理解和领悟马克思主义思想传统，必须从其深处揭示和把握马克思主义哲学范式。

然而，目前学界对马克思主义哲学范式的理解和诠释却往往见仁见智，莫衷一是。这一点，从近年来人们对马克思主义哲学研究范式的讨论中即可得到证明。[①] 人们虽然都在谈论马克思主义哲学"研究范式"，但从其谈论内容来看，实际上，有的是在谈论研究方法，有的是在讲述立场观点，有的谈论的是哲学观念，有的论述的是概念框架，有的是在研究阐述路径，有的则是在探讨思维方式，如此等等，不一一列举。这里所反映

---

① 参见柯锦华、任平主编：《马克思主义哲学研究范式：创新与转换》，社会科学文献出版社 2010 年版。

出的实质问题，并不仅仅是人们对马克思主义哲学研究范式存在不同看法，从更深层次上看，其实是学者们之间对"范式"概念本身存在不同理解。不言而喻，就对马克思主义哲学研究范式的理解和解读来说，应该是开放的、多元的，不应当也不可能只有一种。但是，就"范式"概念本身的理解和解释而言，人们之间却应当有一个基本共识。否则，虽然都在谈论"范式"问题，但其所谓"范式"概念含义却各不相同。如此一来，相关范式问题的研究和讨论也就因缺乏共同前提而导致各说各话或无法正常进行。因此，应当把对"范式"概念的正确理解与合理界定，作为正确理解和合理诠释马克思主义哲学范式及其思想传统的基本前提。这里，我们试图从"范式"概念提出的原初本义出发，对哲学范式概念内涵及其与思想传统的关系做一清理，以便为马克思主义哲学范式与思想传统关系的探究提供概念前提和思想基础。

目前人们所谓"范式"（paradigm）概念，直接或间接地大都来源于现代美国科学哲学家托马斯·库恩的"科学革命理论"。因此，回归和厘定库恩范式概念的内涵与所指，对于我们正确理解马克思主义哲学范式或许可以有许多有益的启示。在库恩那里，"范式"概念往往有多种不同的理解和解释：它有时指"科学成就"及其"问题"和"解答"[1]，有时指"模型"、"模式"和"范例"[2]，有时指"信念"、"价值"和"技术"[3]，有时则指"定律"、"理论"、"应用"和"仪器"[4]，等等。有人做过统计，在《科学革命的结构》一书中，"范式"一词至少有二十余种不同用法。[5] 因此，许多人曾质疑或批评库恩范式概念的解释歧义和含义不清。其实，造成这种状况的原因，固然有库恩范式理论刚刚形成及其最初表述不太严格的问题，

---

[1]　库恩：《科学革命的结构》，金吾伦、胡新和译，北京大学出版社 2003 年版，"序"第4页。

[2]　库恩：《科学革命的结构》，金吾伦、胡新和译，北京大学出版社 2003 年版，第 9 页。

[3]　库恩：《科学革命的结构》，金吾伦、胡新和译，北京大学出版社 2003 年版，第 157 页。

[4]　库恩：《科学革命的结构》，金吾伦、胡新和译，北京大学出版社 2003 年版，第 9 页。

[5]　库恩：《科学革命的结构》，金吾伦、胡新和译，北京大学出版社 2003 年版，第 163 页。

但更主要的还在于范式概念本身内涵的丰富性和多义性。对此，库恩在后来回答人们质疑时曾把"范式"改称为"学科基质"（disciplinary matrix），并认为"它由各种各样的有序维度组成"[1]，其中主要包括"符号概括"、"共同承诺的信念"、"价值"和"范例"等要素，它们"都是学科基质的组成部分，并因而形成一个整体而共同起作用"[2]。由此可见，库恩提出和使用的所谓"范式"概念，并非指科学研究的某种单一要素或单一维度，而是指由决定和制约科学共同体从事科学研究的多种要素和多重维度的有机统一所组成的系统整体。科学范式如此，哲学范式也同样如此。如果说"科学范式"是由科学共同体及其科学流派所共同具有的"普遍公式"、"共同信念"、"共有价值"和"共有范例"等多种科学要素及其统一整体所构成，那么，"哲学范式"则同样是由哲学共同体及其哲学流派所内在具有的多种理论要素和多重思想维度的有机统一所组成。在此意义上说，马克思主义哲学范式也同样如此，它是马克思主义及其学派或共同体本身所创造和形成并内在具有的多种理论要素与多重思想维度的有机统一所构成的哲学模式。如果将其仅仅归结为马克思主义的某种理论要素或某种思想维度（如哲学观念、立场观点、思维方式、思想方法或研究路径等），不仅是片面的和主观的，而且也不符合范式概念提出和使用的原本含义。

然而，范式概念不仅是指一种思想的多种要素的有机统一，而且意味着一个学术共同体或学术流派所共有的东西，它本身的多种要素实际上是由该学派或该学术共同体从事学术活动的基本前提和共同基础所构成。对此，库恩在谈到科学范式与科学共同体的关系时曾强调指出："一个范式就是一个科学共同体的成员所共有的东西，而反过来，一个科学共同体由共有一个范式的人组成。"[3] 不仅如此，"一个范式就是一个公

---

[1] 库恩：《科学革命的结构》，金吾伦、胡新和译，北京大学出版社 2003 年版，第 163—164 页。

[2] 库恩：《科学革命的结构》，金吾伦、胡新和译，北京大学出版社 2003 年版，第 163—171 页。

[3] 库恩：《科学革命的结构》，金吾伦、胡新和译，北京大学出版社 2003 年版，第 158 页。

认的模型或模式",它"可以取代明确的规则以作为常规科学中其他谜题解答的基础"。[①] 事实上,科学共同体"成员都是从相同的模型中学到这一学科领域的基础的,他尔后的实践将很少会在基本前提上发生争议"[②]。显而易见,这里有几个关键词值得注意,那就是"共同体"、"共有"、"模式"、"基础"、"前提"等。在库恩看来,范式不仅是共同体成员所共有的东西,共同体是共有范式的现实载体,而共有范式则是共同体的内在灵魂,而且其本身的基本要素并非任何一种思想维度,它本身只能由共同体成员从事科学研究的某些基本前提和共同基础所组成。换句话说,一种范式之所以能成为某种共同体成员所共有的东西,主要是因为它本身代表着该共同体及其学术流派存在和发展的根本前提与共同基础。脱离开这种前提和基础,共同体成员就没有共同从事科学研究的共有范式可言,科学共同体及其学术流派乃至常规科学本身也都将不复存在。

这里,实际上已蕴含并彰显出"范式"与"传统"之间统一关系的内在根据。对此,库恩曾明确指出:"以共同范式为基础进行研究的人,都承诺同样的规则和标准从事科学实践。科学实践所产生的这种承诺和明显的一致是常规科学的先决条件,亦即一个特定研究传统的发生和延续的先决条件。"[③] 这意味着:一种范式代表着一个共同体成员从事某种研究的根本前提和共同基础,正是这种前提与基础创造、形成并代表着这种共同体及其学派的思想传统和研究传统。这里所论述的虽然是科学传统,但传统的开拓、创建、延续和继承往往具有相似性。因此,库恩关于科学范式与科学传统内在关系的论述,不仅适用于科学发展与科学共同体,而且对其他文化形式及其学术共同体的发展来说也同样适用。这意味着,如果说"科学范式"形成并代表着科学共同体的科学研究传统,亦即"特定的连

---

① 库恩:《科学革命的结构》,金吾伦、胡新和译,北京大学出版社 2003 年版,第 21、157 页。

② 库恩:《科学革命的结构》,金吾伦、胡新和译,北京大学出版社 2003 年版,第 9 页。

③ 库恩:《科学革命的结构》,金吾伦、胡新和译,北京大学出版社 2003 年版,第 10 页。

贯的科学研究的传统"①，那么，"哲学范式"则创造并意味着哲学共同体及其哲学流派的哲学思想传统及其研究传统。正像"科学革命"的实质是科学范式的创新与转换，而科学范式的创新与转换则意味着科学研究传统的更新与改变；"哲学革命"本质上也是某种哲学范式的变革与转换，而这种变革与转换本身也就意味着某种哲学思想传统及其研究传统的更新与改变。由此而言，马克思主义哲学范式决定并生成马克思主义思想传统，而马克思主义思想传统则反映和表现着马克思主义哲学范式。只有深入理解马克思主义哲学范式才能深刻把握马克思主义思想传统，而坚持马克思主义思想传统实质上也就是要坚持马克思主义哲学范式。

然而，思想传统与哲学范式的一致并不意味着传统仅仅等同于共同体成员从事研究的前提和基础，它在更深层次上意味着一种成就、典范与范例。这是因为，范式本身不仅意味着一种由多种前提维度和基础要素所构成的系统模型和整体模式，而且代表着某种共同体成员可以学习、效法和参照的典范成就和成功范例。对此，针对人们对范式概念的种种误解，库恩曾强调指出："'范式'一词有两种意义不同的使用方式。一方面，它代表着一个特定共同体的成员所共有的信念、价值、技术等等构成的整体。另一方面，它指谓着那个整体的一种维度，即具体的谜题解答；把它们当作模型和范例，可以取代明确的规则以作为常规科学中其他谜题解答的基础。"②正是在后一种意义上，库恩曾多次强调："我所谓的范式通常是指那些公认的科学成就，它们在一段时间里为实践共同体提供典型的问题和解答"；"范式是示范性的以往成就"；"范式是共有的范例"。③其实，库恩所谓范式的两种意义不同的使用方式并不矛盾，它们在本质上是内在统一的。"作为整体的范式"实际上是"作为要素的范例"的一种理论模式，而后者则是前者的一种实践典范与成功范例。正如库恩所言："我选择这

---

① 库恩：《科学革命的结构》，金吾伦、胡新和译，北京大学出版社2003年版，第10、9页。
② 库恩：《科学革命的结构》，金吾伦、胡新和译，北京大学出版社2003年版，第157页。
③ 库恩：《科学革命的结构》，金吾伦、胡新和译，北京大学出版社2003年版，"序"第4、157、168页。

个术语，意欲提示出某些实际科学实践的公认范例——它们包括定律、理论、应用和仪器在一起——为特定的连贯的科学研究的传统提供模型"①，这意味着，一种思想传统不仅仅是一种由其前提维度和基础要素的统一整体所构成的哲学范式，而且更是将其前提思想和基础理论成功应用于研究实践的典范成就和成功范例。由此而言，构成马克思主义思想传统的基本要素，既包括马克思主义流派及其学术共同体所共有的哲学范式，同时也包括马克思主义研究和探讨问题的成功范例。哲学范式是成功范例的理论模式和思想前提，而成功范例则是哲学范式的实际应用和实践证明。正是这种哲学范式与成功范例的统一，构成了马克思主义流派及其共同体的思想传统。

哲学范式与思想传统的统一，意味着理解马克思主义思想传统必须首先把握马克思主义哲学范式；而哲学范式与成功范例的统一，则要求把握马克思主义哲学范式，不仅要正确理解其思想范式和研究范式，而且要准确把握其成功范例和研究传统。

二、哲学范式、思想范式和研究范式

范式理论及其范式概念的产生和形成，不仅为科学理解与科学解释提供了一种新的思想维度，而且为哲学理解特别是马克思主义哲学诠释提供了一种新的思维框架。然而，究竟何为马克思主义哲学范式？这却是一个见仁见智、颇有分歧的争论话题。早在 20 世纪 80 年代中期，国内哲学界在对马克思哲学变革及其理论实质问题的争论中，就已出现了所谓"物质本体论"、"实践本体论"、"实践唯物主义"、"实践人道主义"、"实践观点的思维方式"等不同观点和不同主张。实际上，这些观点和主张，不仅反映了人们对马克思主义哲学范式的不同理解和不同诠释，而且意味着学者们是从不同共同体的不同范式出发来理解和解读马克思主义哲学。这一

---

① 库恩：《科学革命的结构》，金吾伦、胡新和译，北京大学出版社 2003 年版，第 9 页。

点，在近年来关于马克思主义哲学研究范式的讨论及其不同主张中，进一步凸显出来。其中，既有所谓"实践哲学范式"、"辩证法的实践范式"、"有限理性论"的实践范式，也有所谓"辩证（历史）唯物主义"的总体框架、"总体精神的马克思主义"哲学范式、"整体的历史科学"的解读模式；不仅有所谓"出场学范式"、"文本解读模式"、"理论思维的前提批判"范式，也有所谓"以马解马"的解读模式、"以新解马范式"，"马克思主义哲学中国化的研究范式"，等等。①

对于当代中国来说，马克思主义哲学范式及其研究范式探究中所出现的这种多元化理解和多样化阐释的状况，不仅是必然的，而且是必要的。因为，唯有如此，才能打破传统马克思主义哲学研究范式藩篱的束缚，为马克思主义哲学的创新与发展提供方法论资源和范式前提。正如有些学者所指出的："多样化范式的出现并非意味着把马克思主义哲学本身变成多样化的话语，多样化解释只是从多方位来展示马克思主义可能境界的途径，正是通过这种途径，我们才会达到特定时代要求的对马克思主义哲学的解释，回应时代的提问，也实现主体建构自身历史的要求。"②然而，今天我们到底应该如何理解和把握马克思主义哲学范式及其研究范式，这仍然是当今时代所赋予我们的一个无法回避的重大理论课题。

这里，我们首先面临的是"哲学范式"、"哲学研究范式"与"哲学思想范式"的关系问题。目前国内哲学界对马克思主义哲学范式问题的研究和讨论，主要处于"研究范式"层面，而对于其"思想范式"问题则较少涉及或缺乏自觉。从近年来学界研究现状来看，即使有学者所谈论的实际是马克思主义哲学思想范式，但其思考和论述问题的角度却仍然是马克思主义哲学研究范式。正是针对这种状况，柯锦华研究员在对以"马克思主义哲学研究范式的创新与转换"为主题的"第七届马克思哲学论坛"述评

---

① 参见柯锦华、任平主编：《马克思主义哲学研究范式：创新与转换》，社会科学文献出版社 2010 年版。

② 柯锦华、任平主编：《马克思主义哲学研究范式：创新与转换》，社会科学文献出版社 2010 年版，第 344 页。

中曾深刻指出："研究者们提出的各种研究范式大多是研究路径意义上的，是按照什么方式研究马克思主义哲学意义上的。这种意义上的研究范式与作为学派重要标志的研究范式存在较大的差别。后者不仅关乎研究方法、研究课题，更关乎研究者的价值观念、研究视野和理论取向等深层次的因素，它不属于某个研究者的，它为一批研究者所自觉接受和坚持运用，并形成独特的哲学理念和理论风格，在马克思主义哲学研究领域有着相当的影响力，对马克思主义哲学的发展起了较大的推动作用。"[1] 对于究竟应该如何理解、把握和表述"研究路径意义上的研究范式"与"作为学派重要标志的研究范式"及其相互关系，这是一个需要进一步深入探讨的理论话题。但是，指出两者之间存在较大差别，这一点却是非常深刻和十分重要的。它不仅要求对"作为学派重要标志的研究范式"给予更多的关注，而且要求深入探究"研究路径意义上的研究范式"与"作为学派重要标志的研究范式"之间的相互关系。我们认为，这一关系其实就是马克思主义哲学的"哲学范式"、"研究范式"与"思想范式"之间的关系问题。

就马克思主义哲学而言，从理论上讲，"哲学范式"、"研究范式"与"思想范式"在本质上是统一的，这种统一首先表现在"哲学范式"包含其"思想范式"和"研究范式"，但三者本身又不完全等同。哲学范式是一个总体概念，思想范式和研究范式则是属于特殊维度范畴。进一步就后两者的区别而言，"马克思主义哲学思想范式"，是马克思主义哲学流派及其思想理论本身内在的一种哲学模式与哲学传统；而"马克思主义哲学研究范式"，则是马克思主义哲学共同体成员探究、创新和发展马克思主义哲学的一种研究路径和研究传统。不言而喻，两者之间既相区别，又相联系。马克思主义哲学思想范式是其研究范式的生成前提和理论基础，后者则是前者的方法转换与研究体现。在马克思主义哲学创立和发展过程中，两者之间实际上相互缠绕、相辅相成。但是，二者毕竟不是同一个东西，它们

---

[1]　柯锦华、任平主编：《马克思主义哲学研究范式：创新与转换》，社会科学文献出版社2010年版，第345页。

之间存在性质区别和角度差异。因此，在我们研究问题和进行理论分析过程中绝不能把二者混为一谈。否则，把性质和角度不同的两个问题混淆在一起，只能引起思想的困惑与研究的困扰。

实际上，就近年来国内哲学界的相关研究现状来看，虽然大家都在谈论马克思主义哲学研究范式，但实际上，有些学者谈论的是"研究路径"意义上的马克思主义哲学"研究范式"，亦即按照何种方式和路径以及如何去研究和发展马克思主义哲学的方式方法问题；而有些学者探讨的则是"思想模式"意义上的马克思主义哲学"思想范式"，亦即马克思主义哲学流派及其学术共同体成员所共同坚持的由多种理论要素的统一所构成的共有思想传统和普遍方法原则。由于对范式概念涵义与所指理解不同，导致所探究问题的目标指向、历史语境、话语方式和理论观点也就各不相同，甚至自说自话，互不交集，研究也就很难深化。这意味着，从范式维度探究马克思主义哲学，首先必须理清"哲学研究范式"与"哲学思想范式"之间的复杂关系。只有首先深刻理解马克思主义哲学思想范式，然后才能正确把握马克思主义哲学研究范式。而对马克思主义哲学思想范式的理解和把握，从根本上和源头上来说，归根结底在于对作为其开创者和奠基者的马克思哲学思想范式的理解和把握。反过来说，只有首先从根本上把握马克思哲学思想范式，才能正确理解马克思主义哲学思想范式；而只有正确理解马克思主义哲学思想范式，才有可能合理把握马克思主义哲学研究范式。

三、改变世界的实践哲学范式

马克思哲学范式的开创，建立在对西方传统哲学范式的反思和批判基础之上。西方传统哲学本质上是一种本体论哲学。其基本信念是认为在"现象世界"背后隐藏着一个"本体世界"。正是这个本体世界生成、决定和制约着现象世界，它本身构成世界万物存在和发展的"终极原因"、"终极原理"和"终极根据"。因此，在旧哲学看来，哲学的根本任务就是认识和把握现象世界背后的那个"终极存在本体"。认识和把握了这个终极本体及其发展规律，也就等于获得了理解和解释现实世界及其万事万物的最终奥秘和万能密钥，亦即"终极存在根据"。由此，哲学也就成为关于世界的"绝对真理体系"，并能为人们的生活和实践提供某种一成不变的"永恒价值观念"。哲学一旦获得世界的这种"终极存在根据"、"绝对真理体系"和"永恒价值观念"，其本身的任务和使命也就终结了。因为传统哲学家们相信，"只要它被发现了，它就能用自己的力量征服世界"[①]。显而易见，这是一种站在"知识论"立场、以"认识世界"为使命的"解释世界"的哲学。这样一种哲学观及其所代表的世界观，对于仍处在"人的依赖关系"条件下的人来说，是一种不可避免的历史命运。因为那时的人本身尚未独立，其命运非由自身而是由某种外在力量来决定。因此，以发现和把握"终极存在本体"为使命的哲学观及其世界观也就成为了一种历史必然。但是，对于已经摆脱了"人的依赖关系"而走上了"人的独立性"道路的人来说，那种以"知识论"为基本立场、以"解释世界"为历史使命、以"本体论"为根本特征的传统哲学，与生存方式已经发生了根本改变的人的状态就不再相适应了。它不再是人本身存在的一种理论表达和观念展现，而变成了人自身发展的一种思想桎梏和观念束缚。于是，哲学变革不仅变成一种主观愿望和理论要求，而且成为一种社会需要和历史必然。

马克思的哲学范式是对以西方近代哲学为代表的传统哲学范式的变革与超越的产物。这一点，不论从马克思哲学变革的实质来讲，还是从马克思经典文本的依据来看，都可以得到充分证明。由于受历史的、阶级的、观念的和思维的局限等原因，西方近代哲学虽然在认识论上实现了所谓"哥白尼式的革命"，建构起一种"主体哲学"亦即"意识哲学"的概念框架，但在哲学范式上却并未能完全摆脱传统哲学之"本体论"范式的影响和束缚。特别是它不懂得现实的人及其主体实践在哲学中的基础地位和能动意义，因此，西方近代哲学（无论是近代法国唯物主义，还是德国古典哲学

---

① 《马克思恩格斯文集》第 9 卷，人民出版社 2009 年版，第 22 页。

唯心主义）最终仍未能跳出"知识论立场"和"解释世界"哲学范式的窠臼。只有马克思从现实的人的现实异化状况出发，并立足无产阶级革命实践的能动作用和历史要求，将实践观点引入哲学，发现了实践对于新哲学的基础地位和决定作用，创立了以改变世界为使命和特征的实践哲学，实现了哲学范式由"解释世界"到"改变世界"的历史转换，从而也才实现了对传统哲学的历史变革。对这一变革及其实质的深刻揭示与理论表达，用马克思自己的话来说，那就是："哲学家们只是用不同的方式解释世界，问题在于改变世界。"① 这意味着，就其总体精神和整体特征而言，马克思哲学范式本质上是一种改变世界的实践哲学范式。

谈到改变世界的实践哲学范式，对其本身的构成要素及其理论结构的探讨和思考是不可缺少的。不言而喻，正像库恩的科学范式是一种由多种科学要素的有机统一所构成的科学系统一样，马克思的哲学范式也是一种由马克思哲学思想及其创建过程中的多种哲学维度的内在统一所构成的哲学系统。问题在于，马克思哲学范式究竟包括哪些内容？决定其构成要素及其理论结构的理论因素究竟是什么？按照库恩的范式理论：一种"范式"代表着一个学术共同体的"特定研究传统"，"范式是一个成熟的科学共同体在某段时间内所接纳的研究方法、问题领域和解题标准的活水源头"；范式的转换导致科学革命，"科学革命就是科学家据以观察世界的概念网络的变更"；"相继范式之间的差异是必然的和不可调和的"，"科学革命中出现的新的常规科学传统，与以前的传统不仅在逻辑上不相容，而且实际上是不可通约的"。② 因此，伴随着科学革命而来的范式变革与范式转换，亦即用新范式取代旧范式，不仅意味着在新旧共同体之间科学研究传统的根本改变，而且意味着在新范式条件下新的共同体之研究方法、问题领域和解题标准也发生了根本转换。对此，库恩曾明确指出："当范式变化时，通常决定问题和解答的正当性的标准，也会发生重大改变。""范式改变的

---

① 《马克思恩格斯文集》第1卷，人民出版社2009年版，第502页。

② 库恩：《科学革命的结构》，金吾伦、胡新和译，北京大学出版社2003年版，第94、95页。

确使科学家对他们研究所及的世界的看法变了。……在革命之后，科学家所面对的是一个不同的世界。"①科学革命如此，哲学变革也是如此，马克思的哲学变革也同样如此。这意味着，当马克思用"改变世界"的实践哲学范式取代了传统哲学"解释世界"的哲学范式之后，其所面临的矛盾、问题及其解决方法和评价标准与旧哲学迥然不同。而决定马克思实践哲学范式的构成要素及其理论结构的东西，恰恰正是马克思哲学变革之后所产生的新矛盾、新问题、新标准和新方法及其内在联系。

不言而喻，"改变世界"是马克思实践哲学思想范式的中心话语和本质特征。但是，哲学何以要改变世界，它能否改变世界以及它将如何改变世界？这是实践哲学范式所面临的全部问题的主题与中心。围绕这一主题和中心，它需要在理论上解决许多与传统哲学根本不同的理论难题。这其中主要包括：如何从改变世界的维度来理解和把握哲学及其与现实和时代的关系？哲学在改变世界中的地位和作用究竟如何？改变世界的哲学问题到底是何种性质与何种类型的问题，它与解释世界的哲学问题有何不同？为什么要改变现实世界，提出和思考这一问题的现实根源和客观根据是什么？哲学何以能改变世界，其思想前提和理论基础又是什么？如何看待和评价现实世界及其发展问题，其衡量问题的标准与评价事物的尺度又是什么？作为一种改变世界的实践哲学，其所追求的价值理想与终极关怀将如何定位，其价值理念又将如何？实践哲学将如何改变世界、怎样解决问题，其方式、方法、途径和道路又是什么？等等。这些问题既是马克思（和恩格斯）在创建其哲学过程中实际要解决的主要问题，同时也是我们理解和把握马克思实践哲学范式的构成要素及其理论结构的前提基础和必须遵循的基本线索。

正是在思考、探究和解决上述各种问题过程中，马克思（和恩格斯）在哲学上实现了一次伟大变革。然而，这一变革过程并非像阿尔都塞所说

①　库恩：《科学革命的结构》，金吾伦、胡新和译，北京大学出版社2003年版，第100、101页。

的那样存在什么"认识论的断裂"，它本身也不仅仅是 1845 年一蹴而就的事情。实际上，马克思的哲学变革过程，从 1842 年"《莱茵报》时期"就已经开始，中间经过了若干重要环节并涉及许多重要领域，一直到 1846 年写作《德意志意识形态》才可以说是基本完成。其中，所经历的重要环节和所涉的重要领域，从实际发生的历史过程来看，主要包括：在"哲学观念"上，它实现了从"终极本体探究的哲学观"向"时代精神表达的哲学观"的转变；在"哲学问题"上，则实现了由"思想内部的形上问题"到"现实时代的迫切问题"的转变。在"思想前提"上，它实现了从"理论的人道主义"向"实践的人道主义"的转变；而在"价值理念"上，则实现了由"永恒正义的价值观"到"人的解放（自由个性）的价值观"的转变。在"研究方式"上，它实现了从"概念思辨的研究方法"向"现实批判的研究方式"的转变；而在"思维方式"上，它则实现了由"二元对峙的思维方式"到"实践观点的思维方式"的转变。在"哲学使命"上，它实现了从"解释世界的知识论哲学"向"改变世界的实践论哲学"的转变；而在"历史观念"上，则实现了由"抽象的唯心主义历史观"到"实践的唯物主义历史观"的转变。这里所展现出的壮丽图景表明，马克思的哲学变革，既不是在个别领域进行的，也不是一蹴而就的，而是涉及众多领域、经过多个环节、历经多年探索、包括丰富内涵的一个伟大变革过程。正是在这包含多领域和多环节的历史变革过程中，马克思（恩格斯）创立了自己立足现实状况、着眼人的解放、面向未来发展、注重实践批判的哲学思想理论，同时也开创和建构了自己改变世界的实践哲学范式。

到底应该如何从逻辑结构上来理解和把握马克思的这种改变世界的实践哲学范式？这里不打算作详细论述，仅从其中选择几个最主要维度，并试图通过对它们之间内在联系方式的考察，从逻辑上简要地勾勒出马克思改变世界的实践哲学范式的内在结构。这意味着，对于实践哲学范式来说，首先，它需要有一种与改变世界相适应的哲学理念前提。对于任何一种哲学范式来讲，哲学观的问题都是基本问题，它决定和制约着哲学的其他问题和其他观念。实践哲学范式也同样如此。既然要改变世界，那就要解决哲学与现实和时代的关系问题，解决哲学在改变世界中的地位和作用问题。事实上，正是马克思"时代精神表达"的哲学观为其实践哲学范式提供了恰当合理的哲学理念前提。其次，它需要有一种从实际出发、揭露矛盾的现实反思理论。传统形而上学的破产，促使马克思抛弃了传统哲学的本体论范式，转向了现实生活世界探寻自己的哲学基础。马克思之所以要改变世界，直接原因就在于现实的人之异化与现状的不合理。这种异化与不合理通过现实的社会矛盾与时代的紧迫问题表现出来，并在马克思的现实异化理论、基本矛盾理论、社会批判理论和历史规律理论中得到了理论表达。正是这些理论为改变世界的实践哲学思想范式的生成提供了客观根源与现实基础。再次，它需要一套以人为根本、面向未来发展的合理价值理念。改变世界是一种实践范畴。实践哲学范式不仅要解决实践的主体和中心、出发点和目的等实践理性问题，而且要解决衡量现实的异化与非异化、合理与不合理、合法与非法、正当与不正当等价值理性及其价值标准和评价尺度问题。正是马克思"实践的人道主义"及其"人的解放"和"自由个性"的价值观，为改变世界的实践哲学范式提供了正当合理的价值理念前提。最后，它需要有一些能切实解决问题的合理方式与有效方法。无论是价值理念的实现，还是改变世界的实践，都需要切实有效的方式、方法、途径和道路。总体上马克思主张"对现存的一切进行无情的批判"，而其方式则主要包括：实践观点的哲学思维方式、现实批判的哲学研究方式和改变现状的实践活动方式等。正是这些不同方式的有机结合，构成改变世界的实践哲学范式之切实有效的方式方法理论。

历史唯物主义创建，既是实践哲学范式的集中体现，同时也是其本身的一个成功范例。一种合理的哲学范式绝不仅仅是一种符合逻辑的理论建构，它本身同时也应是哲学思考、哲学研究及其解决问题的一种成功范例。马克思的实践哲学范式，以对"哲学与时代的本质关系"之深刻理解为哲学理念前提，以对社会矛盾和时代问题的深入反思和深刻把握为客观现实基础，以"实践的人道主义"及其"人的解放"的价值理念为思想前提和价值理想，而以实践观点的思维方式、现实批判的研究方式和改变现状的实践方式为主要方式途径，形成了一种以改变世界为本质特征的合理哲学范式。马克思在其哲学变革过程中创建了这种哲学范式并将其成功应用于社会历史领域，从而创建了历史唯物主义或曰唯物主义历史观。历史唯物主义不仅从现实的人的现实生活出发，深刻揭示了观念与生活、哲学与现实、历史观与实践等矛盾之间否定统一的内在张力关系，而且立足于人们的社会存在深刻揭示了人类社会矛盾及其历史发展规律；它不仅在批判地反思和历史地变革传统哲学之"理论的人道主义"基础上创立和坚持了以人为根本的"实践的人道主义"，为现实的人指明了人的解放和自由个性的价值理想目标，而且为这种价值理想目标的实现提出了合理的方式方法与正确的途径道路。由此可以说，历史唯物主义，既是马克思实践哲学范式的集中体现和成功范例，同时也为我们正确理解和全面把握马克思主义哲学范式提供了一种思想范本和理论参照。

如前所述，范式构成传统，范式本身就是一种传统，思想范式与思想传统在本质上是统一的。这意味着，有什么样的范式就有什么样的传统，有什么样的思想范式就有什么样的思想传统，有什么样的哲学范式就有什么样的哲学传统，有什么样的哲学思想范式也就有什么样的哲学思想传统。不言而喻，马克思创建了改变世界的实践哲学范式，同时也就开创了马克思主义哲学改变世界的实践哲学传统。坚持马克思主义哲学思想传统，最主要的就是要坚持马克思主义哲学范式；而坚持马克思主义哲学范式，也就是坚持和继承了马克思主义哲学传统。

然而，哲学范式不仅包括哲学思想范式，而且包括哲学研究范式。正像一种哲学思想范式构成一种哲学流派的哲学思想传统一样，一种哲学研究范式也构成一个哲学共同体的哲学研究传统。这意味着，正是马克思实践哲学的研究范式构成研究、创新和发展马克思主义哲学的研究传统；深刻理解和全面把握马克思实践哲学的研究传统，必须进一步深入研究和全面探讨马克思实践哲学的研究范式。

第三节 实践哲学研究范式及其传统

马克思的哲学研究范式与其哲学思想范式虽然在理论旨趣和基本性质上存在差异，但二者并非彼此分离、完全不相干的两种不同东西，实际上它们在本质上是内在统一的。这种统一，不仅表现在它们同属于马克思哲学以及马克思主义哲学共同体，而且表现在其思想范式为其研究范式提供前提和基础，而其研究范式则不过是其思想范式在研究实践中的一种应用与转换。事实上，改变世界的实践哲学范式，不仅揭示了马克思哲学及其思想范式的内在本质和理论实质，而且开创了马克思主义哲学研究和探讨问题的研究范式和研究传统。如果说马克思的哲学思想范式是一种改变世界的实践哲学思想范式，那么马克思的哲学研究范式则是一种实践批判的哲学研究范式。

所谓实践批判的哲学研究范式，实际上是马克思改变世界的哲学思想范式在其哲学研究活动中的一种旨趣转变与性质转换。不言而喻，这种旨趣转变与性质转换意味着，实践批判的哲学研究范式与改变世界的哲学思想范式之间实际上存在着某种不容忽视的差别。这种差别主要表现在：实践哲学思想范式作为一种哲学思想模式，它不仅在存在形态上寓于马克思哲学思想理论之中并构成其内在本质和理论实质，而且其理论旨趣主要是为改变世界的实践活动提供思想前提和理论基础。因此，它在本质上属于思想理论范畴。而实践哲学研究范式作为一种哲学研究方式，其旨趣主要不是直接为改变世界的实践活动提供思想前提和理论基础，而是按照什么方式如何进行哲学研究、哲学变革、哲学创造和哲学发展。因此，作为一种研究路径和方式方法系统，它在本质上属于研究实践范畴。但是，这并不意味着实践哲学研究范式与实践哲学思想范式根本不同，相反，后者是前者的形成前提和生成基础，前者则是后者的一种实际应用、旨趣转变和性质转换。当然，在实际研究过程中，二者并非彼此分离、泾渭分明，而是相互依存、互为前提。这本身也是它们内在统一的一种表现。不言而喻，正像马克思实践哲学思想范式构成马克思主义哲学改变世界的哲学思想传统一样，马克思实践批判的哲学研究范式同时也开创了马克思主义哲学实践批判的哲学研究传统。而这两者的统一，便构成马克思主义哲学传统，亦即马克思主义思想传统的实质与核心。这里，我们将主要从马克思实践哲学思想范式、实践哲学研究范式与其实践哲学研究传统的内在统一视角，来对马克思主义哲学思想传统及其构成要素和系统结构作一探究和论述。

一、哲学、时代与人的统一

任何哲学范式都需要有其基本的哲学理念。正是这种理念，为其哲学思想、哲学流派及其共同体提供观察事物和从事研究的理念前提。否则，缺乏基本的哲学理念，不仅哲学流派及其共同体难以形成，而且连起码的哲学思考也会因为没有立场和观点而无法进行，进而哲学思想及其哲学范式本身也将无法构建。然而，不同哲学范式必然有其不同的哲学理念。而马克思的哲学理念，就是坚持哲学与时代、哲学与人的统一。正是这一理念，构成马克思实践批判的哲学研究范式及其马克思主义哲学研究传统之基本理念前提。

马克思的哲学理念是对西方传统哲学理念反思、批判和变革的产物。西方传统哲学本质上是一种解释世界的知识论哲学，它本身并不关心人们的现实生活及其现实矛盾，而是专注于探究和发现所谓世界的一成不变的"终极本体存在"、"绝对真理体系"和"永恒价值观念"。因而，它不仅迷恋于形上的深思和概念的思辨，而且将自己封闭于纯粹思想王国而与现实生活完全脱离。这一点，在德国古典哲学及黑格尔以后的德国哲学中表现得最为充分。为此，马克思曾对其提出了严厉批评："哲学，尤其是德国哲学，爱好宁静孤寂，追求体系的完满，喜欢冷静的自我审视；……它在自身内部进行的隐秘活动在普通人看来是一种超出常规的、不切实际的行为；就像一个巫师，煞有介事地念着咒语，谁也不懂得他在念叨什么。"①"德国的批判，直至它最近所作的种种努力，都没有离开过哲学的基地。这个批判虽然没有研究过自己的一般哲学前提，但是它谈到的全部问题终究是在一定的哲学体系即黑格尔体系的基地上产生的。""这些哲学家没有一个想到要提出关于德国哲学和德国现实之间的联系问题，关于他们所作的批判和他们自身的物质环境之间的联系问题。"②马克思在这里所描述的德国哲学状况，实际上深刻揭示了西方传统哲学的一个共同弊端，亦即脱离开现实生活，满足于哲学思辨。

正是针对西方传统哲学的这一弊端，马克思站在哲学与现实相统一高度来看待和理解哲学。马克思不仅强调"任何真正的哲学都是自己时代的精神上的精华"，是"文化的活的灵魂"，而且强调"哲学家并不像蘑菇那样是从地里冒出来的，他们是自己的时代、自己的人民的产物，人民的最美好、最珍贵、最隐蔽的精髓都汇集在哲学思想里。正是那种用工人的双手建筑铁路的精神，在哲学家的头脑中建立哲学体系"，同时也强调哲学要"同自己时代的现实世界接触并相互作用"，哲学要"变成面对世界的一般哲学，变成当代世界的哲学"。③这里实际上提出了一种与西方传统哲学"终极本体发现的哲学观"根本不同的"时代精神表达的哲学观"，而其实质则是一种哲学与时代、哲学与人相统一的哲学观。它本身构成马克思实践哲学思想范式的基本理念前提，同时也成为马克思实践哲学研究范式及其马克思主义哲学研究传统的一个基本要素。这意味着，对于马克思实践哲学研究范式及其马克思主义哲学研究传统来讲，哲学研究和哲学探索首先要坚持哲学与现实、哲学与时代、哲学与人的统一。而这种统一则要求，马克思主义哲学研究和哲学反思，不仅不能仅仅局限于思想领域和满足于概念思辨，必须将其奠基于现实的人及其现实生活和现实时代基础之上，而且要反思现实状况、捕捉现实问题、体现时代精神、表达思想自我，从而使其真正成为时代精神的理论表达、现实的人的自我意识和历

---

① 《马克思恩格斯全集》第 1 卷，人民出版社 1995 年版，第 219 页。
② 《马克思恩格斯文集》第 1 卷，人民出版社 2009 年版，第 514、516 页。
③ 《马克思恩格斯全集》第 1 卷，人民出版社 1995 年版，第 119、220 页。

史实践的指导理念。

二、时代的迫切问题及其历史发展

不言而喻，任何研究范式都不能缺少研究问题。否则，没有问题，所谓研究也就无从谈起。对此，现代科学哲学家波普尔曾提出"科学开始于问题"的著名论断；美国科学哲学家劳丹进一步强调，科学就是一种解决问题的活动，科学活动的根本目的在于解决问题；库恩则主张：范式决定问题，"科学共同体取得一个范式就是有了一个选择问题的标准，当范式被视为理所当然时，这些选择的问题可以被认为是有解的问题。……范式甚至能把科学共同体与那些社会所重视的又不能划归谜的形式的问题隔离开来"，由此可以说，"范式……在一段时间里为实践共同体提供典型的问题和解答"。[1] 科学研究如此，哲学研究也同样如此。

但是，不同哲学范式却有其不同的问题领域。按照库恩的科学革命理论："科学革命"实质上是一种新旧范式的转换，这种"范式的转换应被称之为革命"；"相继范式之间的差异是必然的和不可调和的"，亦即具有"不可通约性"；革命前后的新旧范式之间在"研究方法、问题领域和解题标准"等方面都各不相同；而这种不同则意味着，"科学革命中出现的新的常规科学传统，与以前的传统不仅在逻辑上不相容，而且实际上是不可通约的。"[2] "范式改变的确使科学家对他们研究所及的世界的看法改变了。……在革命之后，科学家们所面对的是一个不同的世界。"[3] 应该说，这一理论对于马克思哲学范式变革而言也同样适用。

作为一种解释世界的知识论哲学，西方传统哲学实际上奉行和坚守一

---

① 库恩：《科学革命的结构》，金吾伦、胡新和译，北京大学出版社2003年版，第34页；"序"第4页。

② 参见库恩：《科学革命的结构》，金吾伦、胡新和译，北京大学出版社2003年版，第85、94、133—143页。

③ 库恩：《科学革命的结构》，金吾伦、胡新和译，北京大学出版社2003年版，第101页。

种本体论哲学范式。对它而言，主要的问题领域，是"解释世界"的认知领域；其研究问题，是世界的"终极本体"、"绝对真理"和"永恒价值"；而其使命，则在于发现和认识这些不知在何处存在的所谓"终极问题"、"绝对问题"和"永恒问题"。因此，对西方传统哲学而言，哲学的问题领域及其研究问题，在本质上是确定不移和一成不变的，并不存在历史发展及其与时改变的问题。

　　然而，对马克思哲学范式而言却与此不同。从理论上讲，坚持哲学与现实、哲学与时代、哲学与人相统一的哲学理念，必然要求哲学的问题领域及其研究问题转向现实生活世界的现实问题、时代问题和人的问题。而在事实上，随着马克思在哲学范式上所实现的历史变革，马克思哲学的问题领域及其研究问题也都发生了根本改变。对此，早在《莱茵报》时期，马克思就曾深刻指出："一个时代的迫切问题，有着和任何在内容上有根据的因而也是合理的问题共同的命运：主要的困难不是答案，而是问题。""因此，每个时代的谜语是容易找到的。这些谜语都是该时代的迫切问题"，这些问题"是公开的、无所顾忌的、支配一切个人的时代之声。问题是时代的格言，是表现时代自己内心状态的最实际的呼声"。① 后来，马克思又进一步指出："哲学家们只是用不同的方式解释世界，问题在于改变世界。"② 由此导致西方传统哲学的根本缺点，正在于它"对对象、现实、感性，只是从客体的或者直观的形式去理解，而不是把它们当做感性的人的活动，当做实践去理解，不是从主体方面去理解"。因此，它既"不知道现实的、感性的活动本身的"，也"不了解'革命的'、'实践批判的'活动的意义"。③ 这意味着，对于马克思实践批判的哲学研究范式及其马克思主义哲学研究传统来讲，其问题领域，已经从"解释世界的认知领域"转变为"改变世界的实践领域"；其研究问题，也不再是所谓"终极本体"、"绝对真理"和"永恒价值"等抽象的、绝对的、永恒的形上问题，而转

① 《马克思恩格斯全集》第 1 卷，人民出版社 1995 年版，第 203 页。
② 《马克思恩格斯文集》第 1 卷，人民出版社 2009 年版，第 502 页。
③ 《马克思恩格斯文集》第 1 卷，人民出版社 2009 年版，第 499 页。

变为"时代的迫切问题"、"现实的社会矛盾"和"人的生存与发展问题";而其历史使命,则在于为这些"时代问题"、"现实问题"和"人的问题"的解决,提供一种立足现实实践、体现时代精神、符合人的要求的思想前提、价值理念和理论基础。

哲学的问题领域及其研究问题的这种改变,不仅表明哲学问题并非确定不移和一成不变的,而是随着时代的历史发展而不断改变的,而且意味着马克思的哲学已不再是所谓"概念思辨"的"书斋哲学",马克思主义哲学研究也不再关注什么"终极本体"、"绝对真理"和"永恒价值"等抽象问题,它必须面向现实生活世界,以哲学的方式思考、探究和解决人的现实问题和时代的迫切问题。

关注时代的迫切问题及其历史发展,是马克思实践批判的哲学研究范式及其马克思主义哲学研究传统之根本问题指向。

三、人的解放和自由个性的实现

哲学研究不仅要面对、探究和解决哲学问题,而且要有据以解决问题的思想前提和价值理念。正是这种思想前提和价值理念,构成一种哲学范式的根本信念和价值理想。而没有信念和理想,探究和解决问题也就会失去动力、信心和支撑的力量。然而,不同哲学范式实际上却有其不同的思想前提和价值理念。这要求我们必须对马克思实践哲学研究范式的思想前提和价值理念进行考察和探究。

按照现代哲学理念,哲学与人是内在统一的,人是哲学的根本和谜底所在,哲学则是关于人的自我意识与自我表达的思想理论。对此,我国著名哲学家高清海先生曾有深刻思考与系统论述,他强调,"哲学作为'世界观'理论,面对的虽是外部世界,表达的却是对人自己的观点"①。但"这不只是说,人总是从人出发去看待世界、为了人的目的而去研究世界;

---

① 《高清海哲学文存》第 2 卷,吉林人民出版社 1997 年版,第 43、47 页。

而主要是说，哲学对世界的认识实质上不过是对人自己的认识，它是通过世界以理解、把握人自身的存在及其活动的性质、意义和价值的。当然，这句话反过来意味着，人也总是从对自己的理解中去把握外部世界"①。因此，就其实质而言，"哲学，实际就是人以世界为中介的自我意识、自我理解、自我创造、自我实现的理论活动、理论表达"②。由此来观哲学史，我们才能理解为什么在哲学史上常常出现这种情况："哲学是怎样理解人的，它也就怎样去理解世界；哲学关于世界的不同观点的分歧和论争，表现的实质都是对人自身的不同看法。"③

　　然而，这并不意味着每一种哲学对人和世界的观点和看法都是绝对正确和永远合理的。哲学作为时代精神的精华和文明的活的灵魂，其地位、价值和意义随着人和时代的发展变化而发生改变。不可否认，随着人的生存方式由"人的依赖关系"转变为"人的独立性"，人的这种新的生存状况及其价值追求在西方近代哲学中通过各种形式的"主体哲学"和"人道主义"得到了某种理论表达。但是，应该看到，西方近代哲学和传统的人道主义在本质上只是某种"意识哲学"和"理论的人道主义"。它相信所谓"理性的人"及其"理性的力量"和"理性的权威"，并把"思维着的悟性"变成"衡量一切的唯一尺度"。它不仅相信所谓"永恒的真理"、"永恒的正义"、"自然的平等"和"天赋的人权"，而且将所谓抽象的"理性国家"和"正义王国"视为某种"永恒的理想"而加以追求。因此，从总体上看，西方近代主体哲学、意识哲学和传统的人道主义并未能避免和克服抽象化的弊端与片面化的局限；而造成这种弊端和局限的一个重要原因，就是西方近代哲学并未能彻底摆脱传统哲学的那种抽象的、二元对峙的、本体论化的哲学范式的影响和束缚。

　　与此不同，通过哲学范式的根本变革，马克思用自己的实践哲学范式取代了以往的本体论哲学范式，以"实践的人道主义"取代了传统哲学的

---

① 《高清海哲学文存》第 2 卷，吉林人民出版社 1997 年版，第 43 页。
② 《高清海哲学文存》第 2 卷，吉林人民出版社 1997 年版，第 47 页。
③ 《高清海哲学文存》第 2 卷，吉林人民出版社 1997 年版，第 43 页。

"理论的人道主义"，从而实现了世界观、历史观和价值观亦即其思想前提和价值理念的历史变革。在马克思及其实践哲学看来，人是哲学的根本和主题，哲学则是以人为主体和中心并反映、表达与服务于人的世界观、历史观和价值观。而其核心理念，则是以人为根本。"实践的人道主义"及其"以人为根本"的核心理念，作为马克思实践哲学范式的思想前提和价值理念，它主要包括以下几个方面的内容要点。

第一，"它的前提是人，但不是处在某种虚幻的离群索居和固定不变状态中的人，而是处在现实的、可以通过经验观察到的、在一定条件下进行的发展过程中的人"①。这样的人，既非近代法国哲学所谓的"自然的人"，也不是德国古典哲学所说的"精神的人"；他不是西方传统哲学所谓的"理性的人"，也非现代西方哲学家所说的"非理性的人"；按照马克思的观点和看法，他就是"现实的人"。这里所谓"现实的人"，不仅意味着人是有生命、有意识、活生生的现实存在，而且意味着他总是生存于一定的社会关系中、处在一定历史发展过程并从事实践活动的人。简言之，现实的人，就是以实践活动为基础和中介的"自然存在物"和"社会存在物"的统一。马克思哲学及其"实践的人道主义"正是以这种"现实的人"作为其思考、研究和解决一切哲学问题的主体、中心、前提和基础的。

第二，它的出发点是人。正像任何哲学思考都不能没有前提一样，哲学研究也需要确定其出发点，亦即这种研究从哪里开始。哲学出发点依赖于哲学前提的确立，不同的哲学前提决定着不同的哲学出发点。与传统哲学根本不同，马克思哲学及其"实践的人道主义"并非从某种"抽象的人"出发。正如它以"现实的人"为前提，它也将这种"现实的人"作为其思考和探究问题的基本出发点。如马克思所强调的："我们不是从人们所说的、所设想的、所想象的东西出发，也不是从口头说的、思考出来的、设想出来的、想象出来的人出发，去理解有血有肉的人。我们的出发点是从

---

① 《马克思恩格斯文集》第 1 卷，人民出版社 2009 年版，第 525 页。

事实际活动的人。"① 这意味着，这里所谓"从事实际活动的人"，并非抽象的人，而是现实具体的人，是处在一定社会关系中并处在一定历史发展过程且从事物质生产劳动实践活动的人。以这样的人为出发点，决定了它本身的理论性质与传统哲学相区别。它不是某种传统的人道主义，抽象的人道主义，而是一种现实的人道主义，实践的人道主义。

第三，它从人及其实践活动出发来理解和解释现实世界。马克思哲学作为一种世界观的理论，既不同于宗教神学从神出发来解释世界的神学世界观，又不同于自然主义从自然出发来说明世界的自然世界观，也不同于意识哲学从某种精神观念出发来理解和诠释世界的精神世界观。以现实的人为前提和出发点的马克思哲学，同样以现实的人及其实践活动为基础来看待和理解现实世界。对此，马克思和恩格斯曾明确并强调指出：人们"周围的感性世界决不是某种开天辟地以来就直接存在的、始终如一的东西，而是工业和社会状况的产物，是历史的产物，是世世代代活动的结果"，"这种活动、这种连续不断的感性劳动和创造、这种生产，正是整个现存的感性世界的基础"。② 而"劳动的对象是人的类生活的对象化：人不仅像在意识中那样在精神上使自己二重化，而且能动地、现实地使自己二重化，从而在他所创造的世界中直观自身"③。

第四，它将人的发展及其历史生成视为人类历史的内在实质和真正目的。人类历史是人们自己所创造的。正像全部社会生活在本质上是实践的一样，所谓人类历史其实就是人们自己的实践活动的历史展开过程。进而言之，人们从事一切历史活动的目的，既不是为了自然界，也不是为了所谓"神"，而是为了人自己，为了人类的生存和发展。由此决定了，人类历史既不是由所谓神的目的所决定的神化过程，也不是为自然规律所决定的自然过程，而是人通过自己的实践活动来实现人自己的目的的历史过程。对此，马克思曾指出："并不是'历史'把人当做手段来达到自己——

---

① 《马克思恩格斯文集》第 1 卷，人民出版社 2009 年版，第 525 页。
② 《马克思恩格斯文集》第 1 卷，人民出版社 2009 年版，第 528、529 页。
③ 《马克思恩格斯文集》第 1 卷，人民出版社 2009 年版，第 163 页。

仿佛历史是一个独具魅力的人——的目的。历史不过是追求着自己目的的人的活动而已。"① 因此，"对社会主义的人来说，整个所谓世界历史不外是人通过人的劳动而诞生的过程，是自然界对人来说的生成过程"②。而所谓社会历史规律，其实不过是"人们自己的社会行动的规律"。③

第五，它以人本身为其价值标准和评价尺度。哲学不仅是一种世界观和历史观，而且内在地包含着其本身的价值观和评价观。作为一种改变世界的实践哲学，马克思哲学本质上是世界观、历史观、价值观和评价观的统一。而对于马克思哲学而言，人类的主体和中心地位决定了人必然要以自身发展为目的、标准和尺度。正如马克思和恩格斯所言："人的根本就是人本身"④，"人是斯芬克斯谜语的谜底。……人只须认识自身，使自己成为衡量一切生活关系的尺度，按照自己的本质去评价这些关系，根据人的本性的要求，真正依照人的方式来安排世界，这样，他就会解开现代的谜语了。"⑤ 不仅如此，当马克思和恩格斯从一个"革命民主主义者"转变为"共产主义者"的时候起，他们也就超越了所谓"政治解放"的局限而升华到真正的"人的解放"的境界，并将实现"人的解放"、"自由个性"亦即"每一个个人的全面而自由的发展"⑥ 作为自己终生奋斗、始终不渝的价值理想。

第六，共产主义和历史唯物主义，其实质是一种关于"人的科学"或"人的学说"。对此，马克思和恩格斯曾明确指出："正像无神论作为神的扬弃就是理论的人道主义的生成，而共产主义作为私有财产的扬弃就是要求归还真正人的生命即人的财产，就是实践的人道主义的生成一样；或者说，无神论是以扬弃宗教作为自己的中介的人道主义，共产主义则是以扬

① 《马克思恩格斯文集》第 1 卷，人民出版社 2009 年版，第 295 页。
② 《马克思恩格斯文集》第 1 卷，人民出版社 2009 年版，第 196 页。
③ 《马克思恩格斯文集》第 3 卷，人民出版社 2009 年版，第 564 页。
④ 《马克思恩格斯文集》第 1 卷，人民出版社 2009 年版，第 11 页。
⑤ 《马克思恩格斯全集》第 3 卷，人民出版社 2002 年版，第 521 页。
⑥ 《马克思恩格斯文集》第 5 卷，人民出版社 2009 年版，第 683 页。

弃私有财产作为自己的中介的人道主义。"① 如果说"关于人的科学本身是人在实践上的自我实现的产物"，那么，随着人的实践及其历史活动的不断发展，"自然科学往后将包括关于人的科学，正像关于人的科学包括自然科学一样：这将是一门科学"。② 而所谓"历史唯物主义"，在本质上也就是"关于现实的人及其历史发展的科学"。③

以上考察和论述表明，"实践的人道主义"及其"以人为根本"的核心理念，不仅仅是一种价值观，它本身也是一种历史观和世界观。就其理论性质而言，它与传统的人道主义亦即"理论的人道主义"之间有着本质的区别。它虽然产生和形成于马克思哲学思想创立阶段，其本身在语言表述和概念表达等方面也不可避免地存在某些旧的痕迹，但这是所有新思想和新理论在其创建的最初阶段所共同具有的局限，其本身并不能证明它是一种不成熟的思想理论，更不意味着它是什么唯心主义。就其实质而言，"实践的人道主义"亦即"实践的唯物主义"，反过来说也是如此。二者在马克思的哲学思想中原本就是内在统一的。作为马克思实践哲学思想范式的思想前提和价值理念，它本身也成为马克思实践哲学研究范式及其马克思主义哲学研究传统不可缺少的构成要素。这意味着，坚持马克思实践哲学研究范式及其马克思主义哲学研究传统，必须坚持"实践的人道主义"及其"以人为根本"的核心理念。否则，在思想前提和价值理念上，就可能偏离马克思主义哲学思想传统。

坚持以人为根本，追求人的解放和自由个性，是马克思实践批判的哲学研究范式及其马克思主义哲学研究传统之根本思想前提和终极关怀价值。

四、理论批判和实践批判

对于马克思实践哲学范式而言，仅仅确立"实践的人道主义"及其"以

---

① 《马克思恩格斯文集》第 1 卷，人民出版社 2009 年版，第 216 页。
② 《马克思恩格斯文集》第 1 卷，人民出版社 2009 年版，第 242、194 页。
③ 《马克思恩格斯文集》第 4 卷，人民出版社 2009 年版，第 295 页。

人为根本"的思想前提和价值理念是远远不够的。这不仅是因为它本身只是一种思想原则和价值理想，尚未成为"理想的现实"，而且是因为思想和理想本身并非像启蒙学者和空想社会主义思想家所想象的那样，"只要它被发现了，它就能用自己的力量征服世界"。① 相反，正如马克思和恩格斯所指出的："思想本身根本不能实现什么东西。思想要得到实现，就要有使用实践力量的人。"② 换句话说，如果没有人及其实践活动，没有切实可行的道路途径和行之有效的方式方法，"实践的人道主义"及其"以人为根本"的核心理念，以及"人的解放"和"自由个性"的价值理想，都将无法实现，甚至不能成为一种"合理的原则"和"现实的理想"。因此，马克思和恩格斯非常注重思想原则与价值理想实现的途经道路与方式方法，并在人的批判活动特别是"理论批判和实践批判的结合"中找到了解决问题的合理答案。正是因为这一点，使马克思实践哲学范式与传统人道主义特别是空想社会主义思想范式在方式方法上有了本质区别。也正因为如此，坚持理论批判和实践批判的结合，也就成为马克思实践批判的哲学研究范式及其马克思主义哲学研究传统之不可或缺的一个基本要素。

对现存的一切进行无情的批判，是马克思实践哲学范式的一种基本的研究方式和方法论原则。在 19 世纪 40 年代，青年黑格尔派的理论家们曾掀起过一场被吹嘘和构想成"具有世界历史意义"的批判运动。他们认为：观念、思想、概念等意识的一切产物，不仅是某种独立的具有决定意义的东西，而且是束缚人们的真正的枷锁。因此，所谓批判，也就主要是同意识的这些幻想进行斗争，并用某种新的意识来改变人们现有的意识。但是，正如马克思恩格斯所指出的那样："这种改变意识的要求，就是要求用另一种方式来解释存在的东西，也就是说，借助于另外的解释来承认它。青年黑格尔派的意识形态家们尽管满口讲的都是所谓'震撼世界

---

① 《马克思恩格斯文集》第 9 卷，人民出版社 2009 年版，第 22 页。

② 《马克思恩格斯文集》第 1 卷，人民出版社 2009 年版，第 320 页。

的’词句，却是最大的保守派。……他们只是用词句来反对这些词句；既然他们仅仅反对这个世界的词句，那么他们就绝对不是反对现实的现存世界。”① 不仅如此，由于青年黑格尔派批判的出发点是现实的宗教和真正的神学，他们主张通过以宗教观念代替一切或者宣布一切都是神学上的东西来批判一切。因此，马克思指出：“从施特劳斯到施蒂纳的整个德国哲学批判都局限于对宗教观念的批判”②，不难理解，青年黑格尔派的所谓批判的局限，不仅仅只是在纯粹的思想领域所进行的理论批判，而且这种批判实质上不过是打着批判的旗帜来维护现存的一切。与此根本不同，马克思则主张“要对现存的一切进行无情的批判，所谓无情，就是说，这种批判既不怕自己所作的结论，也不怕同现有各种势力发生冲突”③。显而易见，马克思所主张的批判，绝不仅仅局限于“宗教批判”，甚至也不只是“哲学批判”，实际上他要将批判扩展到社会一切领域，并且要把“宗教批判”、“哲学批判”转化为“现实批判”和“政治批判”。这就是马克思当时所提出的历史任务：“真理的彼岸世界消逝以后，历史的任务就是确立此岸世界的真理。人的自我异化的神圣形象被揭穿以后，揭露具有非神圣形象的自我异化，就成了为历史服务的哲学的迫切任务。于是，对天国的批判变成对尘世的批判，对宗教的批判变成对法的批判，对神学的批判变成对政治的批判。”④

实际上，这里所谓批判方式和方法的深层意义在于，批判不仅是马克思改变世界的实践哲学的一个基本功能和必然要求，而且是马克思实践哲学范式从事哲学研究的一种基本方式和主要方法。正如马克思所指出的：“新思潮的优点又恰恰在于我们不想教条地预期未来，而只是想通过批判旧世界发现新世界。”⑤ 在此意义上说，霍克海默强调“哲学的社会功

---

① 《马克思恩格斯文集》第 1 卷，人民出版社 2009 年版，第 516 页。
② 《马克思恩格斯文集》第 1 卷，人民出版社 2009 年版，第 514 页。
③ 《马克思恩格斯文集》第 10 卷，人民出版社 2009 年版，第 7 页。
④ 《马克思恩格斯文集》第 1 卷，人民出版社 2009 年版，第 4 页。
⑤ 《马克思恩格斯文集》第 10 卷，人民出版社 2009 年版，第 7 页。

能……只有从批判性思维和辩证思维的发展中才能被找到"①的观点是非常深刻的。因为它不仅是指"哲学的真正社会功能在于它对流行的东西进行批判",而且是指"哲学研究不同于其他研究,它在已给出秩序中没有一个划给自己的活动范围,……当科学仍然能参考那些已给出的、能为它指明道路的事实时,哲学则必须求助于自身,求助于自己的理论活动"。②而法兰克福学派的批判理论所倡导的批判精神,恰恰是对马克思哲学研究范式及其马克思主义哲学研究传统之批判精神的真正继承。

然而,这并不意味着马克思实践哲学范式的方式方法原则,仅仅是理论批判。事实上,批判本身既有思想批判和理论批判,也有现实批判和实践批判,而对于马克思的思想前提和价值理念而言,其主要的实现方式和途径道路,不是某种思想批判和理论批判,而是一种借助于现实手段来消灭现存状况的现实革命运动。谈到近代法国启蒙学者,恩格斯曾指出:"在法国为行将到来的革命启发过人们头脑的那些伟大人物,本身都是非常革命的。他们不承认任何外界的权威,不管这种权威是什么样的。宗教、自然观、社会、国家制度,一切都受到了最无情的批判;一切都必须在理性的法庭面前为自己的存在作辩护或者放弃存在的权利。"③然而,启蒙学者却相信:理性的思维,是创造一切的能动主体;思维着的知性,是衡量一切的唯一尺度;人们的头脑以及通过它的思维发现的原理,要求成为人类的一切活动和社会结合的基础;而他们所谓的"终极原理"、"绝对真理"和"永恒正义"等抽象价值,则"是不依赖于时间、空间和人类的历史发展"④而独立存在的。因此,人们无需在它之外去寻求别的什么实现价值的途径和方式,"只要它被发现了,它就能用自己的力量征服世界"⑤。显而易见,这是一种相信绝对理性及其万能作用的唯心主义和形而

① 霍克海默:《批判理论》,李小兵译,重庆出版社1998年版,第253页。
② 霍克海默:《批判理论》,李小兵译,重庆出版社1998年版,第250、246页。
③ 《马克思恩格斯文集》第9卷,人民出版社2009年版,第19页。
④ 《马克思恩格斯文集》第9卷,人民出版社2009年版,第22页。
⑤ 《马克思恩格斯文集》第9卷,人民出版社2009年版,第22页。

上学的历史观和价值观。由于它本身的抽象性和非现实性，因而缺乏真正的实现力量。而与此根本不同，马克思的实践哲学范式则把价值理想视为一种社会的、历史的和实践的产物。它是现实社会矛盾和人的生存困境的产物，是人的现实异化状况与克服这种异化要求之间矛盾相互作用的结果，是现实的人对其现实社会矛盾和生存异化状态的批判否定、观念超越、理想表达和实践解决的产物和结果。因此，在马克思看来，"人的解放"和"自由个性"价值理想目标的实现，绝不仅仅是一个思想观念问题，它在本质上是一个现实实践问题。正是在此意义上，马克思说："共产主义对我们来说不是应当确立的状况，不是现实应当与之相适应的理想。我们所称为共产主义的是那种消灭现存状况的现实的运动"[1]，"是用实际手段来追求实际目的的最实际的运动"[2]。也就是说，"只有在现实的世界中并使用现实的手段才能实现真正的解放"[3]。不言而喻，这种"消灭现存状况的现实的运动"本身是一种现实的、革命的、实践批判的活动。正如马克思所指出的："批判的武器当然不能代替武器的批判，物质力量只能用物质力量来摧毁"；"实际上，而且对实践的唯物主义者即共产主义者来说，全部问题都在于使现存世界革命化，实际地反对并改变现存的事物"。[4] 这意味着，对于马克思的思想前提和价值理念的实现来说，如果说其基本途径和根本道路就是"那种消灭现存状况的现实的运动"，那么，包括"武器批判"在内的"实践批判"，就不仅是其题中应有之义，而且是其根本方式。

"实践批判"决定了马克思实践哲学范式的思想前提和价值理念实现的途径方式，不仅与"青年黑格尔派"和"启蒙学者"根本不同，而且与空想社会主义者也迥然相异。与法国启蒙学者一样，三大空想社会主义者也相信所谓"绝对真理"、"永恒正义"和"理性王国"，所不同的仅仅在

---

① 《马克思恩格斯文集》第 1 卷，人民出版社 2009 年版，第 539 页。
② 《马克思恩格斯全集》第 3 卷，人民出版社 1960 年版，第 236 页。
③ 《马克思恩格斯文集》第 1 卷，人民出版社 2009 年版，第 527 页。
④ 《马克思恩格斯文集》第 1 卷，人民出版社 2009 年版，第 11、527 页。

于后者认为前者所建立起来的资本主义世界并不是真正的理性和正义的社会。他们认为："真正的理性和正义至今还没有统治世界，这只是因为它们没有被人们正确地认识。所缺少的只是个别的天才人物，现在这种人物已经出现而且已经认识了真理；……这种天才人物在 500 年前也同样可能诞生，这样他就能使人类免去 500 年的迷误、斗争和痛苦。"① 显而易见，这是一种试图依靠所谓"天才"和"伟人"来实现其价值理想目标的英雄史观和天才价值观，不过它与启蒙学者以及青年黑格尔派的价值观一样，同样不能摆脱唯心论和抽象性的弊端。与此不同，马克思认为，"历史活动是群众的活动"，"历史的活动和思想就是'群众'的思想和活动"。② 因此，价值理想目标的真正实现力量，不是进行思想活动的"天才"和"伟人"，而是从事实践活动的广大人民群众。对于马克思实践哲学之价值理想目标的实现来说，如果说其途径和方式是"消灭现存状况的现实的运动"及其"实践批判"，那么，这种"运动"和"批判"，本质上就是广大人民群众的"革命运动"和"实践批判"。

　　"实践批判"作为马克思实践哲学价值理想目标实现的途径和方式，本身意味着一种"革命"和"变革"。但是，对于马克思来讲，它"只是想通过批判旧世界发现新世界"。③ 其任务不仅"是要揭露旧世界"，而且要"为建立一个新世界而积极工作"。④ 因此，革命和变革只是其价值理想目标实现的一种方式或一个环节，它的真正实现还依赖于广大人民群众的"建设"和"创造"。如果说共产主义运动是马克思的价值理想实现的基本途径和根本方式，那么，社会主义革命和变革就是这种价值理想实现的首要环节和前提条件，而社会主义建设和创造则是其不可缺少的必经阶段和必要环节。换句话说，人的"自由个性"的实现，亦即"每个人的全面而自由的发展"，不仅需要改变和变革资本主义旧世界，而且需要建设

① 《马克思恩格斯文集》第 9 卷，人民出版社 2009 年版，第 21 页。
② 《马克思恩格斯文集》第 1 卷，人民出版社 2009 年版，第 287、286 页。
③ 《马克思恩格斯文集》第 10 卷，人民出版社 2009 年版，第 7 页。
④ 《马克思恩格斯全集》第 1 卷，人民出版社 1956 年版，第 414 页。

和创造社会主义新世界。而这个新世界的建设和创造，既包括客观条件的
建设和创造，又包括主体素质的创造和建设；它不仅需要物质财富和精神
财富的建设和创造，而且需要交往形式和人的个性的创造和建设。就此而
言，革命与建设、变革与创造，正是马克思实践哲学范式的思想前提和价
值理念实现的主要形式。

　　强调理论批判和实践批判的结合，是马克思实践批判的哲学研究范式
及其马克思主义哲学研究传统之主要方法原则。

第四节　以人为根本的生命精神

　　马克思主义自诞生以来，对人类社会的发展产生了深刻的影响。无论
是民族国家的独立运动、社会主义国家的形成和发展还是资本主义社会的
自我改造，无不受到马克思主义的影响。马克思主义不仅改变了现代世界
的政治格局，而且改变了人类社会发展的历史走向。马克思主义对人类社
会发展的影响表明，马克思主义已经不单是一种思想理论，而且已经具有
了文化性。

　　在最宽泛的意义上，文化即人化，即蕴含着人的精神因素的人的活动
及其成果。文化在表象上表现为人所创造的物质产品和精神产品，如社会
制度、生活方式与行为方式，在文化表象的背后蕴含着人的精神因素。马
克思主义从文化表象上说，完全具有一般文化所具有的各种要素，从内在
的精神因素上来说，蕴含着丰富的文化精神。在各种文化理论中，价值观
是文化构成的根本精神因素。这种理解其实只是对文化的静态理解，从动
态和发展变化的意义上说，价值观是不稳定的，一种价值观在与其他价值
观的比较中并不具有绝对性和优越性，当人们选择一种价值观并坚守不变
时，价值观实质上已经转化为一种精神信念，一种精神信念的不断传承就
使价值观上升为文化精神。因而，一种文化的传承不息，其根本原因在于
文化中的价值观，但在传承的意义上，价值观已经不再是原初意义上的价

值观，而是转化为能够保证文化的传递按照稳定的趋向发展的文化精神。作为文化精神的价值观已经超越了与其他价值观的纷争，成为决定人的行为方向与方式的内在精神信念，成为按照这种文化生活的人们的自觉生活准则。文化精神使一个群体的价值观念和行为方式具有稳定性和持续性，拥有文化精神的群体面对各种风云变幻和艰难险阻都不会动摇，文化精神是使一种文化源远流长、生生不息的保障。从一种文化的产生及发展成熟来看，总会蕴含着一贯而稳定的精神趋向，这种精神趋向决定了这种文化的特质与个性，成为这种文化的表征与标志。

任何一种能够在人类历史中长久存在的文化，都取决于其内在的文化精神，而一种文化的文化精神在根本上是人的生命本性的反映，因而在根本上是人的生命精神。马克思主义的文化精神是反映马克思主义文化的根本性质和特征的内在精神趋向，这种趋向在根本上是人的生命精神。

一、"人的根本就是人本身"的人本精神

马克思主义的出发点是"现实的人"以及在其基础上的人类社会。对于这种关注现实的思想出发点，马克思有明确的表述："我们的出发点是从事实际活动的人"，"这里所说的个人不是他们自己或别人想象中的那种个人，而是现实中的个人"，"旧唯物主义的立脚点是市民社会，新唯物主义的立脚点则是人类社会或社会的人类"。[①] 人类解放是马克思全部学说的宗旨和归宿。人类解放就是要使人的活动成为表现人的本质力量的活动；就是要使人的全部感觉特性成为人的感觉；就是要使人获得全面发展；就是要使人与自然、社会成为真正的统一整体；就是实现人的真正自由，用马克思的话说就是："人的世界即各种关系回归于人自身。"[②] 因而，从马克思主义的出发点和归宿来看，"人"是马克思主义的思想核心。这

---

① 《马克思恩格斯文集》第 1 卷，人民出版社 2009 年版，第 525、524、502 页。
② 《马克思恩格斯文集》第 1 卷，人民出版社 2009 年版，第 46 页。

一思想核心从文化上来说，就成为一种关注现实的人的生存和发展的精神，这种精神也是人的生命的自我发展和生成的内在要求，因而是一种生命精神。

马克思主义以人为根本作为一种生命精神，还体现在马克思主义对人的理解的彻底性上。彻底性是人类活动所要追求的重要价值，也是衡量活动效果、水平的价值尺度。这种价值追求与价值尺度同样适用于人的认识活动及其成果。正如马克思所说："理论只要彻底，就能说服人[adhominem]。所谓彻底，就是抓住事物的根本。而人的根本就是人本身。德国理论的彻底性的明证，亦即它的实践能力的明证，就在于德国理论是从坚决积极废除宗教出发的。对宗教的批判最后归结为人是人的最高本质这样一个学说，从而也归结为这样的绝对命令：必须推翻使人成为被侮辱、被奴役、被遗弃和被蔑视的东西的一切关系。"[①] 马克思在这段话中表达了一种真正的理论应该具有的本质与价值。按照马克思的观点，"根本性"是理论"彻底性"的内涵。在关于人的理论中，"人的根本就是人本身"，"人是人的最高本质"，人要以人为尺度改变与人对立的一切关系。深入理解这些观点和论断，对于我们在理论上真正理解和解决人类实践中的重大问题具有前提性的意义。

"人是人的最高本质"，"人的根本就是人本身"。在这一重要命题中，"人本身"究竟是什么？这是问题的关键。从某种意义上可以说，人类思想有史以来就自觉不自觉地以不同的方式提出和思考这一问题，并以各种观点回答这个问题。思想史上的神学观点、理性观点、意志观点，以及我们熟悉的"仁"的观点、"道"的观点、"精神"观点与"物质"观点，都是人在某一历史阶段，从某一视角、某一方面对人的"根本"即"人本身"问题的认识与回答。应该承认，这些观点都从各自的立场揭示了"人本身"的某一方面、某种属性，都是对人的本质的某种规定，从而这些观点的总和构成了人类对自身本质自我认识的历史与逻辑。然而，我们也应该

---

① 《马克思恩格斯文集》第 1 卷，人民出版社 2009 年版，第 11 页。

看到，这些观点对"人本身"的根本性所获得的认识有着抽象性、片面性的局限，这些答案没能脱离绝对性、单一性的模式，还不能成为对"人本身"丰富性和整体性的真正回答。

马克思看到了这一问题，并针对这一问题在《关于费尔巴哈的提纲》中指出："从前的一切唯物主义——包括费尔巴哈的唯物主义——的主要缺点是：对对象、现实、感性，只是从客体的或者直观的形式去理解，而不是把它们当做人的感性活动，当做实践去理解，不是从主体方面去理解。因此，结果竟是这样，和唯物主义相反，唯心主义却把能动的方面发展了，但只是抽象地发展了，因为唯心主义当然是不知道现实的、感性的活动本身的。"①马克思不仅看到了这种对立，更主要的是他对解决这种对立的方式与途径的探寻，他的全部理论活动及其成果都围绕着这个革命性的主题而展开。对此，他在《1844年经济学哲学手稿》中写道："我们看到，主观主义和客观主义，唯灵主义和唯物主义，活动和受动，只是在社会状态中才失去它们彼此间的对立，从而失去它们作为这样的对立面的存在；我们看到，// 理论的对立本身的解决，只有通过实践方式，只有借助于人的实践力量，才是可能的；因此，这种对立的解决绝对不只是认识的任务，而是现实生活的任务，而哲学未能解决这个任务，正是因为哲学把这仅仅看做理论的任务。"②

从马克思的观点中我们可以领悟到人的根本即"人本身"的真实内涵。马克思提出"人本身"是人的根本，意在强调人的存在以及人的自我意识，只能是人自身的生命本性、生命活动的体现，而且人的生命本性、生命活动是人类全部生活和整个世界的终极根据，也是人类历史进步与发展的源泉和动力。因此，人对自身的生存方式、生存根基、生存目的及其生活状况的认识与理解，都应立足于人的生命本性与生命活动的根本立场，由此出发把握人的本质，解决人的问题。

①　《马克思恩格斯文集》第 1 卷，人民出版社 2009 年版，第 503 页。
②　《马克思恩格斯文集》第 1 卷，人民出版社 2009 年版，第 192 页。

以"人本身"为基础的理论是"彻底"的理论，能够"抓住事物的根本"的理论。"人本身"就是"现实的人"和人的现实，而不是在思想家的头脑中的经过思辨的"抽象的人"。能够发现现实社会的问题，就意味着思想的出发点已经不是停留在以往哲学史谈论的话题、创造的思想中，而是已经把思想的目光聚集到了现实的社会生活。只有这样，才能摆脱以往哲学在抽象思辨的思想空间中思考问题的习惯，发现蕴含于现实中真正需要进行哲学思考的问题，把握时代精神的精华。

从马克思的人性观中我们可以得到这样的启示：要想使理论彻底就要抓住"人本身"这个根本，而要抓住"人本身"这个根本，就必须抛弃用思考物的思维思考人的思维方式，树立思考人的新的思维方式。这种新的思维方式的核心是把人看成是通过实践自己创造自己的具有社会历史性的存在。只有按这种思维方式进行思考，才会真实地理解人、把握人，才不会把人理解为或者纯粹自然的、或者抽象的但都是"孤独的"、实体性的人类个体，而把人理解为在人的一切关系中自我创造和自我生成的现实、真实的"类性"与个性相统一的存在。只有在这种对人的真实理解的基础上，才能真正看清人类历史的发展轨迹，把握人类生成、发展的内在逻辑，从而树立起人的自我实现与人类解放相统一的价值理想，形成为了人、通过人、实现人的哲学理念，以此指导人们的生活和实践。只有在上述理解的基础上，才能理解马克思的哲学思想的真义所在。也正是在这个意义上，马克思主义的以人为本才成为一种真正符合人的生命需要的生命精神。

二、"实际地反对并改变现存事物"的实践精神

马克思主义关于人类解放的理想不是一种乌托邦式的想象，也不是停留在思想理论上的口号，而是现实的改变世界的行动。这种行动是马克思主义关注人的以人为本的生命精神的体现，同时，这种行动也是源于人的生命本性的实践精神的表现。

在马克思看来，"哲学家们只是用不同的方式解释世界，问题在于改变世界"[①]。马克思以改变世界的实践观表达了其把握人的生存本性、实现人的生存解放的生存论立场。马克思主张，"实际上，而且对实践的唯物主义者即共产主义者来说，全部问题都在于使现存世界革命化，实际地反对并改变现存的事物"[②]。在马克思看来，"实际地反对和改变事物的现状"应当是哲学的"总的世界观"。在这一"总的世界观"的指导下，马克思把实践放在历史、社会中进行了考察。马克思肯定了人类历史的第一个前提就是为了能够创造历史，必须能够生活。围绕人类生活所发生的第一个历史活动，就是生产物质生活本身。在这里，马克思明确地对实践与历史的内在关系予以确认，把历史看作是人的生存的历史，是人的实践的历史。因而，实践是表现人的生命本性的本质性力量。

实践在其现实性上表现为可以感性直观到的各种具体活动，但就其实质而言，实践活动是人的自为的生存活动，是人的价值创造活动。它创造的是一个意义世界。"被抽象地理解的、自为的、被确定为与人分隔开来的自然界，对人来说也是无。"[③]"无"就是无意义。生活世界的意义与价值不是本来就有的，而是人通过自己的生存活动创造出来的。自在的世界不会自发地满足人的需要，人的需要的满足必须在人对世界的改变中得到实现。"已经得到满足的第一个需要本身、满足需要的活动和已经获得的为满足需要而用的工具又引起新的需要。"[④]人的需要是人的生存本性。需要的满足以及新的需要的产生推动人的生存自为地展开。人的需要也在人的自为的生存活动中实现为价值。人的自为的生存活动所创造的价值使世界成为"生活"的世界，成为一个人生存于其中的有意义的活生生的世界。生活世界中的存在物不再表现为自足的实体，而是成为人的生活世界的内容，负载着生活的意义与价值。

---

① 《马克思恩格斯文集》第 1 卷，人民出版社 2009 年版，第 57 页。
② 《马克思恩格斯文集》第 1 卷，人民出版社 2009 年版，第 527 页。
③ 《马克思恩格斯文集》第 1 卷，人民出版社 2009 年版，第 220 页。
④ 《马克思恩格斯选集》第 1 卷，人民出版社 2009 年版，第 531 页。

　　实践活动是在人与自然、人与人的社会关系中进行的本质交换活动。实践活动的价值创造是通过人与自然、人与人之间的本质交换完成的。实践活动使自然的本质向人敞开，也使人的本质向自然界敞开。在人的本质与自然的本质的双向交换中，人与自然的本质都得到了丰富、充实和确证。人与自然的本质交换又是以人与人之间的本质交换为前提的，只有通过人与人之间的本质交换，人与自然才能完成本质的统一，才能实现自然界的人的本质和人的自然的本质。人与自然、人与人的本质交换的过程，就是人的自为的历史生成过程，就是生活世界的价值创造过程。这一价值创造过程同时也是人的社会化过程。

　　实践在本质上不是人的生存工具，而是人的自为的生存活动本身。实践活动作为人的自为的生存，对于人的生命本身来说，具有内在目的论和价值论的意义。生命就在于对生命的追求，生活的目的就在于生活本身，这种看似自相矛盾的内在目的论结构，就是人的生存论的本真结构。因此，人的生存目的并不在人的生存之外，而在于人的生存本身。不把生存本身看作目的，而在人的生存之外寻找目的，这种态度实际上离间了生存与生存目的。实践作为人的自为的生存活动，它并不只是满足自身以外的需要的一种手段。马克思对劳动"只是满足劳动以外的那些需要的一种手段"进行了批判，认为"把自己的生命活动，自己的本质变成仅仅维持自己生存的手段"只是劳动的异化形式的表现，认为"外在的劳动，人在其中使自己外化的劳动，是一种自我牺牲、自我折磨的劳动"。① 在马克思看来，真正的劳动应当是自己生命的表现和本质力量的确证，应当是人的个性化的创造活动和精神的享受活动。实践不是满足自身以外的那些需要的手段，实践本身即是人的内在的需要。随着人的社会化程度的提高和社会的发展达到一定的程度，人的实践活动将真正占有自己的本质——劳动将成为人的第一需要。

　　实践活动作为人的自为的生存活动，内蕴着历史。"人的存在是有机

---

① 《马克思恩格斯文集》第 1 卷，人民出版社 2009 年版，第 162、159—160 页。

生命所经历的前一个过程的结果。只是在这个过程的一定阶段上，人才成为人。但是一旦人已经存在，人，作为人类历史的经常前提，也是人类历史的经常的产物和结果，而人只有作为自己本身的产物和结果才成为前提。"① 人的自为的生存既是历史的前提，又是历史的结果，自为的生存在前提和结果的转换中展开为人的历史。历史不是"像那些本身还是抽象的经验主义者所认为的那样，是一些僵死的事实的汇集"，也不是"像唯心主义者所认为的那样，是想象的主体的想象活动"。② 历史不是"死"的，而是"活"的。"历史的全部运动，既是这种共产主义的现实的产生活动，即它的经验存在的诞生活动，同时，对它的思维着的意识来说，又是它的被理解和被认识到的生成运动。"③ 历史就是人的自为的生存活动。人的历史不是与自然相对立的，它既是自然界向人的生成过程，也是人通过实践而诞生自己的过程，是人占有自身本质的自我生成、自我完善过程。正是在历史中，人的自为的生存展开为逻辑。逻辑是人的实践的历史逻辑。逻辑与历史在人的自为的生存过程中成为统一的整体。实践在历史与逻辑的统一中呈现出总体性。

通过以上维度，我们可以看到，马克思并不是仅仅在简单的感性直观的意义上理解实践的。在诸种维度中，马克思对实践的理解都存在着一种贯通的思想——实践是人之为人的存在方式，是人在社会历史中展开的自为的生存活动，是人生成自身本质的对象性活动。通过实践观，马克思表达了人通过自己的实践活动去占有自身本质的哲学精神，从而为人全面占有自身的本质，实现自身的解放和自由发展提供了全新的价值理念。

马克思主义对实践的生存论理解的实质是从人的生命本性的意义上把握了实践的属人的生命属性，实践成为使人生成为人的人的生命本身的现实力量。正因如此，马克思才突出强调了实践对于人的生成的重要性，马

---

① 《马克思恩格斯全集》第 26 卷 III，人民出版社 1980 年版，第 545 页。
② 《马克思恩格斯文集》第 1 卷，人民出版社 2009 年版，第 525—526 页。
③ 《马克思恩格斯文集》第 1 卷，人民出版社 2009 年版，第 186 页。

克思主义改变世界的愿望才具有了现实的实现方式，也只有通过实践，马克思主义才能成为真正改变世界的一种文化而不仅仅是思想理论。实践本身对人的生存发展的意义以及对于马克思主义本身的重要意义，都使得实践上升为一种生命精神。

需要注意的是，马克思主义的实践既具有一般含义，也具有特殊含义。一般含义的实践即作为人的生命存在方式的实践，特殊含义的实践指的是"自觉的实践"，这种实践就是对人的人类性历史生成的自觉而采取的实践行动，就是"对现存的一切进行无情的批判"，"通过批判旧世界发现新世界"。这种实践针对的是"自发的实践"。"因为共同活动本身不是自愿地而是自然形成的，所以这种社会力量在这些个人看来就不是他们自身的联合力量，而是某种异己的、在他们之外的强制力量。关于这种力量的起源和发展趋向，他们一点也不了解；因而他们不再能驾驭这种力量，相反，这种力量现在却经历着一系列独特的、不仅不依赖于人们的意志和行为反而支配着人们的意志和行为的发展阶段。"[1]"只要人们还处在自然形成的社会中，就是说，只要特殊利益和共同利益之间还有分裂，也就是说，只要分工还不是出于自愿，而是自然形成的，那么人本身的活动对人来说就成为一种异己的、同他对立的力量，这种力量压迫着人，而不是人驾驭着这种力量。"[2]"自觉的实践"就是主动地变革现存社会一切违反人的生命本性，压抑人、奴役人的东西，"必须推翻使人成为被侮辱、被奴役、被遗弃和被蔑视的东西的一切关系"[3]。这种变革社会的行动依赖的就不是一般的实践，而是特殊的"自觉的实践"，这种实践也就是"革命的实践"。

马克思这种"自觉的实践"、"革命的实践"才是马克思思想中蕴含的精神实质，这种实践的自觉也可以理解为对人类历史向着人类自我生成进程前进的实践自觉。在这种自觉的意义上，实践精神是一种自觉的生命精

---

[1]　《马克思恩格斯文集》第 1 卷，人民出版社 2009 年版，第 538 页。
[2]　《马克思恩格斯文集》第 1 卷，人民出版社 2009 年版，第 537 页。
[3]　《马克思恩格斯文集》第 1 卷，人民出版社 2009 年版，第 11 页。

神。正是由于马克思具有这种革命的实践精神，他才不是一个世界的阐释者，而是一个变革世界的革命者。马克思主义也才成为改变世界的现实运动。离开了自觉的实践精神，马克思主义就失去了自身的生命。

三、"对现存一切进行无情批判"的批判精神

马克思主义的自觉的、革命的实践是建立在对现实问题的批判基础上的。革命的实践在根本上是要自觉地解决社会生活中那些压迫人、否定人、使人不成其为人的东西，但革命的实践的前提是发现这些问题，对这些问题进行无情的批判。因而，这种无情批判也成为一种生命精神。这种精神表面上是一种否定精神，但这种否定不是否定一切，而是对那些不属于人的、否定人的东西的否定，这种否定是具有辩证性的、为了发展的真正的否定。

马克思对现实社会的批判是以哲学批判的方式展开的，即在根本意义上进行的。在马克思看来，哲学的批判就是对现实生活世界的批判，"批判已经不再是目的本身，而只是一种手段。它的主要情感是愤怒，它的主要工作是揭露"①。哲学批判的目的则在于揭露现实生活世界的不合理性，使人民感受到"普遍解放的需要和自己的实现普遍解放的能力。"在《〈黑格尔法哲学批判〉导言》中，马克思批判了德国的实践派和理论派，对于实践派要求否定哲学的主张，马克思认为，"该派的错误不在于提出了这个要求，而在于停留于这个要求——没有认真实现它，也不可能实现它。该派以为，只要背对着哲学，并且扭过头去对哲学嘟囔几句陈腐的气话，对哲学的否定就实现了。该派眼界的狭隘性就表现在没有把哲学归入德国的现实范围，或者甚至以为哲学低于德国的实践和为实践服务的理论"。而德国的理论派则"它没有想到迄今为止的哲学本身就属于这个世界，而且是这个世界的补充，虽然只是观念的补充。……该派的根本缺陷可以归

---

① 《马克思恩格斯文集》第 1 卷，人民出版社 2009 年版，第 6 页。

结如下：它以为，不消灭哲学，就能够使哲学成为现实"。① 马克思深刻地指出，哲学的批判本身就是现实世界的批判的一部分，对现存哲学的批判就是对现存世界的批判。而对现存哲学的否定，只有在对现存世界的改变中才能真正得到实现。"理论在一个国家实现的程度，总是取决于理论满足这个国家的需要的程度。……光是思想力求成为现实是不够的，现实本身应当力求趋向思想。"② 哲学的批判不仅是要求思想竭力体现为现实，反映和表达现实，而且还要使现实竭力趋同于思想，以思想引导、塑造和提升现实。正是在对现实生活世界的批判中，马克思哲学体现出对人的现实生活以及人的解放和发展的深刻关怀，表现出追求人的解放和发展的价值旨趣。正是在对哲学以及现实生活世界的批判中，马克思实现了对西方传统哲学的革命性的变革，创造出崭新的哲学思想和新的世界观。

马克思的实践辩证法立足于人的生存活动及现实生活世界去追求真实的价值理想，主张"通过批判旧世界发现新世界"，"实际地反对并改变事物的现状"谋求价值理想的实现。它不再把人对价值理想的追求同先验的实体联系起来，也不再以绝对化的价值理想来否定人的现实生活，而是主张从人的现实生活世界出发，在对现实生活世界的辩证觉解中和对有限现实的批判超越中生成和确立真实的价值目标，并通过实践活动改造自身的现有处境而不断使理想向现实转化，促进现实向理想不断生成，从而在自我否定、自我超越、自我发展中实现着人的本质的全面性、丰富性、完整性和自由性。这样，它便驱散了种种笼罩在人之上的超人的神圣实体和虚幻的价值理想，摒弃了在人的现实生活之外去寻求自身安身立命之本的任何企图和妄想，把人的超越性的价值追求同人的现实生活世界联系起来，把人的崇高的价值理想与人的具体的生存境遇联系起来，并使二者之间保持必要的张力和维持动态的平衡，从而体现出一种彻底辩证的人生态度和立足现实的价值关怀。正是在这种彻底辩证的人生态度和真正现实的价值

---

① 《马克思恩格斯文集》第 1 卷，人民出版社 2009 年版，第 10 页。
② 《马克思恩格斯文集》第 1 卷，人民出版社 2009 年版，第 12—13 页。

关怀中，马克思主义哲学的实践辩证法洋溢着一种真切的人文精神，昭示出一种内在超越的价值旨趣，表征着一种自由自觉的生命境界。

马克思主义哲学面对现实的人与人的现实生活问题，展开彻底性的和现实性的思想批判，"真理的彼岸世界消逝以后，历史的任务就是确立此岸世界的真理。人的自我异化的神圣形象被揭穿以后，揭露具有非神圣形象的自我异化，就成了为历史服务的哲学的迫切任务。于是，对天国的批判变成对尘世的批判，对宗教的批判变成对法的批判，对神学的批判变成对政治的批判"①。马克思主义哲学面对现实生活世界的方式是展开彻底性的思想批判，以实现哲学的"历史的任务"。这种思想批判是为了实现对现实生活世界的揭露，唤醒人的沉睡着的主体自我意识，以实现人的思想解放，并把这种思想解放转化为实现人的自由发展的实践要求。从众多的马克思的理论著作中，我们经常会看到其经典著作的标题往往具有鲜明的批判性，而其内容也往往包含和渗透着一种"激情的理性"，马克思的哲学批判常常是犀利的，"它不是解剖刀，它是武器。它的对象是自己的敌人，它不是要驳倒这个敌人，而是要消灭这个敌人"②。正因如此，从马克思主义哲学的经典著作中，我们常常能够体悟到一种透溢着强烈的问题意识和人文关怀的思想力量，通过其融历史性与逻辑性、思想性与实践性、批判性与建构性为一体的富有精神震撼力和思想感染力的鲜活的理论表达方式，我们能够感受到，它作为"真正射入这块没有触动过的人民的园地"的"思想的闪电"，它真正成为无产阶级实现自身和全人类解放的"精神武器"，成为无产阶级解放的"头脑"，成为唤醒人民大众沉睡着的主体自我意识以及"普遍解放的需要和自己的实现普遍解放的能力"的"雄鸡"。

既然人所特有的生命本性和生活活动是辩证法的真实根基，那么马克思的辩证法就不是遗忘了人的存在的"人性空场"，而是一种自觉地把握

---

① 《马克思恩格斯文集》第 1 卷，人民出版社 2009 年版，第 4 页。
② 《马克思恩格斯文集》第 1 卷，人民出版社 2009 年版，第 6 页。

人的存在和发展逻辑的思维，是以人的解放和自由发展为立场的价值态度。马克思对世界的辩证法的理解，内含着"使人的世界即各种关系回归于人自身"的价值理想。辩证法"在对现存事物的肯定的理解中同时包含对现存事物的否定的理解，即对现存事物的必然灭亡的理解"，"辩证法不崇拜任何东西，按其本质来说，它是批判的和革命的"。① 人的自我否定本性是辩证法批判性本质的内在根源。只有立足于人的生命本性和生活活动，才能彻底理解马克思辩证法的批判性本质。同时，人的自我否定本性和辩证法的批判性本质也表明，辩证法并不是没有价值立场的"变戏法"似的诡辩或折中。辩证法与价值观内在地关联在一起。在人的立场上，马克思的辩证法在对世界的理解中总是内含着对世界的批判态度和价值要求，昭示出一种"在批判旧世界中发现新世界"的内在超越的价值旨趣。

马克思的辩证法立足于对人的生命本性和生活活动的辩证理解，把人的生存发展的基本规律作为辩证法的内在逻辑，内含人立足现实生活，自己解放自己，全面占有自身本质的价值旨趣。它不再把人对价值理想的追求同先验的实体联系起来，也不再以绝对化的价值理想来否定人的现实生活，而是主张从人的生命本性和生活活动出发，在对现实生活世界的辩证觉解中和对有限现实的批判超越中，生成和确立真实的价值目标，并通过实践活动改造自身的现有处境而不断使理想向现实转化，促进现实向理想不断生成，从而在自我否定、自我超越、自我发展中实现着人的本质的全面性、丰富性、完整性和自由性。这样，马克思辩证法便驱散了种种笼罩在人之上的超人的神圣实体和虚幻的价值理想，摒弃了在人的现实生活之外去寻求自身安身立命之本的任何企图和妄想，把人的超越性的价值追求同人的现实生活世界联系起来，把人的崇高的价值理想与人的具体的生存境遇联系起来，并使二者之间保持必要的张力和维持动态的平衡，从而体现出一种彻底辩证的人生态度和立足现实的价值关怀。

在马克思那里，辩证法和人的生命精神是内在一致的。辩证法的立

---

① 《马克思恩格斯文集》第5卷，人民出版社2009年版，第22页。

场，是真正的人的立场。而人的精神，是彻底的辩证法精神。在马克思那里，历史的辩证法所呈现的是活生生的真理，而对这一真理的解蔽，则使辩证法成为人民大众实现自身解放的精神武器。因此，需要将辩证法"浸进同时代人的灵魂"，从而使批判的人生态度不再表现为"理性的激情"，而成为"激情的理性"。在这个意义上，马克思主义的批判精神以及其中蕴含的辩证法正是人的生命精神的反映。

四、"每个人的全面而自由的发展"的自由精神

人类解放是马克思主义的最高理想，这一理想的实质是实现人的真正的自由。马克思主义的自由不是一种想象，而是有着人的生命本身的根据，也具有人的生命自我生成的历史逻辑的根据，还具有通过自觉的实践得以实现的现实性。因而，自由在马克思主义中是一种体现人的生命本性的生命精神。

人的自由首先是人的生命本性。这种生命本性不是人的任意想象。马克思对人的生命的自由本性的揭示也不是以反思抽象概念的方式完成的。马克思在对的资本主义条件下的异化现象的研究中第一次为自由找到了真实的根据。马克思说："人是类存在物，不仅因为人在实践上和理论上都把类——他自身的类以及其他物的类——当做自己的对象；而且因为——这只是同一种事物的另一种说法——人把自身当做现有的、有生命的类来对待，因为人把自身当做普遍的因而也是自由的存在物来对待。"① 在这段论述中，马克思说"人是类存在物"，这是因为"人把自身当作普遍的因而也是自由的存在物来对待"。人能把自身当作"普遍"的"自由"的存在是因为人本身就是"普遍""自由"的存在，人不能把自己当成自己不是的存在。例如，人不能把自己当成物体、动物、鬼、神（但可以把别人当成这些东西），人始终把自己当成是"人"，所以，"人是类存在物"就

---

① 《马克思恩格斯文集》第 1 卷，人民出版社 2009 年版，第 161 页。

等于说"人是普遍的自由的存在物"。人作为自由的普遍的存在表明了自由是人的生命本性。

　　人虽然具有"自由自觉活动"的"类本性"，但这种本性的完全实现却是一个过程。人的本性展开为现实需要经历漫长的过程，这一过程同人的自然史与社会史是同一个过程。因而，人的历史从人的本性上说是人的本性的实现过程。这一过程与人的社会史相统一表现为人的本性生成的三个历史阶段。马克思是这样表述这三个阶段的："人的依赖关系（起初完全是自然发生的），是最初的社会形式，在这种形式下，人的生产能力只是在狭小的范围内和孤立的地点上发展着。以物的依赖性为基础的人的独立性，是第二大形式，在这种形式下，才形成普遍的社会物质变换、全面的关系、多方面的需要以及全面的能力的体系。建立在个人全面发展和他们共同的、社会的生产能力成为从属于他们的社会财富这一基础上的自由个性，是第三个阶段。"①马克思关于人的本性生成的历史的三阶段思想即关于人的发展的"三形态"理论，这一理论是对人的历史性的本质概括，正是以这一理论为根据，才有马克思对资本主义生产关系的人性批判，即对资本主义生产关系中的人的本质异化的揭示，也正是在这个意义上，马克思才认为资本主义生产关系背后的人的本质异化的消除之前的人类历史是人类的史前史，而这种异化状态消除之后的历史才是真正的人类历史的开始。只有在人性生成的意义上才能真正理解马克思关于人类解放思想的深刻内涵。

　　人类解放是马克思全部学说的宗旨。人类解放就是要使人的活动成为表现人的本质力量的活动；就是要使人的全部感觉特性成为人的感觉；就是要使人获得全面发展；就是要使人与自然、社会成为真正的统一整体；就是实现人的真正自由，用马克思的话说就是"人的世界即各种关系回归于人自身"②。共产主义无论作为一种理想还是作为一种运动都是人类解放

---

① 《马克思恩格斯文集》第 8 卷，人民出版社 2009 年版，第 52 页。

② 《马克思恩格斯文集》第 1 卷，人民出版社 2009 年版，第 46 页。

过程的一部分，现存社会的一切问题的总根源就是私有制，实现人类解放的第一步就是消灭私有制。因而，在这个意义上，"共产主义是对私有财产即人的自我异化的积极的扬弃，因而是通过人并且为了人而对人的本质的真正占有；因此，它是人向自身、也就是向社会的即合乎人性的人的复归，这种复归是完全的复归，是自觉实现并在以往发展的全部财富的范围内实现的复归。这种共产主义，作为完成了的自然主义，等于人道主义，而作为完成了的人道主义，等于自然主义，它是人和自然界之间、人和人之间的矛盾的真正解决，是存在和本质、对象化和自我确证、自由和必然、个体和类之间的斗争的真正解决。它是历史之谜的解答，而且知道自己就是这种解答"①。"对私有财产的扬弃，是人的一切感觉和特性的彻底解放；但这种扬弃之所以是这种解放，正是因为这些感觉和特性无论在主体上还是在客体上都成为人的。眼睛成为人的眼睛，正像眼睛的对象成为社会的、人的、由人并为了人创造出来的对象一样。"②由此我们看到，共产主义的针对性是私有制的消除，所谓共产主义是"历史之谜的解答"也是在这个意义上的。因而，共产主义并不是所有人类问题都解决了的理想社会形态，"共产主义是作为否定的否定的肯定，因此，它是人的解放和复原的一个现实的、对下一段历史发展来说是必然的环节。共产主义是最近将来的必然的形态和有效的原则，但是，这样的共产主义并不是人类发展的目标，并不是人类社会的形态。"③"共产主义对我们来说不是应当确立的状况，不是现实应当与之相适应的理想。我们所称为共产主义的是那种消灭现存状况的现实的运动。"④正是在这个意义上，马克思的共产主义绝不是一种人类理想社会的乌托邦，共产主义只是私有制的消灭，是人的自我异化的解决，是真正的人的历史的开始，是人类走向自由人的自由个性的全面发展的阶段的开始。在这种状况下的社会是真正的社会主义社

---

① 《马克思恩格斯文集》第1卷，人民出版社2009年版，第185—186页。
② 《马克思恩格斯文集》第1卷，人民出版社2009年版，第190页。
③ 《马克思恩格斯文集》第1卷，人民出版社2009年版，第197页。
④ 《马克思恩格斯文集》第1卷，人民出版社2009年版，第539页。

会，这种社会即"人同自然界完成了的本质的统一，是自然界的真正的复活，是人的实现了的自然主义和自然界的实现了的人道主义"的社会，这种社会也即真正的自由社会。因而，在马克思那里，社会主义并不是共产主义的初级阶段，而是共产主义的历史使命完成后的人类的真正的社会。

在马克思的共产主义学说的指引下，世界共产主义运动在19世纪末和20世纪初蓬勃发展，并直接导致社会主义国家的建立；在此影响下，出现了殖民地国家民族独立运动的兴起。这些由共产主义运动引起的人类解放运动极大地改变了整个世界的面貌，形成了新的世界格局体系。尽管社会主义实践在20世纪末受到了严重的挫折，但我们不能因此否定马克思共产主义学说的真理性，这一学说的全部基础在于生产力理论，而"无论哪一个社会形态，在它所能容纳的全部生产力发挥出来以前，是决不会灭亡的；而新的更高的生产关系，在它的物质存在条件在旧社会的胎胞里成熟以前，是决不会出现的"①。资本主义制度没有被完全推翻的原因即在于此。另一方面，社会主义国家虽然也不断发展生产力，但由于国际环境的恶劣和内部问题的积累，使社会主义制度的发展受到严重挫折。尽管如此，我们必须看到虽然资本主义制度在马克思主义的影响下有了一些自我矫正，但在根本上，仍是建立在私有制基础上的，其性质并没改变，而由私有制造成的人的异化仍未解除。因此，马克思的共产主义学说对当今世界来说仍有其现实价值，而对人类发展的理想——自由社会来说，马克思主义仍是无可替代的真理，只有在马克思主义的指导下，人类才能最终实现每个人的自由、全面的发展。

马克思主义中的生命精神首先是把人当成人的人本精神，这种人本不是抽象的以人为本，而是以活生生的、现实的、拥有自己丰富属性的人为本，这种精神是马克思主义作为一种文化的根。为了实现人的真正自由，要通过人本身的活动方式即实践的方式自觉的批判和改造世界，消灭一切压迫人使人不成其为人的力量，破坏由这些力量构成的旧世界，建立属于

---

① 《马克思恩格斯文集》第2卷，人民出版社2009年版，第592页。

人的使人自由而全面的发展的新世界。因而，马克思主义的实践精神、批判精神、自由精神都是具有人的生命本身的根据的生命精神，同时也是真正以人为本的生命精神的展开。正是这些生命精神的存在，马克思主义才能成为感动和鼓舞人、激励和引领人的精神力量，才能在现实的共产主义运动中成为一种全新的人类性文化，才能持久地影响和改变着人类历史的进程。也正是这些生命精神的存在，马克思主义才成为当代中国人精神家园中的重要组成部分，而且成为凝聚中西方传统文化精神的思想内核。

第七章　"中、西、马"生命精神的融通

在生命精神意义上思考当代中华民族的精神家园问题，是基于当代中国的思想文化背景和思想立场的。当代中国所处的时代方位，决定了中国人的思想文化背景主要是来自"中、西、马"的思想传统。改革开放以来学界关于如何对待和安排三种文化的持续不断的讨论，正是我们所处时代的思想文化背景决定的。这三种思想传统的客观存在决定了中国人很难抛开这些传统去创造新的文化，相反，新文化的创造只能是在三种文化的互动与融通中展开的，当代中华民族的精神家园建设问题更是直接关涉"中、西、马"思想传统。以人类思想传统中的生命精神为核心建设当代中国人的精神家园，就需要对"中、西、马"思想传统中的生命精神进行梳理和总结，在此基础上进行比较和融通。比较和融通的前提是确定"中、西、马"文化中的生命精神的时代性与人类性，进而在当代中国人与社会发展的立场上达到"中、西、马"文化生命精神融通的中国化境界，开辟以"中、西、马"生命精神为内核建设当代中华民族精神家园的道路。

第一节　"中、西、马"生命精神的
时代性人类性意义

某种文化中的生命精神是在某个民族的发展历程中形成的。这种生命精神在不同的历史时代，总是体现着时代的特征，是这个民族在时代境遇中形成的对生命的自我觉解与精神趋向。同时，某种文化中的生命精神能

够成为某种思想传统的核心不断传承并影响其他文化，又表明这种生命精神具有人类普遍性。从人类发展的意义上来说，各种文化的融会贯通正是基于这些文化生命精神所具有的时代性和人类性，一个民族创新和发展自己的文化也要基于对不同文化生命精神的时代性与人类性意义的把握。对于当代中华民族精神家园的建设而言，其生命精神也是基于"中、西、马"文化生命精神的时代性与人类性意义的把握。

一、"中、西、马"生命精神的时代性与人类性

人的生命首先是个体性的，生命精神也是体现在个体的生命活动之中的。但是，人的生命的特殊性还在于这种生命具有社会的属性。人的社会性决定了人的一切活动都具有社会性的特质，人的生命精神作为人的生命活动展现出来的内在趋向，不仅具有个体性，还具有社会性。人的社会性不是抽象的，而是具体的，对人产生直接影响的社会是个体所生活的社会群体，有史以来人的社会性都是以民族性的方式存在的。因而，具体来说，现实的人的社会性即人的民族性。现实地看，人的生命所具有的一切特质都是个体性与民族性的统一。人的生命精神也具有个体性与民族性双重特性。

就个体性的生命精神而言，这种生命精神是作为个体的人对自身生命在超自然向度上的体验与觉解，或者简单说是对个体生命的自我意识与理解。这种源于个体生命体验与觉解的生命精神具有原生性、切身性，对个体影响的直接性、深入性及持久性等特点，但也具有狭隘性、片面性、私人性、变易性等局限。具体来说，源于个体的生命精神是人的自我理解的基础，整个人类对人的生命的自我理解可以说是个体性理解的综合。因而，个体性的生命精神具有原生性，每个个体的自我理解都是人的自我理解的一部分和基础。尽管人可以通过各种交往理解他人的生命体验，但是，只有源于自身经验的生命理解才最具有切身性，才对自己的生活产生直接、深入且持久的影响。也正是由于个体性自我理解囿于个体生命体

验，使得这种体验与觉解具有狭隘性、片面性与私人性的局限。如果这种具有局限性的生命理解具有符合生命超自然本性的方向，那么其局限性对人的生命活动并无负面影响。但是，由于并不排除个体生命觉解不符合生命本性方向的情况，这就会对个体生命活动产生负面影响，比如，个体对生命价值与生命尊严的淡漠所导致的残害生命及自残、自杀等情况都是这种负面影响的极端表现。人的社会性就是通过类的方式解决人的各种问题，使人的个体生命在群体中实现最好的生命状态。

人的社会性首先表现为人的群体性。人的群体不是抽象的人的个体的集合，而是在历史上逐渐形成的具有自然人种基础以及文化属性的民族。因而，人的群体性的现实表现是人的民族性，也可以说，民族性是人的社会性在群体性方面的具体体现。民族既是个体的文化符号，也是个体存在的家园。任何一个民族都会为其成员提供满足个体生命活动需要的社会性方式，个体不仅从民族当中获得生活的物质资源，也从中获得安身立命的精神力量。人的生命精神的民族性是一个民族在其存续过程中对人的生命的特殊理解，同时这种理解具有一贯性和持续性，成为这个民族对待人的生命的稳定的精神趋向。在民族当中形成的对生命精神的理解其源头也是民族当中个体的生命觉解，但是，作为民族的生命精神是经过整个民族的生命体验所保留下来的精华，是这个民族集体智慧的结晶。因而，民族当中的生命精神通常是淘汰了那些不符合人的生命本性的体验成分而保留了符合生命本性趋向的内容的，这种保存于民族文化当中的生命精神是具有人类普遍性的。在社会性的意义上，民族性的生命精神具有同个体性生命精神不同的特点，这些特点主要表现为丰富性、全面性、公共性、整体性、稳定性、间接性等。当然，如同社会对人的意义是在归根结底意义上的，为了实现这一目的社会也要维护整体利益一样，民族性的生命精神也具有维护民族自身存在的内容，这样一些内容对于个体而言在一定程度上是对个体生命的限制。因而，在不同民族中表现出的各种奇异风俗有时只是一种文化的外在样式，其中并不反映真正的民族生命精神。对于民族的生命精神应当与具体的文化有所区分。

个体生命精神的形成有着个体生命体验与觉解的因素，但主要是通过吸收民族性生命精神的养料而形成的，因而，个体应当突破狭隘自我的局限，在深刻体会民族发展历程中凝结的生命精神的基础上，自觉继承与弘扬这些宝贵精神，把这些精神体现自身的生命活动中。同时，民族性的生命精神也具有一定的惰性和滞后性，民族精神的不断丰富和发展需要依靠个体提供新的生命理解，需要个体生命实践的不断创造，因而，个体也不能仅仅流连在传统的民族精神家园中不思进取，而是应当用自己新鲜的生命体验与觉解不断更新和丰富传统家园，从而实现个体生命与民族生命的真正合一。

人的社会性一方面表现为静态的社会群体，另一方面表现为动态的群体生命历程即民族的历史。人的历史是一个连续的过程，既包括过去也包括现在和未来。对于某一历史时段的个体来说，民族现存的文化都是过去历史积淀的成果，因而具有传统性；而其所存在的当下时间属于正在经历的时代，尽管民族在时代变化的过程中也会变化自己的文化，但由于这种变化过程与个体处于同步状态，因而这些变化了的文化内容很难直接影响当下生活的个体。这样，民族文化就存在传统性与时代性的关系问题。

除了时间方面的问题外，传统由于其历史条件所限，很多问题的解决是在现有条件现有理解基础上的，这就必然存在历史的局限性。随着时代的发展，人的生活条件发生了变化，对于自身的理解也相应发生变化。这种新的理解与传统之间往往会存在冲突，特别是在历史当中形成的精神成果往往是在解决当时出现的问题过程中形成的，其中一些成果具有永恒的精神价值，而一些成果则无法再与新时代的问题相适应，因而不能以刻舟求剑的方式用以往的工具来解决今天的问题。对于新的时代，需要找到符合这个时代要求的精神力量。人的生命精神也包含传统性与时代性在时间意义上的双重特性。

民族文化中生命精神的时代性取决于其人类性。越是具有人类性的生命精神就越能超越时代而呈现出永恒性的人类性意义。也就是说，随着人类社会的不断发展，那些只具有历史的时代性的生命精神会逐渐在历史的进程中不断衰落甚至消失，而真正具有人类普遍性的生命精神才会不断得以传承和发展。

对于各种思想传统中的生命精神，既应当继承其具有永恒性价值的内容，成为这个民族生存发展不竭的内在动力，又应当自觉把握时代特点，创造符合时代要求的与时俱进的新的生命精神，从而为民族的发展提供新的精神力量。

"中、西、马"文化之所以能够成为思想传统，意味着其中的生命精神具有人类性，这种人类性所具有的历史超越性表明这些生命精神是具有当代的时代性，甚至未来社会的时代性的。因而，对于"中、西、马"文化的理解和把握要挖掘那些具有人类性和时代性的内容，为当代人的精神家园建设提供文化性的生命精神基础。

中国传统文化中的德性精神，西方传统文化中的理性精神，马克思主义文化中的实践精神都是具有人类性和时代性的生命精神，对于当代的精神家园建设具有时代性和人类性意义。

德性精神是基于人对自身的自我理解的生命精神，是人对于自身发展方向的自我觉解的表现。这种生命精神具有人类普遍性和永恒性，只要是人，无论是何种种族、民族，也无论在何历史阶段，人总会对自己应当是什么样的人有所觉解和追求，这就是基于人的生命本身的生命精神。德性精神的生命属性决定了在任何时代对人自身的理解都具有人类普遍性意义，也具有时代意义。按照马克思关于人类发展三阶段理论，人类未来发展的第三阶段正是以人自身的德性为基础的人类发展阶段。中国传统文化以德性立世的生命精神对于当代中华民族的精神家园建设仍然具有重要的基础地位。

理性精神是人运用自身的特殊能力解决人与自然、人与人的关系的客观生命精神。这种生命精神在西方文化中表现为科技理性精神和公共理性精神。这两种精神不仅奠定了西方社会解决人与自然、人与人关系的基本方式，而且成就了西方文化对人类发展的贡献。对于非西方的文化而言，当今时代是学习西方文化的时代，这正是西方理性精神的人类性和时代性的体现。

以人为本的实践精神的实质是通过改变现实社会关系的现实活动解决人类发展问题的精神。这种精神超越各种文化在思想观念上的纷争，把目光投射到现实关系的真正改变上。不真正改变现实的社会关系而仅仅在思想上争论是无济于事的。整个人类的历史正如历史学家汤因比所说，是在不断的挑战与应战的实践中向前发展的。人类之所以能够突破动物式的生存而创造自己的生活与历史，正是基于不断的实践，而人自身的改变也是在实践过程中实现的。因而，实践精神是具有人类普遍性的人的生命精神。人作为总会有需要解决的问题的存在，这种生命精神是具有永恒的时代性的。

"中、西、马"文化的生命精神的时代性与人类性，意味着在当今的时代背景下，不能忽视和否定三种文化的任何一种文化，而对于这三种文化的继承、运用于发展要基于对其生命精神的自觉理解和把握。当代中华民族精神家园的建设也必须建立在这三种文化的生命精神继承之上。对于三种文化之关系的处理，应当在对话继承上实现融通。

二、生命精神的对话与融通

尽管我们已经阐述了"中、西、马"文化生命精神的时代性与人类性意义，以及这些生命精神与当代中国精神家园建设的特殊关系，但我们仍然不能从理论到理论地思辨出新的思想理论，当代中国精神家园建设必须是对中国社会发展实践独特的心灵体验和创造性的理论反思。因此，必须对当代中国人的生活现实和理论境遇有深入的认识，从而作出正确的文化选择。

当代中国的文化是在西方文化的强烈冲击背景下形成的。影响当代中国的西方文化实质上是以"现代性"为核心的文化，追求"现代化"一直是中国近代自打开国门以来的文化主题。因而，蕴含在现代性当中的西方文化精神已不可避免地成为当代中国人精神生活中的重要内容。中国人从 19 世纪、20 世纪之交开始有了现代意识的觉醒，作为晚清朝廷重臣、洋务派官僚的张之洞于 1898 年发表的《劝学篇》，其实可以当作中国近代史上的第一部"现代化纲要"。他的文章触及了中国近代以来最根本也是最尖锐的一个问题，即如何实现中国的现代化。此后，中国开始了探索现代化的漫漫之路，虽然有时陷入停滞甚至倒退，但总体是沿着由封建到现代的道路走下来的。同时，理论界也一刻没有停止对现代性的反思，经历了"现代化等于西方化"、"现代化是市场经济加儒家文化"，到"现代化是'物质文明'和'精神文明'的协调发展"，再到"现代化是社会主义市场经济"，直至"全面建设小康社会"。这种变化表明，"现代化"是不定性的。其实，这是人的无定性和哲学的无定性的表现，是人的本质的表现。所谓现代性是人的生活状态的一种表征，从人的本质意义上讲，人将永远存在于对现实的超越之中，因此也就永远要面对现代性问题。从这个意义上讲，西方化并不是现代化的完成，而仅仅是一个新的开始。因此，作为现实的人生活基础的市场经济既不是西方世界的"终结"，也不是"东方世界"或社会主义国家的消亡，它只能是人性生成的一个必然阶段。现代化不是一个终极的目标，而是人类社会发展通向更加美好未来的一个必经阶段。因而，西方文化中的现代精神并不能代表现代性的全部，我们在体会和学习西方现代精神的同时，也应当在自己的现代化实践中形成新的现代性精神。

需要向西方学习，在今天已经不是一个问题。关键是学习什么，怎样学习。这不是教育学家所能解决的问题，而是必须由哲学家来回答的问题。人的文化是人类的共同财富，本不该像物一样有明确的归属，所谓"知识产权"问题，是市场对文化的扭曲，是将文化物化的非正义。因此列宁说："我们不能设想，除了建立在庞大的资本主义文化所获得的一切经验教训的基础上的社会主义，还有别的什么社会主义。"① 他还指出，马克思主义的思想体系"并没有抛弃资产阶级时代最宝贵的成就，相反却吸

---

① 《列宁全集》第 34 卷，人民出版社 1985 年版，第 252 页。

收和改造了两千多年来人类思想和文化发展中一切有价值的东西"①。

文化选择的关键在于使用什么样的尺度，采用什么样的标准。以往争论的分歧往往都是由于采用不同的标准造成的。由于我们是为了现代化而进行的文化选择，而现代化的本质是人的现代化，一切物的现代化也只能是为人的现代化，所以我们的选择只能是以人性为标准。只有从人性的尺度，我们才能把握不同文化的个性特质和价值，才能寻求不同文化的意义。

人是历史的存在，当代中国人的人性表达必须是以往所有思想传统在现时代的表现。当代中国是在经历了二十多年探索民族道路的过程中快速发展的基础上，以全面建设小康为目标迈进 21 世纪的。当代中国人的生活现实，是在全球性经济大潮中，全面建成中国人的小康社会，目标是把一个发展中国家变成一个现代化强国。因此，当代中国需要同时解决由"前现代化"到"现代化"，"现代化"到"后现代化"所面对的问题，亦即面对所谓"历时态问题同时态解决"的复杂局面。在这种情形下，世界范围内没有任何一种发展模式可供我们直接选择；也没有一个现成的理论是为我们量身定制，可供"照搬"、"挪用"的。我们必须在实践中反思自我，创造文化的个性，从而创造自我。

精神家园的重建只能是创新，这根源于人的本质。因为创新是人的存在方式。人的本质不是与生俱来的，是由人自己争取和创造的。人要成为人就必须去"做人"。人必须不断在自我意识的引领下去否定自我，超越自我，才能实现从自然的我到自为的我，从低俗的我到高尚的我，从生存的我到创造的我。从人的生命本质我们看到，人只能是创造性的存在，并且这种创造性是无止境的。人和人类发展的实质就在于人的创造性，而人的个性正是人的创造性的表现。

创新贯穿于人的整个实践过程中，更主要地是体现在"实践是人的有意识的活动"这一点上。也正是这一点，体现着人的活动与动物的活动的

---

① 《列宁选集》第 4 卷，人民出版社 1995 年版，第 299 页。

本质区别。"动物和自己的生命活动是直接同一的。动物不把自己同自己的生命活动区别开来。它就是自己的生命活动。人则使自己的生命活动本身变成自己意志的和自己意识的对象。""诚然，动物也生产。……但是，动物只生产它自己或它的幼仔所直接需要的东西；……动物只生产自身，而人再生产整个自然界；……而人却懂得按照任何一个种的尺度来进行生产，并且懂得处处都把固有的尺度运用于对象。"①马克思的这段论述生动而深刻地揭示了人的实践活动的本质，人创造自己所需要的生活资料即人的对象世界，使对象世界因人的意识、意志和目的而变成一个新的世界。同时，人在实现对象世界的创新过程中，实现了自己的价值，创造了自己的生命意义。人在每一次将自己的意识注入对象世界的时候都是对象世界的一次创新。从而人的每一次实践活动又都是对人自己的本质的实现，亦即对自己的存在的一次超越。

实践是有意识的活动，这意味着人的创新活动从本质上讲是思想上的创新、理论上的创新。理论创新必须在实践中进行，理论创新必须从思想传统的基础上开始。理论创新不可避免地涉及如何对待传统的问题，以往人们已经习惯于将传统与创新当成对立的关系，简单的否定关系。辩证地看待传统与创新的关系，首先要求我们从人与传统的关系来看，从社会与传统的关系来看，而不是把传统当成故旧的、固定的，人与社会之外的独立存在物。我们要从传统与人性生成的关系来把握传统与创新的真实关系。

传统是属于人所特有的概念，是社会历史的概念，也是发展的概念。尽管它的产生是由"传统的事物"或"历史上的事物"所决定的，但它没有停留在哪一时刻，所以它才成为今人所认识的传统。传统的这个特点是由人的本性决定的。传统是人类生命的创造物，是人的第二重生命，亦即人的本质生命的展现与积淀。因此，失落传统就等于失落人的生命，同样，追寻传统，就意味着追寻人的生命。那么，我们怎样去追寻传统从而

---

① 《马克思恩格斯文集》第 1 卷，人民出版社 2009 年版，第 162—163 页。

追寻自己的生命发展呢？其方式只能是人的发展的方式——创新。试想，如果我们对传统像保护我们的眼睛那样精心，甚至把它供奉起来，连动都不动一下，其结果只能是传统的失落。传统连着过去也指向未来，传统要发展就必须改变，必须创新，否则它就是静止、僵死的了，成为"传统的"而不是"传统"。创新的本意不是对传统的否定，而是对传统的发扬，我们过去一边讲现代化，一边讲发扬传统这是对的，越是走向现代，越要发扬传统；越是创新才越能发扬传统。

传统是动态的，就必然是有方向性的，传统的发展必须指向未来，不是说它在时间指向上总是向后走的，而是说"现在"它就必须面向未来，面向人的理想目标，只有面向这个目的创新，才能使"传统"继续成为传统。人的现在将永远处于过去与未来的张力中。

当代中国文化的理论创新必然面对两个传统，中国思想传统和马克思主义思想传统，而马克思主义思想传统又渊源于西方思想传统。这种复杂状况我们不应看作是困境，而应理解为难点，因此也是理论的突破点，它昭示着理论创造的亮点。在对中国特色发展道路的反思中，重新理解西方思想传统、马克思主义思想传统、中国传统思想传统，探索当代中国文化的个性化道路，必将为解决中国和世界的发展问题贡献出中国人独特的智慧。

面对两个传统不意味着我们必须向两条道路上发展，事实上，对这两个传统的价值的肯定，已经不是问题。问题在于把这两个传统对立或分离，这才是造成我们失落传统的真正原因。对当代中国来说，这两个传统的结合才是我们真实的传统，这两个传统的分离，单独强调哪一个，都是对传统的失落。这个结论不仅是理论上的概括，而是对中国当代历史的经验总结。反观中国近代历史的发展，在中国发展道路上哪一个具体问题的解决，都不是"复古"和"纯粹马克思化"指导的结果。然而，如果没有中国思想传统的根基，没有马克思主义的修养，则无法凭空地创造。创造是独立的、个性的，思考是多维的、丰富的。马克思主义文化正是促进中国文化与西方文化综合发展的桥梁。张岱年先生认为，"在哲学理论方面，主导思想应是中国化的马克思主义，因为新中国是在马克思主义指导下建立起来的，故而新中国的发展也应循此基本路径。但是，这个马克思主义必须是中国化的马克思主义，与中国相结合的马克思主义，不仅与社会情况、革命实践相结合，特别还要和中国优秀传统文化相结合。这才是正确的方向"①。

张岱年先生在这里实际上是把"两个结合"规定为哲学理论创新的方向。这无疑是个正确的方向，是被中国社会发展所证实了的方向。所以，我们必须在马克思主义与中国实践和马克思主义与中国传统文化的结合中追求文化的个性，也只有在这两个结合中才能创造出文化的个性。因为这两个结合的结合点，即是文化个性的生长点，是创造有中国个性的当代中国文化的着眼点。

近年来，中国理论界对马克思主义的时代价值做了许多有益的探索。开始摆脱将马克思主义哲学抽象化、教条化和绝对化，不再用个别词句和不变的范式限定我们的认识，提出了以"回归马克思"为口号的对马克思主义本来面目的探讨。"回归马克思"的实质不是后退，恰恰是与时俱进。让马克思主义在 150 多年后的今天，仍然有价值、有意义，不是要用马克思著作中的一些现成的结论套解我们今天的现实生活，马克思主义的当代价值是其具有独特个性的人性表达，即体现人的生命本质的反思批判精神；关怀生活现实的时代性问题意识；面向未来的人类解放的目标要求。

创造有中国个性的当代中国文化必须发扬马克思主义传统，不意味着我们抛弃中国传统文化的自我丧失。我们对马克思主义的正确态度，恰恰是体现了中国民族文化的基本精神："刚健有为"、"自强不息"、"容纳百川"、"天人合一"的思想传统。因此，在当代中国，发扬中国传统文化，离不开马克思主义思想传统；发展马克思主义文化，离不开中国传统文

---

① 上海中西哲学与文化比较研究会：《中西文化与 20 世纪中国哲学》，学林出版社 1998 年版，第 8 页。

化。独具特色的中国发展道路的实践，必将使"中、西、马"统一于一体，创造新的思想传统。

在我们看来，创造当代的中国精神家园，重要的不是局限于某一种模式进行所谓的"体""用"选择，而是如何在现有的思想资源之间展开深度的思想对话，为进一步的思想创新提供充分而必要的思想条件。在当下，"中、西、马"构成了三大思想资源。但是，长期以来，中国文化、西方文化、马克思主义文化三大研究领域之间甚为隔膜，缺乏深度的思想对话，这是制约当前中国文化发展的重要瓶颈之一。三大思想传统资源的对话是以对三种理论资源的充分占有为背景的。特别值得注意的是，目前哲学研究者的理论背景和话语方式已经自觉或不自觉地被导入了西方文化的模式之中，人们的思考方式和表达风格已经失去或正在失去中国文化的个性与境界，中国文化的特有问题被按照西方文化的结构方式去组织和安排，这就使得中国文化原有的思想性能和精神旨趣受到极大的损害。在这种局面下，所谓的思想对话无疑会演化为思想的新的"殖民"。如果思想的对话导致的只是中国文化个性的丧失，那么，创造具有中国风格和中国气派的当代中国文化就是一句空洞的口号和精神的自慰而已。

另一需要关注的重要问题是：马克思主义文化在三种文化资源的对话中究竟居于何种地位，并应发挥何种建设性的作用？这一问题是一个需要正视并加以深入研究的问题。我们认为，马克思主义文化启动并推进的当代文化的存在论转换使得中国文化原有的生命性的思想资源被重新激活，而当代西方文化对知识论立场的思想传统的自我反省使其发生了转向"生活世界"的文化变革，由全球化关涉到一起的人类性的生存命运为文化的对话提供着共同的话题，这就使三大文化资源的深度对话具有了切实的可能性。改革开放以来，马克思主义研究取得的突破性进展，进一步敞开了马克思主义的开放性的理论品格，马克思主义理解范式的转换为实现其当代价值提供了重要的思想平台。这就使得马克思主义文化更有能力在三大文化资源的对话中发挥建设性、引导性的作用。马克思主义文化的西方背景以及在当代中国的思想基础使它可以成为中西对话的积极倡导者。更为重要的是，对于马克思主义文化而言，它所具有的"人类社会"或"社会化的人类"的思想立场无论对于西方文化还是对于中国文化都具有极大的包容性，它对于西方思想传统的超越以及对西方现代化模式的批判使其本身就包含着深切的人类性的价值关怀，这在一定意义上敞开了非西方的思想观念和民族性道路的独特价值，也为克服中西文化的局限性和发挥各自的特殊作用提供了广阔的思想空间。在全球化的总体趋势下，马克思主义文化所具有的开放性品格和世界历史性意义使得它可以担当包括其自身在内的三大思想资源进行深度对话的组织者和引导者的重要角色。当然，这种组织者和引导者的角色并不表明马克思主义文化享有思想文化的话语霸权，而是意味着它要主动充当深度对话的思想平台，发挥参与性、建设性和引导性的作用。

当前，实现三大文化资源的深度对话已经具备了一定的条件和可能，通过三大文化的对话实现其生命精神的融通也具有了现实继承。无论如何，在深度对话中创造有个性的当代中国文化，进而建设好中国人的精神家园，理应成为中国文化研究自觉的自我意识。马克思说："理论在一个国家实现的程度，总是取决于理论满足这个国家的需要的程度。"[1]在全球化的时代，中国的发展和中华民族的复兴迫切需要新的文化理念的支撑和引导。张岱年先生早在《中国哲学大纲》的"序论"部分这样表达过："西洋哲学及其方法已输入到了中国，人们虽一时不免为西洋哲学所震眩而低伏，但需要新哲学的呼声已可以听到，我们期待着这样一个可以媲美先秦的哲学灿烂的情形之到来。"[2]在新世纪的起点上，我们有理由相信，创造有个性的当代中国新文化的思想时代正向我们走来，我们相信并期待着"哲学灿烂的情形之到来"。

---

① 《马克思恩格斯文集》第 1 卷，人民出版社 2009 年版，第 12 页。

② 　张岱年：《中国哲学大纲》，中国社会科学出版社 1982 年版，第 27 页。

第二节　融通"中、西、马"生命精神的
　　　　　中国化境界

生命精神是精神家园的核心，精神家园的建设需要在对生命精神的自觉和选择基础上展开文化实践。生命精神不是抽象、孤立的存在，而是蕴含在具体的文化中的，生命精神的践行基于文化自觉的文化实践。融通"中、西、马"文化的生命精神是基于当代中国人与社会发展的立场，是以建设当代中华民族精神家园为目的的。这种立场与目的决定了对"中、西、马"文化生命精神的融通是以当代中国为基础的，融通后的生命精神应当具有中国特色和中国化的境界。要达到"中、西、马"文化生命精神融通的中国化境界，首先应当形成以当代中国人为主体的对这些生命精神的文化自觉，在此基础上展开精神家园建设。"中、西、马"文化生命精神融通的中国化境界，应当是以中国化马克思主义为指导的文化境界，中国化马克思主义也是内涵三大思想传统精华的思想理论，中国特色社会主义理论体系是中国化马克思主义的当代形式。因而，"中、西、马"文化生命精神融通的中国化境界，实际上也就是以中国特色社会主义理论体系为统领的融通。

一、当代中国人生命精神的文化自觉

在民族精神家园建设的文化实践中，首先要对当代中国人的生命精神形成文化自觉。这种自觉是建设我们当代人自己应有生活的文化自觉，也是对精神家园生命精神当代内容的自觉。我们今天以及未来的生命精神不可能完全和中华民族传统的生命精神等同，当然也不会完全像西方传统的生命精神那样，就连马克思主义，抑或是中国化了的马克思主义也不能简单地就当作就是我们的生命精神。我们要继承、复兴这些精神传统，目的在于以此为基础创造属于我们自己的时代性、民族性、人类性的生命精

神。这种生命精神是以中国传统的德性生命精神为底蕴的，融合马克思主义的实践精神、西方文化的科学精神、民主精神而成的生命精神。就我们目前的思想观念与精神状态而言，能否拥有这种融会中西、贯通古今的生命精神，关键在于我们能不能在思想和文化上真正葆有"精神的自我"。也就是说，在当代世界全球化的趋势中，永远不要忘记我们自己是谁。在我们的时代，中华民族需要以这种高度自觉的自我意识，主动创造跨越民族界限、时代界限与文化界限的生命精神，引领我们坚定从容地走向世界、走向未来。

人的生命精神从思想传统意义来说，是存在于在思想传统中形成的精神家园当中的。精神家园不是抽象的存在，总是属于特定的个人或社会群体，并与其历史思想传统内在相关。中华文化与西方文化有着各自独特的思想传统，从而中华民族的精神家园也有着不同于西方人精神家园的独特品质。这其中的根本原因在于，中华民族的思想文化与西方人的思想文化在其传统上有着明显的差异。我们认识理解中华民族精神家园的生命精神，应该立足于中国人所特有的民族文化与思想传统。

中国作为世界上仅存的文明古国之一，历经上千年风雨坎坷仍然能够屹立于当今时代，其根本原因在于中国思想传统所具有的源于人的生命本性的深厚基础及强大的生命力。然而，在近代以来，由于中国人在人类器物文明上的竞争失败所导致的生存危机，中国人在寻找富强发展的道路中开始进入人类性的世界历史进程。在这一进程中，西方的文明与文化不仅逐渐成为中国人生存发展依赖的基础，而且成为引导中国社会发展的标准。虽然，中国人的主体性与自我意识并没有被完全西化，中国人以"特色"的主张维护着自我的独立。但是，在经历了"五四"和"文化大革命"两次激烈而大规模的反传统运动之后，中国人自我的民族文化根基受到了严重的破坏，中国人的文化自我变得模糊不清且十分脆弱。在这种情况下，中国人或者以西方文化建构文化自我的基础，或者以实用主义的态度保持自发性的自我，或者按照功利主义的态度对待传统文化建构片面而狭隘的文化自我。总之，当代中国人的文化自我处于分裂而迷失的境地。

为什么要提出当代中国人的文化自我问题？在当今全球化的人类性世界历史中为何重视和强调民族性的文化自我问题？文化自我对于中国人的社会发展与社会生活和人类的发展有何重要意义？文化自我的问题与文化有何种关系？这些问题是探讨中国人的文化自我重塑问题需要首先回答的重要问题。

人是社会性存在。人的社会性从个体方面来说在其外部表现为社会化的行为方式，而在内部表现为对自身、世界及生活的社会化的思想观念。这些内容的整体也就是文化。当然，文化还包括由人所创造出来的各种活动成果。人作为社会性的存在也就是文化的存在。文化以社会性的方式形成人对世界、自身、生活的理解。这些理解与观念是人的精神世界与心灵世界的根基，任何一个人群的独立与独特性、个性都是以文化的独立为基础的。独立文化的丧失也就意味着独立人群与民族的丧失。独立文化能够成立的标志就是独特的生活观念与生活方式。从个体方面来说，独立的文化赋予个体自我以文化的内涵，这种自我即文化自我。文化自我是族群得以形成和凝聚的内在基础，文化自我的丧失则意味着族群内部凝聚力的削弱，族群成了通过外部力量聚合起来的乌合之众，这也就意味着民族在内部和实质上的瓦解。文化自我的丧失使得族群由于缺乏内部的凝聚力，其社会实践需要通过更大的外部力量进行组织，不仅会消耗大量的物质、人力资本，而且群体由于其内在社会资本力量的减弱，社会的稳定性会大大降低并且时刻都面临着解体的内外隐患。另一方面，文化自我的丧失会使联系群体的内部纽带发生断裂，从而减弱个体对族群的依附感与归属感，个体找不到自己的社会性精神家园和心灵家园。这就导致个体找不到生活的意义和感觉，从而陷入迷茫、孤独、浮躁、狭隘、功利的生活状态。这种生活状态已经成为当代中国人带有普遍性的生活状态。这种状态正是中国人文化自我丧失的表现。"一个民族一旦失去自己民族的思想传统，尤其是标志文化特质、体现文化灵魂的文化思维传统，历史证明，那是很难'自立于世界民族之林'，终究要被淘汰出局的，何况像中国这样有着优秀历史思想传统、富有独特文化思维个性的民族，按理本应发挥我们之所长，为创造人类未来的新文化和新哲学作出我们应有的贡献;如果不是这样,对于这些属于人类共有的宝贵精神财富,在我们这代人之手不要说中断传统、丢失遗产,即便未能使它发出应有的光辉,那也是严重的失职,甚至是罪过。"①

文化自我在根本上决定着个体在生活中的归属感、安全感、意义感、幸福感,也即决定着人的生活状态与生活感觉。正是在这一意义上,文化自我的问题对于任何一个民族来说都是带有根本性的重大问题。对于当代中国人来说,文化自我的重塑已经是十分紧迫的重大问题了。

人作为社会历史性的存在,在经历了几千年的历程之后,都被打上了民族文化的印记,这种印记就是人的文化自我。如果丧失文化自我,就会失去自己安身立命的精神家园。尽管在历史过程中会出现由于各种外力因素导致的对民族思想传统的丧失信心与反叛,但思想传统一旦形成就会具有自身的发展惯性与引力,即便出现一些外力的冲击与内部的拆解也不会轻易中断,就是那些叛逆也往往会像迷途的游子那样最终还会返回、皈依。中国的思想传统在经历了西方文化的冲击与自身的革命之后,并没有完全投入"蓝色文明"。其强大的生命力正在随着中国国力的增强而日渐恢复,之所以能重新恢复其生命力,根本原因在于当代中国人比以往更需要自己的文化自我。为什么中国人对"申奥"成功、"神六"升天那样欢欣鼓舞?为什么对中国足球那样痛心疾首?为什么对刚刚兴起的儿童读经那样支持?这一切不都说明当代中国人对民族文化自我的渴望吗?当代中国人对民族文化的这种需要表明文化自我的重建正是当代中国文化的思想主题。

当代中国人的文化自我重塑不仅对于中国人与社会的发展具有重大意义,而且对于人类的发展具有重大意义。首先,中国人作为人类的成员,其发展的状态影响着整个人类的发展。其次,中国人只有作为独立的文化承载者,才能在人类中获得自己独立的地位,才能在人类关系中发挥独特的作用。再次,中国思想传统中的精华是具有人类普遍性和永恒性的精神财富,具有人类性的价值。这种精神财富只有通过其传人的继承、发展才

① 高清海:《找回失去的"哲学自我"》,北京师范大学出版社2004年版,第60页。

能在人类的范围内传播，使整个人类从中获益。最后，西方文化在当代面临的危机以及各种文化的冲突都需要有源于人的生命本身且具有融合性精神的文化来化解，而中国传统文化具有这种特征（西方学者也在试图通过对中国文化的理解解决西方文化的问题）。中国的传统文化只有转化成当代中国人的文化的自我部分，才能在现实的人类关系中发挥作用，从而真正解决人类的普遍性的文化认同与民族文明间的和解问题。

由于文化自我对于人的社会生活的根本性，以及文化自我问题中关涉到人的精神世界的基础性思想观念，文化自我问题才是具有哲学性的问题，是需要哲学所要关注和研究的问题，而当代中国人的文化自我问题也是当代中国文化所要关注和研究的一个问题。

当代中国文化研究当代中国人的文化自我重塑问题，首先要重新理解中国的传统文化与哲学在理解和对待人的生命本身的思想特质，使当代中国人对中国的传统文化与哲学形成正确的理解与认识。其次，要从人的生命本身的存在、发展的意义上阐明中国传统文化与哲学的当代价值与人类性价值，通过在这两方面具体而细致的努力，使中国传统文化的独特性与对人的生存发展的重要性得以呈现，为当代中国人在思想观念上认同中国传统文化，进而通过各种方式在当代中国人的文化自我重塑的活动中发挥思想观念基础的作用。再次，要以包容和面对未来的心态处理好"中、西、马"文化生命精神的关系，站在当代背景上融合人类历史上那些对当代人的生存发展具有积极意义的生命精神，使这些生命精神成为中国人精神家园的核心内容。

当代中国人的文化自我是"中、西、马"文化生命精神融通中国化的主体基础。只有在此基础上，"中、西、马"文化生命精神的融通才不是外在的理论本身的关系问题，而是解决我们自己的精神家园的问题。

二、融通生命精神的思想核心

融通"中、西、马"文化生命精神的中国化境界，是要通过中国人文化自我的重新建立创造和发展当代中国的新文化，建设当代中国人的精神家园。具有中国化特色的"中、西、马"文化融通的成果，并不是在中国的现实生活中还没有显现的、还属于未来的期望。自从马克思主义传入中国，这种融合的成果就开始形成了，其表现是以毛泽东思想为主要内容的中国化的马克思主义。改革开放以来，在突破苏联模式的马克思主义基础上，"中、西、马"文化开始了真正意义上的融通。这种融通的成果就是"中国特色马克思主义"。"中国特色马克思主义"是马克思主义与中国实际相结合，并融入中国特色的现实问题、思维方式、价值理念的当代中国马克思主义。中国特色马克思主义的"理论形态"，是中国特色马克思主义思维方式、价值理念、思想观念的思想体系与概念体系。中国特色社会主义理论体系弘扬中华文化的思维方式与价值理念，创造性地继承与发展了马克思主义，是当代中国的马克思主义。中国特色马克思主义不仅应该坚持马克思主义的基本原理，而且在思维方式、价值理念、思想形态上应该与中国特色社会主义理论体系以及中西方思想传统的精华相结合，是对"中、西、马"文化生命精神融通后的中国化成果。

中国特色马克思主义的理论创新，是马克思主义中国化的思想道路与发展趋势，其核心是如何坚持马克思主义的生命精神实质，弘扬中西文化的优秀传统与生命精神。

选择以中国特色的马克思主义为核心精神弘扬中华文化，建设中华民族共有精神家园，由此推进马克思主义中国化这一路向，其主要的根据在于以下几个方面：精神家园的失落与追寻已成为当代世界性、人类性的精神问题；当代中华民族在文化精神与价值选择上正面临着急迫的挑战；建设中华民族共有精神家园可能的路径；中国特色马克思主义的意识形态性与思想文化性的双重属性；马克思主义中国化与中华民族共有精神家园建设的内在整体性；中国特色马克思主义在中华民族共有精神家园建设中的地位与价值。

马克思主义与中华文化能够融合为当代中华民族精神，具有历史经验的基础，这些经验可以通过以下方面进行总结。第一，马克思主义与中华文化相融合的具有特殊的历史缘由与历史契机，这种历史缘由的深层根据是马克思主义、中华文化、当代中华民族精神的内在契合性与一致性。第二，马克思主义与中华文化融合为当代中华民族精神的历史进程：新民主主义革命时期马克思主义与中华文化融合为中华民族救亡图存、翻身解放的革命精神；社会主义建设时期马克思主义与中华文化融合为中华民族独立自主、自力更生的建设精神；党的十一届三中全会后马克思主义与中华文化融合为中华解放思想、实事求是的创新精神；党的十六大以来马克思主义与中华文化融合为中华民族以人为本、科学发展的和谐精神。第三，马克思主义与中华文化融合为当代中华民族精神的主要经验：在社会主义实践中马克思主义的中国化，是马克思主义与中华文化融合为当代中华民族精神的实践基础；在思想宣传与理论教育上马克思主义的大众化，是马克思主义与中华文化融合为当代中华民族精神的理论前提；以中国特色的马克思主义为核心精神弘扬中华文化，是马克思主义与中华文化融合为当代中华民族精神的基本道路；中国特色的马克思主义意识形态建设与"社会主义和谐文化"建设相统一，是马克思主义与中华文化融合为当代中华民族精神的思想方向与历史趋势。

从思想理论内容来说，中国特色马克思主义以马克思主义"人的观点"、"实践观点"、"历史观点"、"社会观点"等基本观点为理论基础，追求人的全面发展；以和谐、建设、发展的时代精神为思想主题，体现中国特色社会主义理论体系人本性、实践性创新性的思想理论精神；中国特色马克思主义葆有中华民族独特的自我意识与哲学气质，具有中国特色的思想立场与哲学精神，以中国传统哲学的思想"维度"，即天人合一、圆融生命、社会和谐的精神传统为思想财富；中国特色马克思主义汲取全人类优秀的思想成果，特别是西方文化中的科学理性与公共理性精神。中国特色马克思主义就是集"马、中、西"文化及人类文化的精华，思考与解决中国人自己以及全人类生存与发展的问题，追求民族性、人类性的双重特质、双重价值。

从思维方式与价值理念方面来看，中国特色马克思主义的思维方式，是马克思"实践观点"思维方式与中华民族特有的"生命观点"思维方式融合而成的"和谐观点"的悟觉性思维方式。中国特色马克思主义的价值理念，是确立"以人为本"的价值观念、"全面建设"的实践观念、"科学合理"的发展观念、"传承创新"的历史观念、"文明和谐"的社会观念，实现中华民族自我发展、自我完善的价值理念。基于这样的思维方式与价值理念，我们应该形成中国式的思想主体、研究立场与研究范式，以马克思主义为理论基础，以中国特色社会主义理论体系为核心精神；以中华文化的传统为思想财富，创新中国特色马克思主义思想体系与逻辑体系的基本范畴、基本概念、核心观点与基本理论。

可以说，中国特色马克思主义是开放的思想体系，是融涵了人类历史上优秀文化成果的思想体系。在文化的意义上，中国特色马克思主义是作为西方文化精华的马克思主义与中国思想传统在新的时代背景下的结合，因而也是一种新的文化，这种文化中的文化精神是凝聚了"中、西、马"文化中的生命精神的新的文化精神。

第三节 马克思主义中国化的"思想自我"

马克思主义中国化的历程，体现为中国共产党人以及整个中华民族以中国传统文化为底蕴，追寻"思想自我"的不懈努力。解决生存与发展问题的理论选择，实践精神的时代创新以及价值诉求的自我超越，是马克思主义中国化的精神实质。这其中一以贯之的是中国共产党以及中国马克思主义在理论与实践上独立自主、实事求是的思想品格。因此，我们尝试着从中国化的思想特质、文化底蕴、实践精神以及价值诉求等方面，深入理解和具体把握马克思主义中国化思想自我的内涵。

一、马克思主义中国化的思想特质

马克思主义中国化，作为化之于己的东西，其实就是中华民族重构思想自我的过程及其结果。要真正理解马克思主义中国化，就必须充分理解中华民族蕴含在自身思想文化、时代现实和理想追求中的思想自我。中华民族的生存与发展问题，总是要靠自己来解决，要通过自己思想的自觉性、主体性和创造性形成思想与实践的自我，走自己的道路、选择自己的方式，解放与发展自己。

"思想自我"不是思想封闭的狭隘概念，而是思想自觉的自我意识。就此而言，中华民族的"思想自我"应包含这样几层主要含义：第一，中华民族的思想自我是思想的主体性，即以己为主，不去一味地依赖、依傍他人。具体来说，就是以中华民族的精神传统和中国人探索改变社会的梦想为主，以中国人自己的头脑思考自己的问题形成自己的思想，走自己的道路，实现自己的追求。第二，中华民族的思想自我是思想的自觉性，即在马克思主义中国化的进程中始终保持清醒的头脑，自觉保有对自身思想的深刻省思与思想解放，不断提升理论的自我意识与思想观念。第三，中华民族的思想自我是思想的创造性，即当代中华民族的思想自我不仅蕴含在悠久的历史文化传统中，更为重要的是体现在当代中国特色社会主义理论体系及其实践的创造性发展之中：在思想上创造性地发展马克思主义的经典观点，在理论上创造性地确立科学发展观等一系列观点，在实践上创造性地解决发展中所面临的国内外问题。

马克思主义中国化的追求是形成当代中国的马克思主义，引领和塑造当代中华民族的文化精神和时代精神。马克思主义中国化的目的，不是单纯地运用马克思主义来解决某一件具体的事情，那种运用式的理解也很难通达马克思主义中国化的境界。因为，中华民族对待外来文化有两种态度与境界：一是"用"，即"以西为用"、"洋为中用"，把外来文化作为一种工具、手段加以运用，如晚清洋务派所提出的"中体西用"、"师夷之长技"等说法；二是"化"，即"化之于己"、"合为一体"，把外来文化本土化，使其彻底成为本民族文化的有机组成部分。就此而言，马克思主义中国化不仅仅是"用"，而更重要的是"化"。换言之，"运用"只是"化"的一个侧面、一个环节，我们不应该仅从体用关系简单地从运用的意义来理解和把握马克思主义中国化。马克思主义中国化究其实质是马克思主义化之于"中国"的事情，不是外在于、独立于"中国"的事情，"化"，是理解和实现马克思主义中国化的关键所在。

这样说来，马克思主义中国"化"，是中国人对马克思主义自我理解的自觉意识，是中华民族思想自我的体现。在这样的意义上，我们对"马克思主义普遍真理与中国实际相结合"这一马克思主义中国化的经典论断，应该这样理解：

第一，"马克思主义的普遍真理"，不是某些具体论断，而是马克思主义活生生的、有生命力的精神实质。它不仅仅存在于马克思主义的典籍中，更重要的是体现在马克思的思想创造活动中，体现在共产主义者消灭现存状况的现实的运动中。第二，"中国的实际"是中国的现实，现实不是直接性的现状描述，而是反思性的、合理性的、本质性的东西。因此，结合"中国的实际"，不是用马克思主义的某些理论去解释某些实际现象，而是要对中国的现实进行准确而深刻的理解，特别要对中国社会解放与社会发展的实践意识具有民族性、时代性的真切领会。第三，"马克思主义的普遍真理与中国的实际相结合"，不是机械、教条地运用马克思主义的某些原理，而是要超越那种外在的运用、套用，真正从"化"的意义去理解、运用与发展马克思主义。

"化"是立足自我，把他者内化于己的自我丰富与创新。从某种意义上来说，马克思主义中国化的过程，是中国传统文化现代转型的过程，是中华民族的民族精神时代变革的过程。马克思主义中国化是当代中华民族精神的自我生成、自我更新和自我完善的思想内容与精神元素，促使中华民族当代的精神有所发展、有所创新。马克思主义中国化所追求的就是我们民族的自我、时代的自我和文明的自我，是通过中国人自己的生存体验和生命领会所拥有的富有民族性特色、现实性内容和理想性追求的创造性活动。

尽管近代中国积贫积弱、内忧外患，但是中华民族的精神传统和文化底蕴依然还活在中华民族心中，中华民族一直不懈追求自己的"思想自我"。在近代历史上，一批批志士仁人怀揣救国救民的理想，纷纷提出各种主义与主张，如孙中山的"三民主义"、毛泽东的新民主主义理论等。这些思想理论的提出在一定程度上表现了中华民族的文化自信，体现了中华民族的"思想自我"。特别是20世纪中国共产党人所进行的马克思主义中国化，实现了对中华民族"思想自我"的重新建构。马克思主义中国化的一系列理论成果，实现了对中国民众的思想启蒙和精神提升，找回了中华民族的文化自觉和自信，恢复了中华民族的认同感、归属感。所以，我们要深入理解中华民族由传统文化的底蕴所生成的思想自我及其意义。没有这样的思想自我，也就没有新文化运动以来的探索与寻求，也就没有毛泽东思想、中国特色社会主义理论体系。中华民族的思想自我主要是指"民族精神的自我"。中华民族可以一直顽强地走下来，并且还要走向未来，实际上它所凭借的，不是我们从印度、西洋所学习和寻求到的文化，而是我们骨子里的东西——民族精神的自我。有了民族精神的自我，我们才会去提升对自我的文化自觉和自信。

二、马克思主义中国化的文化底蕴

当我们真正直面"马克思主义中国化"这个极为熟悉的命题时，我们才有可能想到这样的问题：在中国为什么会有马克思主义中国化的问题与实践？马克思主义中国化向我们所呈现出来的为何是如此这般的图景？之所以思考这样的问题，主要是因为当一个民族与自己的思想文化体系之外的某种思想理论相遇并发生"化"之于己的关系时，总是首先要在自身的文化传统与思想精神中寻找根据和理由。同样，马克思主义中国化及其理论与实践也在很大程度上取决于中华民族自身的思想传统与文化底蕴。

面对马克思主义这样一种具有世界影响力的理论形态、思想体系，中国人要把马克思主义中国化，很重要的根据就在于中华民族拥有自己悠久的历史传统、深厚的文化底蕴。中华民族有着数千年的历史文化，尽管这一历史文化屡遭劫难，但仍绵延不断，有其一脉相承之系统。这一文化现象，就足以为世人所称道，这也是人类历史上鲜有的文化奇迹。这其中贯注着中国人自己的理想和精神。这种理想和精神体现了中国人安身立命、为人处世的态度和境界，我们把这种理想和精神概括为"自强不息"、"厚德载物"。自强不息和厚德载物，分别代表的是天地的德性——创造性和顺成性。对人而言，就要效法天地，刚毅进取，博厚柔顺，止于至善。中华民族的这种理想和精神深深地影响了中国历史文化的发展。

正是由于这样一种生命态度和文化精神，在中国历史上我们不会见到如欧洲那般的宗教战争，反而会看到儒、释、道三教合流的文化现象。换言之，中华民族这一自强不息、厚德载物的精神，使其在历史上能接受与容纳外来文化，自觉把外来文化和本土文化融合起来，以此来调整、充实本土文化。比如，中国历史上的印度佛教的中国化。印度佛教是第一个融入中国传统文化的外来文化，中国人成功地使其本土化，开创了天台宗、华严宗、禅宗等中国化的佛教宗派，并使之成为中国传统文化的有机组成部分。这在一定程度上就说明中华文化对外来文化的博大包容性态度，以及中华文化富有融涵的特性。这种包容的态度、融涵的特性其实就是"化"的精髓。在中国历史文化语境中，"化"主要就是指化"夷"为"夏"，化外来文化为本土文化。印度佛教的中国化，就是中国人把印度佛教"化"之于"中国"。这是中华民族曾经有过的将外来文化本土化的历史范例与文化经典，也具体地体现了中华民族的文化自信和思想自我。

马克思主义的中国化，同样与中华民族这样的思想传统、文化底蕴密切相关。比如，传播到中国的马克思主义的经典著作及其概念术语，一开始就是基于我们自己的文化传统来翻译和诠释的。这种情况早在佛教中国化的时候就曾出现过。印度佛教传入中国的第一阶段，佛典的翻译、传播，主要采用"格义"的方法，运用中国传统的义理来解释佛教的道理，进行文化符号的转换，最终实现了佛教的本土化。有学者就指出："中国文化是一个有着五千年传承的高势位文化，历史上在与境内外各民族的文化交流中，多是用译词解读外来文明，并通过这种意译的方法，吸收外来文化的精华，并把它转化为自己文化中的有机部分。"①在马克思主义中国化的过程中，文本的翻译、术语的转译无疑也是首要的事情。马克思主义的许多概念术语，在翻译的过程中，也是意译多于音译，"译词"多于"借词"，而且中国共产党人还根据自己的理论和现实需要创造出了许多新术语、新概念。当然，马克思主义最初的一些概念术语是从日本学者那直接引进的，而这些日本学者也深受儒家文化的熏陶，所以在翻译马克思主义相关著作时就不可避免地利用儒家文化的思想资源来诠释马克思主义。因为同属儒家文化圈，中国人在文化心理上就很自然地接受了日本学者对马克思主义术语、概念的翻译，其中有很多术语一直沿用至今，比如阶级、革命、人民、解放、社会主义等。②总之，中国知识分子凭着自己民族的思想文化资源，顺利实现了对马克思主义这一文化符号在中国的转换。

当然，对马克思主义术语的引进、翻译，仅是马克思主义中国化的第一步。这本身也说明在中国传播马克思主义的知识分子，在某种程度上已经自觉不自觉地把中国传统文化和马克思主义结合在一起，而且这还影响了他们优先选择、接受和传播马克思主义的具体内容。这样看来中国人所接受的马克思主义，不可避免地带有我们民族自己的特点，传统文化中的大同理想、民本思想及修身观念、伦理品格等思想文化传统，都被融入对马克思主义的理解中去。中国传统文化，是中国人接受马克思主义的文化心理基础，也是中国人实现马克思主义中国化的文化心理动力。具体说来，中国知识分子能够很快接受、广泛传播马克思主义，一方面在于之前西方思想理论的引入，特别是进化论为中国人接受马克思的唯物史观奠定了良好的思想前提；另一方面在于马克思主义和中国传统文化有契合之处，中国知识分子能够充分利用中国传统的思想文化资源接引马克思主义。正如有的学者所指出的："中国早期的马克思主义者基本上都是儒

① 张允熠、张弛：《西方学者对马克思主义哲学中国化文化背景的研究》，《学术界》2007年第6期。

② 参见李博：《汉语中的马克思主义术语的起源与作用》，中国社会科学出版社2003年版，第105—247页。

生出身，儒学的无神论、唯物论、实用理性精神和非宗教的传统成为近代知识分子接引西方科学、进而毫无障碍地接受马克思主义的文化心理动力。"①

有什么样的文化传统、文化底蕴，就有什么样的意识、理想和追求。从中华文化的历史演进来看，中华文化的发展从来不是封闭的，而是开放的，不断地包容、融摄其他文化。在接受、传播和信仰马克思主义的问题上，中国人势必也要走一条本土化、民族化的道路。中国人接受、传播马克思主义已经蕴含着某种文化自觉、精神自觉，马克思主义中国化的历程也确证了中国人这一诉求。中国人之所以能有这样一种中国化的诉求，主要还是因为有这样一种历史传统、文化底蕴以及由此所生发出来的思想自我。如果没有这样悠久的历史传统，没有这样深厚的文化底蕴，没有这种思想自我以及建构思想自我的经历，中华民族不会提出马克思主义中国化的问题，马克思主义中国化也不会有如此这般的格局。

在国际共产主义运动的历史上，真正实现马克思主义普遍真理在世界上各个国家的民族化与具体化，历来有着值得我们认真总结与思考的经验教训。其中，中国人曾经"以俄为师"的苏联及其"苏式"的马克思主义理论与实践，更值得我们认真地反思。

马克思主义在俄罗斯的理论形态，实现马克思主义的体系化、通俗化，但又导致一种对马克思主义的简单化、程式化甚至教条化理解的倾向。与之相联系的则是"对斯大林的个人迷信所导致的教条主义的盛行和哲学为政治服务体制的进一步畸形的发展和确立"②。也就是说，苏联形态的马克思主义助长了个人崇拜、教条主义以及高度集权体制。而且后来的事实也证明，这种教条化的苏联马克思主义并没有给苏联后来的建设和发展提供更多的思想理论上的支持，也没有对苏联当时的实践、现实给予及

---

① 张允熠：《中国人是怎样接受马克思主义的》，《重庆邮电大学学报》（社会科学版）2007 年第 4 期。

② 吴元梁主编：《马克思主义哲学形态的演变》，中国社会科学出版社 2010 年版，第293 页。

时的回应和关照。尽管苏联也曾在经济上取得巨大的成就，迅速实现了工业化，但它还是陨落了。对于苏联的解体，学者们曾经提出了各种各样的解释。有人认为苏联解体是苏联社会主义经济体制缺乏生机造成的；也有人强调苏联解体源于民众对苏联社会主义体制自下而上的反对；还有人认为苏联解体不是源于与经济崩溃一道而来的群众暴动，而是源于其自身的统治精英——党—国精英对个人利益的追逐，是"来自上层的革命"导致了苏联的解体。① 这些看法可能各自都有某一视角的道理，如果我们从思想文化的角度来考虑，则可以认为苏联的解体与苏联形态的马克思主义有一定的关系。苏联形态的马克思主义只是被"用"于苏联，并没有"化"入苏联，并没有和苏联自身的文化传统、现实问题形成真实的互动，实现对苏联整个社会有效而持久的整合。由此可以得出这样的判断：在苏联，马克思主义还没有完全融入本国实际，还没有和俄罗斯的文化真正结合起来，更没有获得俄罗斯人的自觉理解，没有完全实现俄罗斯人的自我意识。总而言之，面对马克思主义，俄罗斯人没有确立真正意义上的思想自我。相对于俄罗斯人而言，中华民族在马克思主义本土化的问题上，真正获得了属于我们民族自己的思想自我，这得益于中国共产党人植根于中华文化的丰厚底蕴，自觉地继承与发展中华民族历史悠久的文化传统。

三、马克思主义中国化的实践精神

既然我们的文化底蕴如此深厚、传统如此悠久，那么为什么我们还要历经千辛万苦去寻求马克思主义，并使之成为中国革命和建设的指导思想呢？我们思考与回答这个真实而重要的问题，需要历史与逻辑相统一的视角与思维。

---

① 参见大卫·科兹、弗雷德·威尔：《来自上层的革命——苏联体制的终结》，曹荣湘、孟鸣歧等译，中国人民大学出版社2008年版，第3—8页。

晚清以来，中国遭遇千年未有之变局，在思想文化上也掀起了一股"睁眼看世界"、反思传统文化的潮流。自此以后，以儒家思想为主导的中国传统文化备受质疑，"打倒孔家店"的声音此起彼伏，这就说明中国传统文化对当时中国的现实缺少足够的解释力，已不足以有效整合当时的社会。中国传统文化的价值系统遭到极大削弱、消解，中华民族以传统文化为基础所生发的"文化自我"一度动摇与失落了。在这种文化危机的情况下，传入中国的西方思潮不可谓不多，为什么独有马克思主义能为当时的中国人所接受，并在日后成为中国共产党的指导思想？这主要是与当时中国社会变革的需要以及马克思主义恰好能够满足当时中国社会变革需要的特质有关。接受马克思主义并使之中国化，主要是源于近代以来中国所遇到的民族性危机、时代性问题，以及中国本土的思想文化本身又无力应对和解决这些现实性问题。

在中国的历史上，中华民族吸收外来的思想文化与解决自身的问题，弥补自身文化的缺陷、丰富与提升本土文化的精神内涵，有着特殊的文化传统以及佛教中国化等经典范例。

印度佛教的中国化，看似是通过翻译与编撰佛典、讲习经义和判教立宗等实现的，但其背后的动力还是源于中国人当时的现实问题与自己的精神需要。具体说来，印度佛教之所以当时在中国被广泛接受，主要是因为中华民族自己原有的文化体系缺少足以面对当时社会动荡与人生困境等生存危机的文化元素和精神力量，而佛教恰恰能为缓解这些危机提供终极关怀和心灵慰藉的神圣性文化精神。当时社会动乱，百姓流离失所，人心厌乱思安，如魏晋时期的五胡乱华、隋唐之后的五代之乱，整个社会的秩序在那个时候近于崩溃，原有的文化价值系统失去效力，佛教恰好能满足当时中华民族的精神需要。"我们的传统里没有像佛教那样勾画出来的人格神，以及建立在人格神基础上的偶像崇拜可以寄予幻想。对于人们面临的诸多苦难和人生的种种困惑，既缺乏系统的解释，更没有深刻的理论探讨。关于人生的本质和人的本原问题的研究，在以往的思想领域里，是一个极为薄弱的环节。然而对这类问题的关切，恰巧是佛教的长项。"①佛教在人生哲学方面的思想理论——业报轮回、菩萨崇拜等，对中国后来的民间信仰如善恶报应、观音信仰、冥界信仰等产生了深远的影响。佛教的兴盛也激起了儒家的觉醒，周张程朱之理学实亦受益于佛教，其所言说的心性理气无不受佛教的影响。

回顾佛教中国化的文化史，其目的在于证明我们在这里要论证的主题，即接受马克思主义并使之中国化的真正起因，是中国的现实问题以及解决这些问题的自觉意识。当时的中国人虽然在思想文化上有传统、有自信，但是又不能完全依靠自己民族文化传统来解决所面临的民族生死存亡问题，需要向西方寻求与学习。也就是说，当时中国的知识分子对中国传统文化仍然有情感上的信奉与依赖，但出于现实问题的巨大压力，又不得不接受和学习西方文化。新文化运动以前，中国人向西方的学习主要表现为器物的学习、制度的学习，新文化运动之后则是思想理论和价值观念上的学习。在当时诸多的思想理论和价值观念中，中国人根据自己所遭遇的现实问题选择了马克思主义。

张岱年先生在其20世纪30年代所写的一篇文章中指出，"中国现在所需要的哲学，最少须能满足如下的四个条件：（一）能融合中国先哲思想之精华与西洋哲学之优长以为一大系统。（二）能激励鼓舞国人的精神，给国人一种力量。（三）能创发一个新的一贯大原则，并能建立新方法。（四）能与现代科学知识相应和。"②简而言之，中国所需要的新哲学必须是综合的、有力的和新创的。其中，对有力量的、给人以激励的哲学的需要最为急切。这是当时中国知识分子对新哲学、新思想的一种期盼。中国迫切需要一种应付危难、变革现实的思想理论。"近代中国人民的历史任务，一是民族解放，二是社会改造。唯一能够引导中国人民顺利解决民族解放与社会改造的实际问题的是马克思主义的辩证唯物论与历史唯物论。"③在当时的诸多思潮中，马克思主义那种批判的、革命的精神引起了

---

① 杜继文：《中国佛家与中国文化》，宗教文化出版社2003年版，第25页。

② 《张岱年全集》第一卷，河北人民出版社1996年版，第238页。

③ 《张岱年全集》第六卷，河北人民出版社1996年版，第334页。

李大钊、陈独秀等知识分子的关注。他们相信马克思学说能够改造中国的社会，并且实际地利用马克思的学说剖析当时中国的经济的政治的情形，提出中国道路的解决方案。

另外，马克思主义所提供的唯物史观的分析框架还能够有效迎合当时反传统的激进思潮，使之合理地拒斥传统。德里克认为，"马克思主义者将传统的价值与制度交付给社会的上层建筑，并预言一种新的经济结构取代旧的经济结构时，传统的价值与制度就会'自然地'灭亡"。①唯物史观所强调的就是要以实践的方式改变社会的制度、社会的形态，而当时的中国知识分子所向往的就是要通过改变社会的制度、社会的形态达到历史的进步和国家的富强，而这一目标的达成可直接诉诸实践来改变社会。总之，马克思主义特别是唯物史观使当时的国人能够合情合理地解释过去、面对传统，并为社会改造、民族解放指明了方向。俄国的十月革命确实使中国共产党人看到了革命的实例，进一步确证了自己的信念，并且在后来的现实政治斗争中选择了马克思主义。正是在现实政治中，马克思主义从思想理论转向了行动的、实践的马克思主义，中华民族在残酷的现实政治军事斗争中真正开启了马克思主义中国化的实践历程。

虽然马克思主义在中国的传播首先一场是思想文化运动的产物，但是它的落脚点、基点却在现实当中，集中体现在政治、军事的斗争和经济、社会发展的实践上，马克思主义中国化的实践精神铸就了中国共产党的精神品格。在革命战争时期，中国共产党必须严格执行共产国际的决议与指示。尽管共产国际曾给予中国共产党以极大支持和帮助，但共产国际又完全不顾中国问题的特殊性，致使中国革命屡遭挫折。在当时的环境下，马克思主义中国化之所以得以顺利推进，民主革命之所以取得胜利，是因为中国共产党人依靠自己的头脑，根据自己所面对的革命斗争问题，以思想自我的实践精神实现了属于自己的理论选择与道路选择。这其中的经典之

---

① 德里克：《革命与历史：马克思主义历史学的起源（1919—1937）》，翁贺凯译，江苏人民出版社 2004 年版，第 26 页。

作是"武装割据"、"农村包围城市"的理论与实践。

新中国成立以后，马克思主义中国化一度陷入了曲折与困境。这种情势主要是因为当时实践的脚步落后于历史的进程，实践的精神严重地丧失了"思想自我"，在理论与实践上犯了不考虑当时中国社会的实际情况和特点，不考虑党执政以后国内阶级、阶层变化的国情，照搬苏联的经验与模式，机械地理解马克思主义的一般理论，把中国社会的阶级斗争扩大化的错误。党的十一届三中全会提出解放思想，实事求是的思想路线，扭转了实践精神，并且围绕"什么是社会主义、怎样建设社会主义"进行了创造性的探索，建立了社会主义市场经济体系，走出了一条中国特色的发展道路，形成了中国特色社会主义理论体系。在经济全球化背景下，以何种实践精神合理面对人类发展面临的极易引起经济与社会动荡不安的诸多不确定因素，勇于担当人口、资源、环境、生态等发展问题的严峻挑战，已经成为当代中华民族生存与发展的重大问题。这些问题是中国共产党人实现马克思主义中国化的现实境遇，更是推进马克思主义中国化的时代契机。面对当代发展问题，中国共产党人以求实创新的实践精神提出了科学发展观，进行了富有中国智慧的理论与实践探索。

中国社会建设发展的曲折与成就，使得马克思主义中国化的实践精神得到了历史的确证，即中华民族必须依靠自己的智慧形成属于自己的实践精神，并且以此为基础在理论和实践上推进马克思主义中国化，从而不断改变与发展自己。

四、马克思主义中国化的价值诉求

马克思主义中国化蕴含着中华民族的价值理想，是体现着自觉追求的价值性问题。从这个意义上来说，马克思主义中国化的价值诉求是文化性的事情，也是政治性的事情，同时又是关乎中国社会发展的事情。所以，马克思主义中国化的价值诉求其实有上述三重维度或属性。这样的价值诉求是在中国社会发展的历史与逻辑中追求与实现的。

在民主革命时期，中华民族面临着生死存亡的现实生存危机。国人念兹在兹的问题是：中国将向何处去？当时中国的马克思主义者尤其是中国共产党人的马克思主义研究有着极富个性的探索，选择以马克思主义改造中国，寻找救国救民的真理，为此已无暇顾及"夷夏之防"，心中所想的是如何解决外敌入侵、国家统一等现实性问题，革命与战争成了当时实践的主题。由此可见，这一阶段马克思主义中国化的价值诉求，集中体现于中国共产党人的社会改造工作的实效与政治军事斗争的胜利之理想。

新中国成立以后的 30 年间，中国社会的价值诉求仍然是"以阶级斗争为纲"的思维方式与价值取向，致使中国的经济与社会发展陷入极大的困境。马克思主义中国化在此一阶段经历的曲折，主要在于当时"思想自我"缺席，价值取向错位。1978 年以后，中国社会进入改革开放的时期，强调以经济建设为中心，发展生产力，改革与发展成为中华民族价值诉求的实践主题。其中，从计划经济转向市场经济，并且以此为基础，实现中华民族的共同富裕以及每个个人的发展与幸福的梦想，是马克思主义中国化价值诉求的重要里程碑。"理论在一个国家实现的程度，总是取决于理论满足这个国家的需要的程度。"①马克思主义中国化的实现程度，在很大程度上就取决于马克思主义能否满足当代中华民族发展的需要。这就要求中国的马克思主义能够关照这种现实的需要，与时俱进地为中国特色社会主义事业的建设和发展提供世界观和方法论。在现实理论化和理论现实化的双向互动的价值诉求中，中国共产党人创造性地发展马克思主义，推动马克思主义中国化，形成了以邓小平理论、"三个代表"重要思想和科学发展观为主要内容的中国特色社会主义理论体系，以其丰富的内容和内在的逻辑表达了当代中华民族新的价值诉求。

与上述情势相一致，中国学术领域研究马克思主义中国化的价值诉求则具体表现为：把握马克思主义的思维方式和思想观念的革命性变革，及其中国化的当代价值。改革开放以来思想观念的变革，集中体现在对苏联

---

① 《马克思恩格斯文集》第 1 卷，人民出版社 2009 年版，第 12 页。

教科书马克思主义体系的反思。由此重新理解和把握马克思主义及其中国化的精神实质与价值诉求，创新当代中国马克思主义的思想体系与理论形态。以学术的方式研究与探索融通"中、西、马"，创造并拥有属于当代中华民族自己的思想理论，已经成为当代中国学人共识的价值诉求。可以说，更新理解马克思主义的观念，是重新建构思想自我、恢复理论自信的学术努力。

当代中华民族对马克思主义中国化的价值诉求已从民族解放转向国家富强、人民富裕和社会和谐，追求的已不单是那件事情的成功，而是一步步地走向人与社会发展的新高度与新境界。这时，马克思主义中国化价值诉求的理想境界，就是使中国马克思主义真正融入中国民众的生活世界，成为其生活的思想信念、行动价值准则和内心的精神信仰。这种意义的马克思主义中国化集中体现为一种"人生观方面的中国化"，"一种具体的实践智慧"①，是一种对做人的原则、价值和境界的追求。由此会促进我们更加自觉地汲取中国传统文化的价值，真正意识到马克思主义中国化不可能脱离开中国传统文化，而且只有源于本民族文化传统的价值理念才能让人从内心深处感到马克思主义中国化的真实与亲近。

经过将近一个世纪的探索，中华民族对马克思主义中国化的理论探讨和实践领会越来越深入、越来越自觉。这也集中体现在中国共产党人在民族文化自信的基础上所拥有的执政党的道路自信、理论自信、制度自信。中国共产党人创造出当代中国马克思主义——中国特色社会主义理论体系，这是一个新的境界。这其中最核心的一点就是，马克思主义中国化体现了中国共产党人要确立自己的思想自我，而不是简单地、外在地把马克思主义运用于中国的实践。当然，这个自我观念、自觉意识是继承和发展马克思主义的基本精神，并且涵容自己民族的思想传统、文化底蕴，以及在应对和解决中国问题的过程中所形成的思想自我。有了思想自我，才能有理论上、制度上和道路上的自觉、自信。自我是自觉、自信的前提，没

---

① 王南湜：《辩证法：从理论逻辑到实践智慧》，武汉大学出版社2011年版，第343页。

有自我，就没有真正的自觉和自信。自信是与他信相对应的，自觉是与盲从相对应的，自我是与没有自我、丧失自我相对应的。

第四节 融通"中、西、马"生命精神的精神家园路向

融通"中、西、马"生命精神的中国化境界要求这种融通要以中国特色的马克思主义为核心，因而，融通"中、西、马"生命精神的"精神家园"路向，即把马克思主义中国化与中华民族共有精神家园建设统一起来，在建设中华民族共有精神家园的意义上探索中国特色马克思主义的新内容、新形式，推进马克思主义中国化的理论与实践。这也是马克思主义中国化新的道路与方向。可以说，融通"中、西、马"生命精神的"精神家园"路向，也就是从中国特色马克思主义的理论创新入手，以中国特色马克思主义为核心精神建设中华民族共有精神家园，由此推进马克思主义中国化的路向。

中华民族共有的精神家园是以中国特色马克思主义为核心精神，以中华民族思想传统为文化底蕴，包容全人类优秀文化成果及其精神财富的精神体系；是中华民族凝聚共有价值理念，承载心灵情感的精神归宿。以中国特色马克思主义为核心精神建设中华民族共有精神家园，既是推进马克思主义中国化的"精神家园"路向，也是弘扬中华文化，建设中华民族共有精神家园的基本道路。探索以中国特色马克思主义为核心精神的中华民族共有价值理念，是马克思主义中国化之"精神家园"路向的核心问题。

一、中华民族共有精神家园与马克思主义中国化的一致性

马克思主义的中国化问题，既是马克思主义与当代中国社会主义理论与实践相结合的创新、发展与完善问题，也是关乎当代中华民族共有精神

家园的建设问题。正是在这个意义上，才有可能提出以马克思主义为核心融通中西马生命精神的"精神家园"路向问题。研究这一问题的目的是在马克思主义中国化与中华民族共有精神家园建设相统一的意义上确立马克思主义在中华民族共有精神家园中核心精神的主导地位，探寻马克思主义与中华文化融合为内在统一精神整体的思想道路、理论方式与实践路径，从而进一步推进马克思主义中国化的进程。

党的十七大关于当代中国马克思主义、社会主义核心价值体系以及建设中华民族共有精神家园等重要思想，引发了国内学界对马克思主义与建设中华民族共有精神家园问题的思考与研究，呈现出以下主要的思路与观点：其一，由于对中华民族共有精神家园之"共有"的机械性、片面性理解，把马克思主义与建设中华民族共有精神家园作为分属于意识形态的思想理论与文化精神的心灵归属两个领域、两种内容的问题加以研究。按此思路，建设中华民族共有精神家园，主要是在中华文化精神及其传统的范围与基础上，研究并解决中华思想传统的现代性生成问题，中华民族精神传统的传承与发展问题；马克思主义作为意识形态并不属于建设中华民族共有精神家园的范畴。这种把意识形态与文化精神割裂开来，进而把马克思主义与建设中华民族共有精神家园分离开来的研究思路与观点，是对马克思主义与建设中华民族共有精神家园内在统一性关系的误解。其二，把马克思主义作为当代中华民族生存发展、文明进步与建设中华民族共有精神家园的理论基础和指导思想，并努力寻找马克思主义与中华民族共有精神家园在文化精神上的契合点。按照这一思路与观点，研究马克思主义与建设中华民族共有精神家园的重点是在马克思主义中寻找与精神文化相关的思想理论观点，寻求建设中华民族共有精神家园的理论基础与思想方法，并且发现马克思主义与中华民族共有精神家园有机联系的契合点。这一思路和观点的合理性在于强调了马克思主义在中华民族共有精神家园建设中的基础性、核心性、指导性与契合性。然而，这一研究思路与观点在逻辑起点上对马克思主义与建设中华民族共有精神家园作出彼此独立、彼此外在的前提预设，然后再加以整合。这种思路与观点，目前在我国思想理论研究中影响较大。其三,把马克思主义、中华民族优秀的文化精神传统以及全人类优秀的文化遗产,作为中华民族共有精神家园的思想理论与文化精神的丰富性整体加以研究。按照这一思路,把马克思主义作为核心精神,把中华民族优秀的文化精神传统作为文化自觉的"精神自我",把全人类优秀的文化遗产作为丰富的精神资源,创造性地生成当代中华民族特有的思想理论与文化精神,就是追寻与建设中华民族共有的精神家园。这是目前比较合理的一种思路和观点。

党的十七大在"推动社会主义文化大发展大繁荣"的战略决策中提出"建设社会主义核心价值体系,增强社会主义意识形态的吸引力和凝聚力;建设和谐文化,培育文明风尚;弘扬中华文化,建设中华民族共有精神家园;推动文化创新,增强文化发展活力"这四项重要战略任务。其中,"建设社会主义核心价值体系,增强社会主义意识形态的吸引力和凝聚力"和"弘扬中华文化,建设中华民族共有精神家园"这两项战略任务,关涉价值理念与文化精神问题,是"推动社会主义文化大发展大繁荣"战略决策的核心。根据上述理解,马克思主义中国化与建设中华民族共有精神家园的内在一致性的实质在于,"建设社会主义核心价值体系,增强社会主义意识形态的吸引力和凝聚力"和"弘扬中华文化,建设中华民族共有精神家园"这两项战略任务内在一致的整体性关系;克服与超越把这两项战略任务彼此并行、彼此外在、彼此割裂的简单认识与片面理解;深入探索真正实现以社会主义核心价值体系为本质的马克思主义意识形态建设与中华民族共有精神家园建设相结合、相统一的理论与实践问题。

正是在这个意义上,中华民族共有的精神家园是以马克思主义为核心精神,以中华民族思想传统为文化底蕴,包容全人类优秀文化成果及其精神财富的精神体系;是中华民族凝聚共有价值理念,承载心灵情感的精神归宿。因此,马克思主义中国化与建设中华民族共有精神家园这一问题的核心,是以马克思主义为核心精神建设中华民族共有精神家园;其关键是社会主义核心价值体系与中华民族共有价值观念的关系,以及当代中国马克思主义意识形态建设与中华民族共有精神家园建设的统一性。由于在建设中华民族共有精神家园的意义上研究马克思主义中国化还只是一种设想，因而，对于其意义应当形成自觉的理解和把握。我们认为，研究马克思主义中国化的"精神家园"路向，对于推进马克思主义中国化以及中华民族共有精神家园建设，具有双重的意义与价值。第一，深入研究以马克思主义为核心精神建设中华民族共有精神家园的基本道路、基本理论，总结马克思主义与中华文化融合为当代中华民族精神的历史经验，能够拓展思考、理解与推进马克思主义中国化的思路与观念，并且促进把建设中华民族共有精神家园的理论与实践的境界自觉地提升到当代中国马克思主义，即中国特色社会主义理论体系的精神境界上来。这对于深入理解马克思主义中国化与中华民族共有精神家园建设的一致性，探索、创新中国特色马克思主义，推进马克思主义中国化；并以此为核心深入研究马克思主义关涉精神家园建设的思想理论，深刻认识马克思主义在建设中华民族共有精神家园理论与实践中的地位、作用与价值，把握中华民族共有精神家园的特质与内涵，具有重要的思想理论意义和价值。第二，马克思主义中国化的"精神家园"路向，关涉以马克思主义为核心精神建设中华民族共有精神家园的基本道路、基本理论问题，以当代中国马克思主义为核心的中华民族共有价值理念问题，马克思主义意识形态建设与中华民族共有精神家园建设相统一的问题。深入研究这些重要的理论问题，对于我们在理论上全面认识马克思主义意识形态与思想文化的双重属性，合理把握马克思主义与中华文化、西方文化的关系，真正形成价值导向的思想整体性、一致性与价值取向的文化差异性、多样性的和谐关系，探索马克思主义意识形态建设与中华民族共有精神家园建设相统一的方式与途径等问题具有重要的理论价值和意义。第三，马克思主义中国化的"精神家园"路向，涉及当代中华民族的精神生活状况，在价值观念、信念信仰等方面具有强烈的现实针对性。这对于把握马克思主义对当代中国大众的精神影响以及中华民族共有精神家园建设的现状，对于凝练、确立中华民族共有精神家园的价值理念，探索中华民族共有价值理念的践履方式，解决目前实际存在的信念信仰、价值理想等思想精神问题，都具有重要的现实意义和实践价值。

　　概括以马克思主义为核心精神建设中华民族共有精神家园的基本理论，可以在思想理论方面具体论证马克思主义中国化的"精神家园"路向。第一，马克思主义关涉精神家园建设的主要思想理论，其主要内容包括：人的"类本质"及人的全面发展；自然主义与人道主义相统一的共产主义理想；人的精神生活与精神生产；社会的基本结构、基本矛盾、基本动力；社会意识的相对独立性；社会意识形态的内容、形式与作用等。第二，中华民族共有精神家园的特质与内涵可以这样概括：以中国特色的马克思主义为核心精神，以中华民族思想传统为文化底蕴，包容全人类优秀文化成果及其精神财富，是中华民族凝聚共有价值理念、承载心灵情感的精神归宿。第三，中华民族传统文化当代重述与创新的方法论，有以下主要之点：中华民族特有的文化心理结构；中华民族传统文化的范畴体系及其价值观念；中华传统文化及其价值观念在当代面临的挑战；中外学者解读与重构中华文化价值体系的各种路径及其得失；中华传统文化价值体系当代重述的思想路径选择；中华传统文化价值体系当代重述的基本原则（包容性而非排斥性、大众性与精英性并存、民族性与人类性融合、传统性与现代性兼顾）；中华传统文化价值观念的范畴体系与话语形态的创新。第四，中国共产党关于意识形态建设与中华民族共有精神家园建设的主要理论：改革开放以来马克思主义意识形态建设、精神文明建设、社会主义文化建设的理论；构建社会主义核心价值体系、创造中国特色社会主义理论体系以及弘扬中华文化，建设中华民族共有精神家园的思想理论。

二、中华民族共有价值理念的核心精神

　　以中国特色的马克思主义为核心精神建设中华民族共有精神家园，进而推动马克思主义中国化，其关键问题是社会主义核心价值体系与中华民族共有价值观念的关系问题，以及当代中国马克思主义意识形态建设与中华民族共有精神家园建设的统一性问题。由此，以中国特色的马克思主义为核心精神建设中华民族共有精神家园，进而推动马克思主义中国化这一

路向的重大理论与实践问题是如何凝练、践履以当代中国马克思主义为核心的中华民族共有价值理念，如何把握中华民族共有精神家园的统一性与文化差异性、多样性、包容性的和谐关系，如何探索马克思主义意识形态建设与中华民族共有精神家园建设相统一的方式与途径。

其一，以当代中国特色的马克思主义为核心的中华民族共有价值理念，主要涉及以下问题。第一，当代中国社会价值观念的基本状况问题：我国不同地域、民族、阶层、信仰的社会成员所认同的价值观；中华民族共有的信念信仰、价值理想、伦理道德、民风民俗的状况；当代中国民众对马克思主义价值观的认知、体认与情感状况；马克思主义影响当代中国民众价值观念的状况；马克思主义与建设中华民族共有精神家园关系的认知状况。第二，社会主义核心价值体系与中华民族共有价值理念的内在关系问题：当代中华民族共同体认、共同信奉与忠诚的基本价值观念；中华民族共有精神家园价值观体系的精神内核；社会主义核心价值体系是中华民族共有价值理念的核心价值；社会主义核心价值体系与中华民族共有的价值理念内涵的一致性、外延的差异性。第三，凝练以当代中国特色的马克思主义为核心的中华民族共有价值理念的原则与方式问题：坚持当代中国特色马克思主义的思想理论与思想方法，体现社会主义核心价值体系的基本理念与精神追求；注重中华民族共有价值理念的民族性、时代性、实践性特质，崇尚面向世界、面向未来、自我超越的精神境界；追求中华民族共有价值理念精神内涵上的充实与丰富，避免空疏浮泛；继承中华文化的思想财富与精神传统，激活中国古代传统文化中的核心范畴与话语，并转化为当代性的概念，凝练中华民族共有价值理念。第四，研究中华民族共有价值理念的文化资源与思想方向问题：马克思主义关于人的全面发展与社会进步的思想理论及其共产主义理想；中国特色社会主义理论体系，社会主义核心价值体系，"以人为本"科学发展观关于在理论与实践上不断进取创新，全面建设小康社会、中华民族伟大复兴的共同理想；中华民族思想传统中天人合一、自强不息、厚德载物、道法自然、中正仁和等关乎人性、人道、人生的生命之道；忠信爱国、仁义孝慈等既属于民族也属于个人的舒展安居、宁静致远的生活情志与精神状态；西方传统文化中反思世界的存在性问题，注重自身生命本质的人本精神，创造概念体系的科学精神，批判性的超越精神。第五，中华民族共有价值理念的概念体系问题。以中国特色的马克思主义为核心，凝练、践履蕴含中、西、马生命精神的概念体系：以人之为人、止于至善为本；以自强不息、厚德载物为根；以天人合一、圆融生命为道；以公平正义、勤勇专精为真；以仁义孝慈、忠信爱国为善；以和谐共生、人类大同为美。第六，中华民族共有价值理念的践履方式问题。以中国特色的马克思主义为核心，推进中国特色的马克思主义大众化，践履中华民族共有价值理念：在社会实践中，把中华民族共有价值理念转化为实践精神，融入到中华民族生存与发展的伟大事业之中；在国民教育体系中，把中国特色的马克思主义教育与中华民族共有价值观念教育有机结合起来；在日常生活中，把中华民族共有价值理念转化为生活精神，融入到整个民族以至于每个成员的日常行为之中。

其二，形成中华民族共有精神家园的统一性与文化差异性、多样性、包容性的和谐关系。第一，建设充实、丰富的中华民族共有精神家园：中华民族共有价值理念的精神充实性；中华民族共有精神家园差异、多样、包容的文化丰富性。第二，把握中华民族共有精神家园的文化差异性、多样性、包容性的主要内容：中华民族共有精神家园具有文化差异性、多样性、包容性的根由；中华民族共有精神家园文化差异性、多样性、包容性的内涵；中华民族共有精神家园文化差异性、多样性、包容性的价值。第三，社会主义核心价值体系、中华民族共有价值理念与中华民族共有精神家园的和谐关系：社会主义核心价值体系与中华民族共有精神家园的文化差异性、多样性、包容性；中华民族共有价值理念与中华民族共有精神家园的文化差异性、多样性、包容性；尊重差异、发展多样、实现包容的建设理念。第四，中华民族共有精神家园的价值理念与文化差异性、多样性、包容性有机融合的文化方略：以中国特色的马克思主义及其社会主义核心价值体系为核心精神，推动社会主义文化的发展与繁荣，促进中华民族共有精神家园的价值理念与文化差异性、多样性、包容性有机融合；充分发挥价值理念的凝聚、评价与选择功能，构建差异性、多样性、包容性的中华文化新形态。

其三，马克思主义意识形态建设与中华民族共有精神家园建设相统一的实践方式与途径。第一，马克思主义意识形态建设与中华民族共有精神家园建设的内在一致性与整体性：马克思主义意识形态建设与中华民族共有精神家园建设相统一的理论根据；马克思主义意识形态建设与中华民族共有精神家园建设相一致的内在逻辑；马克思主义意识形态建设与中华民族共有精神家园建设的实践整体性。第二，马克思主义意识形态建设与中华民族共有精神家园建设相统一的实践方式：以马克思主义为核心精神弘扬中华文化，推动社会主义文化的繁荣与发展；以中国特色的马克思主义的理论创新，建设中华民族共有精神家园；以社会主义核心价值体系凝聚中华民族共有价值理念。第三，马克思主义的意识形态建设与中华民族共有精神家园建设相统一的实践途径：实现马克思主义的意识形态从革命性到建设性再到和谐性的整合与转型；推动马克思主义中国化、大众化以及当代中国马克思主义理论创新；在马克思主义意识形态建设中注入中华文化的精神维度；以中华民族共有精神家园建设承载马克思主义意识形态建设。

综合以上识见与观点，可以得出这样的结论：以中国特色马克思主义为核心精神建设中华民族共有精神家园，既是推进马克思主义中国化的"精神家园"路向，也是弘扬中华文化、建设中华民族共有精神家园的"马克思主义中国化"路向。当代中国人的精神家园就是以中国特色马克思主义文化及其文化精神为主体的精神世界与精神生活。

对于我们来说，推进马克思主义中国化的"精神家园"与建设中华民族共有精神家园的"马克思主义中国化"，这双重"路向"的践履与通达，既是极具挑战性的历史境遇，也是充满理性激情与美好憧憬的时代理想。要实现这一理想，不仅需要我们具备广博精深的哲学才华，更要具有强烈的民族性与人类性的思想情怀。我们将秉承马克思主义特有的思想精神与中华民族独特的生命智慧，以不懈追求的思想胆识与理论勇气，沿着自己抉择的这一"路向"坚韧不拔地走向未来。

第八章　中华文化的精神传统与
中华民族的当代理念

　　中华文化绵延数千年，其所以能长且久者，皆赖此一文化的生命精神能够普遍贯注于整个社会、民众之日常生活，能够合理地安排人间秩序，提升士人之精神，成为佐治太平之要道。这一精神正是中华文化的内核。此一精神何以能够成为中华文化的思想内核，何以能够贯注于中华文化的方方面面？为此，我们要对这一精神的具体结构作一下阐释，以期从思想内容上完整呈现中华文化的精神传统。

　　中华文化的命运，是与中华民族的前途、复兴密不可分的。而且，当下我们所处的时代正是一个民族复兴的时代，而民族复兴最根本的是文化的复兴。文化的复兴，其实就是精神传统的复兴。我们知道，近代以来反传统的声音从未止息，甚至把落后的原因归结为传统。我们认为，当下的问题是我们能不能把传统所蕴含的生命力、创造力激发出来，把精神传统予以实践中的发挥。

　　相对于中华文化的精神传统而言，中华民族的当代理念突出的特征是其实践性。也就是说，中华文化的精神传统是我们的祖先留给我们的宝贵的精神财富，我们不能入宝山而空回，同时我们也要积极转化这笔精神财富，让其不断地趋近现实、切中生活，使其成为表征当代中国人精神追求的理念。

第一节　精神传统与当代理念的观念问题

　　观念是一个认识的范畴，也是一个生活实践的范畴。在生活当中能够拥有观念，那是要经过一番主观的努力和精神的努力才能达到的境界。观念是有境界感的一种精神存在。观念是真理性的、价值性的、审美性的、文化的和精神的所在。

一、观念的概念性理解

观念在黑格尔的逻辑体系当中也叫总念，就是诸多的概念的总和或总体。思维的具体概念叫作观念，是各个本质的总和或各个概念的总和，用黑格尔的话来说就是本质的存在的各个规定性的总和，到了这个时候才能有观念。要认识一个实际的事物，在一个领域当中，拥有关于它的观念，大体上应该经过三个阶段：第一个是思维的感性具体的阶段；第二个阶段是思维抽象的阶段；第三个阶段是思维具体的阶段。从感性具体开始，经过思维抽象的阶段再到思维具体，才能够在文化形式和理论学说当中拥有某种观念。观念的生成是人的精神活动自我肯定、自我否定、自我生成的完善化的过程。

观念和稳定的文化形式有内在的关系。观念是主观性的、精神性的，但是这种主观性和精神性只有提升为、升华为一种文化形态的时候，才可能有观念的产生。观念不仅仅是主观性的、精神性的，而且也是一种文化形式的存在。我们常说的文化观念有哲学的、史学的、文学的、理学的、医学的乃至科学的观念。这些"学"都是稳定的文化形式。当文化形式中有了具体的概念，观念才得以生成。观念是具体的概念，是概念的具体。没有达到具体的概念，就不能称之为观念。观念涉及全局与整体，是一个具体的真理的体系。观念是全面性、丰富性、体系性的。

概念对于我们理解观念、理念很重要，我们通过"概念"这个词可以把握住理念和观念。过去我们对概念有所误解，仿佛概念就是定义，仿佛概念就是抽象的，因此习惯于在抽象和定义的层面去理解概念。这种认识体现在我们对某种知识的学习当中，总是先要去记忆、背诵"定义"。这给我们造成一种印象，即概念是一种抽象的基本知识，是关于某种事物的定义。这就是我们过去大体上对概念的认识。一般性的教育理解到这样的层面是可以的，但是这样的理解不够深入。

"概念"是西方文化中的一种提法，代表的是西方的思想传统。它所标志的是这个概念所要指称的那类事物的本质。所以在一定的意义上说，概念等于本质。从研究的角度来说，概念是主观的东西，是思维的产物。客观事物本身没有概念，也无所谓本质和现象的差异，它的存在就是自在的存在，只有和人的思维发生关系的时候，才产生本质概念这样的东西。在这个意义上说，概念是我们思维的产物，是我们研究的产物，是我们思想活动的结果，所以，"概念"这个词有很大的主观性，是思想和研究的载体。所以当我们说到概念的时候，说明我们对某种存在、某种对象的认识和把握已经达到了本质性的程度。

二、观念的特质与价值

观念具有稳定性。一定时期在一定的哲学方法之下，人们所考虑的问题及其所形成的思考结果稳定下来，并持续地对人们的生活、思想产生影响，才能称其为观念。如果说一个人考虑了一些问题，可是如同过眼烟云、转瞬即逝，这些问题又被随之而来的新问题所取代，没有对生活产生什么影响，也没有形成稳定的思想的形态，我们就不能称其为观念。

称其为观念的东西，应该是系统的。观念有其体系性、系统性。例如，黑格尔的逻辑学三大部分，第一部分是存在论，然后是本质论，最后是观念论。绝对精神的运动表现在理论上，首先是存在，其次是本质，最后主体和客体达到了统一，形成了真理，形成了观念。到观念的层次，人们要解决的是真理的体系问题，是真、善、美的统一性的问题。观念是一种具体的真理，所谓具体是指观念所具有的全面性和普遍性。

观念具有民族性和时代性。那就是说什么样的民族有什么样的观念，什么样的民族发展到什么样的时代就有什么样的观念，民族文化的传统当中一定有很深层次的观念。某种思想传统的观念被我们简说成是传统的观念。西方和中国的思想传统具有相通性与差异性。西方讲本质，我们讲自身。我们说观念、理念、概念都是强调自身的真实性。解放思想的目的是实事求是，实事求是就是找到事情的本身。中国人讲"形而上者谓之道"，道的东西是事情的本身，老子讲"道可道，非常道"，道就是道，一旦你去说道是什么的话就已经不是道的本身。道是常道，常道是"道"自身，实事求是所求就是常道。解放思想就是要从说道是什么中解脱出来。概念使事情本身达到本质的程度，理念更加深入，观念更加全面。

观念有其主体性。我们说的主体性是"谁"的观念，就像我们说"左"的观念、"右"的观念，西方的观念或者传统的观念，实际上这里都有具体的人在里面，观念和人联系得更紧密一些。一提到观念我们脑海里应该马上闪现谁的观念，一般的理论可能我们知道是谁的就行了，但是那个主体被关注的成分要弱一些，这是其一。不论一个人、一个学派、一个思潮还是整个社会在一定的时期面对一定的社会问题的时候，有一个总体的观点。这个总体的观点形成稳定的思想模式和思想的倾向，这个稳定下来就是观念的东西。

观念有明确的思想主张。观念有的时候和某种主义、某种追求、某种需要联系在一起。比如说，计划经济时期，有一种阶级斗争的观念影响着我们；改革开放以后，是一种经济发展、社会进步、人民富裕的观念影响着我们。观念的变革，从阶级斗争到了社会的进步、经济的发展。阶级斗争解决的是领导权的问题，而经济发展、社会进步解决的是提高生活质量的问题。它们的追求是不一样的。所以观念不仅稳定，它有一个时期特定的内容。在这个意义上说，观念是一种主义。

观念的价值在哪里？在观念中渗透着人类对现实生活的理想性和肯定性。观念的价值来源于观念的两种属性。其一是肯定社会生活的现实性，观念具有肯定性；其二在观念形成的过程中也充满了否定性、超越性、理想性和追求性。所以，观念既肯定现实又否定现实，既肯定某种事实又要超越某种事实；观念追求实际，又追求理想和未来。观念由于它的体系性和全面性，在精神生活和主观世界当中具有很大的张力，它的张力存在于肯定和否定两极的平衡之中。所以，观念的意义和价值在于肯定与否定、批判与追求的关系当中。我们在现实生活中如何对待自己的生活、生命、世界、活动、现实和理想，都是通过观念来把握的，是我们评价生活和把握生活、评价实践和把握实践的重要维度。当社会生活和个人生活发生重大变化和实现重大追求时，我们都需要反省和检测自己的观念，以至于进行自觉的观念更新。观念的更新、超越以及重塑，具有解放思想的意义和价值。它是形成新思想、创造新事物、实现新追求的精神力量。

三、理念——在概念和观念之间

在概念和观念之间，理念是最基本的概念，它兼有概念和观念的成分。作为观念来说，它已经有了概念之间的基本的关系，已经有了观念性。所以我们对理念的判断倾向于观念的层面上。理念在概念的基础上，已经进入到观念的范围内。观念的核心是理念，理念可以等于观念，理念是以基本概念为基础的某种观念。可以对理念进行三个层面的理解，理念是概念，理念是基本概念，理念是基本概念体系中的核心。

"观念"、"理念"、"概念"这三个词，我们可以说是三而一的，但是还是有细微的差异。现在我们往往把观念和理念统一起来说，比如现在人们经常说要做什么理念，在各自的行当中要创造自己的理念，这时候"理念"这个词比观念用得多一些。在社会范畴中，我们用观念这一概念。但是在具体的问题之中我们说的都是理念。这种用法就是在大的范畴说观念，而在具体的领域内则习惯说理念。观念和理念的区别似乎在于人们所说的一种思想、主张是属于一个大范围的事情还是具体的事情。大范围的事情叫作观念，小范围的事情叫作理念。通常人们可以这样去区别，但是两者还是有其更为具体的差异。如果我们说价值理念，那么就可以说价值理念就是小范围的事情了吗？价值观念就是大事情？从价值的角度去想，我们就会发现这种理解的疏漏。比如说价值观念，我们考虑的是世界范围的、人类社会范围的。那么一个学校、一个年级、一个专业或者一个人的追求、主张，也可以说成是理念？所以，在某种程度上价值理念、价值观念在人们的理解中是可以通用的，不必把理念和观念看成是大或者小的范畴的区别。

理念具有两个特点：第一，理念存在于观念当中，观念是对理念的放大，是对理念的展开；第二，理念不仅存在于观念之中，它还是观念的核心，是观念之中最基本的东西。形象地说，理念是观念的核心精神。理念是一种精神。在我们说观念的时候，如果说它是一种精神就显得很牵强，因为观念的体系化丰富和庞杂。精神是有着力点的，精神是凝聚起来的东西，观念凝聚成了什么就成为一种理念。所以说理念是观念之中最内核的一种精神，在这个意义上来说理念是观念的精神。例如，黑格尔关于世界的观念是具有客观性的观念，他认为世界是自在的，是自为的，是自在自为的。这个自在、自为、自在自为的世界是一个自我运动、自我生成的世界，即自在又自为具有双重属性的世界是自我否定、自我发展，生成为自由、自觉的世界。这是黑格尔关于他所关注的世界的思考的观念。这是世界观的问题，关于世界的观念。我们总是说世界观、价值观、人生观，实际上就是关于世界的观念。黑格尔观念之中最为核心、最为内核的是绝对精神的理念。"绝对精神"这一概念就是黑格尔世界观的理念。黑格尔为了表达自己的世界观念专门研究绝对精神的自我运动与逻辑。研究绝对精神自我运动与自我发展就是黑格尔的逻辑学。这个逻辑学的内容是逻辑的一系列的概念，而方法就是今天我们说的辩证法。但这个辩证法所要表达的是世界自我运动的理念。这个理念就是绝对精神。所以说理念是最基本的概念，是最基本的观念，我们称为观念的核心精神。

我们今天常说的理念是我们关于某种事物最重要、最核心的内涵。比如说企业文化讲企业发展的理念，实际上就是企业中最基本的、最重要的精神核心。现在许多的企业把企业的文化观念的核心看作是价值观念，价值观是核心，文化观念、理念、价值观念都放在一起的时候就不能够理清楚到底哪个是企业的文化。其实企业文化是文化观念上的一个体系，这个体系中有很多的东西，这些都是文化观念系统的内容。价值理念是企业文化的一种具体的体现，又是企业文化的核心。企业文化体现的是企业的追求，是一种追求性的、创造性的东西，而不单单是一种规范。现在有的人把企业文化做成是一种规范，这样的规范没有超出管理的模式，没有到企业文化应有的境界中去，这种误区就是没有从观念的角度去理解这个问题。

其实，任何一个思想家、任何一个文化体系中都存在着观念和理念的这种关系。比如说基督教的观念是一种神学的观念，基督教信仰的是基督教这种文化世界的一个观念，关于世界的神圣的观念。基督教的理念是基督教中的基本精神，这种基本精神在对人间世界的解释是一种神学的解释。那就是神创造了世界，我们都是由神创造的，就是"主"的理念，基督教的实质上是一种"主"的文化。再比如，柏拉图的理念论，从大的角度上去说它是一种世界观，实质上柏拉图世界观中最核心的精神还是理念。

第二节　中华文化的精神传统

我们认为，中华文化的精神传统具体表现为：自强不息、厚德载物、止于至善的人格精神；格物致知、诚意正心、修齐治平的知行精神；中正仁和、义礼孝慈、忠信爱国的伦理精神；宁静致远、舒展安居、平凡快乐的生活精神。其中人格精神作为形上精神，是其他三种精神的纲领，其他三种精神是人格精神的具体要求、体现和落实。

一、自强不息、厚德载物、止于至善的人格精神

人格精神从其内涵上来说，就是指做人的理想、境界。中华文化主要是在讲做人的道理。中华文化向我们透显出来的无非就是要做一个什么样的人，如何去做这样的人。我们认为，自强不息、厚德载物、止于至善所指向的就是做人的品格、理想和境界，这就是中华文化的人格精神。这一人格精神充分表征了中国人所向往和追求的理想境界，并赋予人生的一切

活动以形上意义和崇高价值。

人生于天地之间，而且天地万物之中唯人最灵、最贵，这是人的一种基本存在状态、境遇。天地构成了人生存生活的背景、场域，人不能脱离天地而独生独长，而且人还得敬奉天地、效法天地。这不仅是因为我们中国人所处的地理环境、所从事的农业生活，必须考虑天文地理，追求天时地利，而且还是因为我们精神生活上的需要、追求。正是人的这一天地意识和观念激发、丰富和提升了人的精神追求。在这一意义上，我们可以说人格精神就是天地精神，所呈现出来的就是天人合一的境界。

"自强不息"原出自于《易传》乾卦之象辞："天行健，君子以自强不息。"天向我们呈现的是其创生万物、健行不息的德性，可以说天的这种创造性就是天之道。"天何言哉，四时行焉，百物生焉，天何言哉。"（《论语·阳货》）"天地之大德曰生。"（《周易·系辞传》）"天地之道，可一言而尽也：其为物不贰，则其生物不测。"（《中庸》）天地无私，生养万物，此"生"就是天地之根本性德，这就是天之所以为天的意义所在。当然，天本身并不会告诉人们应该去做什么，应该成为什么样的人，这需要人自觉地承继天之道，以立人之道。人把天的这种创生性贯注在自己身上，化天之健为人之性，刚毅进取，这就是对天道的承继。能够这样去做的人，就是君子、大人、圣贤。

在儒家思想中，君子代表的就是一种理想人格。《论语·雍也》篇记载孔子对其弟子子夏说："女为君子儒，无为小人儒。"可以说，君子是每个人做人、成人的方向，因为君子能够承天，光大天之德性，使其生命活动具有道德性、超越性。可以说，自强不息作为君子的一种品格、德性，反映出的就是君子内部心灵的成长、存养。所以，自强不息就不单纯是表现于外的进取，从根本上来说是指心灵的刚毅、充沛和强大。唐君毅先生就认为，"自强不息就是一永远创造，永不感有所蓄积之态度。自强不息的心灵，是一绝对无依之心灵"①。也就是说，真正的自强不息就是放下蓄

---

① 唐君毅：《人生之体验》，广西师范大学出版社2005年版，第37页。

积的态度，不要念念不忘己之所得，而是要努力存养自己的心性，使自己的心灵不断扩大、充盈。也正是君子的这一品格，使中华文化呈现出一幅刚健活泼、创造进取的图景。

君子，通俗地来说，就是一顶天立地之人，除了承天还要应地。也就是说，人们还要效法地之德性，以厚德载物。"厚德载物"出自于《易传》坤卦之象辞："地势坤，君子以厚德载物。"相对于天之乾健，地之德性就是博厚、柔顺，表现为一种顺成性。所以，地道就是要"顺承天道之创始力，而成就之，厚载万物，而持养之，使乾元之创始力得以绵延久大，赓续无穷，蕲向无限圆满之境"①。君子观地之博厚之象，自当深厚其德，容载万物。换言之，厚德载物就是一种成人之美的生活态度。张岱年先生认为，厚德载物有兼容并包之意，这对于文化发展是非常必要的。② 正是由于厚德载物的这一精神，亦使中国知识分子在历史上能接受、容纳外来文化，调整和充实传统文化，不断推陈出新。

天地之创造性与顺成性，正是通过人的尽心知性而显现出来的。也就是说，君子的性情、态度和行为皆透显着天地之德性。人效法天地之道，以自强不息、厚德载物，必能达至"至善"之境。"止于至善"是对人修身的最高要求，也是修身的终极目标。"止于至善"出自于《大学》："大学之道，在明明德，在亲民，在止于至善。"朱熹认为，所谓至善之境，就是"尽夫天理之极，而无一毫人欲之私"③。也就是说，至善之境就是天人合一之境，是性与天道的融合。君子承天地之道，进德为学，终日乾乾，在生命活动中不断体证天地之道，与天地万物为一体。这种至善的追求，使人生的苦乐遭遇皆充满了价值意义。而且此一至善的追求，无须外求。《论语》中凡谈到"为仁"的问题时，孔子都强调求诸己，向内求，强调个体的自觉。"为仁由己，而由人乎哉?"(《论语·颜渊》)"仁远乎哉?我欲仁，斯仁至矣。"(《论语·述而》)至善就在吾人之心，一念自觉，就

---

① 方东美：《中国哲学精神及其发展》，中华书局 2012 年版，第 26 页。
② 参见张岱年：《文化传统与民族精神》，《学术月刊》1986 年第 12 期。
③ 朱熹：《四书章句集注》，中华书局 1983 年版，第 3 页。

能证得本然之心性。而本然之心性，即天命之性、义理之性。所以，至善之工夫主要不是在外部事物上求索，而是要能够念念自觉，澄明本心。只有这样，发之于外的行为才能"中节"，才能尽物之性，才能参赞天地。

就中华文化的人格精神结构而言，至善是体，自强不息、厚德载物是用。或者说，至善是本体，自强不息、厚德载物是工夫，君子只有经由自强不息、厚德载物，方能通达至善。当然，在中华文化的语境中，体用一源，即本体即工夫。所以，自强不息、厚德载物与止于至善实际上就是一而二、二而一的问题，三者共同构成中华文化的人格精神、人格世界。纵观中华文化历史，这一人格精神不断内化为一批批志士仁人的主心骨，从其修身、治学到为政无不洋溢着此一人格精神的气息，造就了中华民族一个又一个的人格典范。

二、格物致知、诚意正心、修齐治平的知行精神

对中国人而言，做人做事的道理不仅要知之，而且要行之，甚至行比知更重要。所以，知行问题一直是中国传统哲学中的重要问题，哲人们为此提出了各种各样的说法，比如知易行难、知难行易，知先行后、知行相须、知行合一等。朱熹认为，"论先后，知为先；论轻重，行为重。""致知、力行，用功不可偏。"（《朱子语类》卷九）王阳明更明确地指出："未有知而不行者。知而不行，只是未知。""就如称某人知孝，某人知弟。必是其人已曾行孝行弟，方可称他知孝知弟。不成只是晓得说些孝弟的话，便可称为知孝弟。"（《传习录》卷上）甚至认为，"一念发动处，便即是行了"（《传习录》卷下）。也就是说，知行不能分离，知行在根上是合一的。总的来说，中华文化的知行精神凸显了我们文化的品格，表达了中国人做人做事的一种精神追求，这种精神追求的最终诉求就是知行合一。我们把这种知行精神的内涵，理解为格物致知、诚意正心和修齐治平。

按朱熹的理解，格物致知、诚意正心和修齐治平，是《大学》的八个条目；明明德、新民和止于至善是《大学》的三个纲领。"古之欲明明

德于天下者，先治其国；欲治其国者，先齐其家；欲齐其家者，先修其身；欲修其身者，先正其心；欲正其心者，先诚其意；欲诚其意者，先致其知；致知在格物。物格而后知至，知至而后意诚，意诚而后心正，心正而后身修，身修而后家齐，家齐而后国治，国治而后天下平。"（《大学》）在这八个条目中，如果从知行的角度来说，格物致知、诚意正心属致知之事，修齐治平属力行之事。具体来说，格物是指"即物而穷其理"，致知是指"推极吾之知识，欲其所知无不尽也"。[1] 诚意，就是诚实于心，专一不二，不自欺亦不欺人。"所谓诚其意者，毋自欺也。"（《大学》）正心，就是指心无所偏，能使身之忿懥、恐惧、好乐和忧患皆得其正。

上面，我们分别谈了格物致知、诚意正心的基本含义，那么究竟何为"知"？也就是说，通过格致诚正的工夫，我们究竟体验到了什么？朱熹认为，"穷理格物，如读经看史，应接事物，理会个是处，皆是格物"（《朱子语类》卷十五）。可以说，"知"就是理之所在，致知就是要体验出是非善恶，体贴出天理。换言之，知就其超越性而言，就是天理、天道；就其内在性而言，就是良知、良心。天理和良知，在人身上得以同一，其实现也有赖于人之践行。

"知是行的主意，行是知的功夫；知是行之始，行是知之成。"（《传习录》上）知是行的开始，行是知的目的。致知、明理还应见之行动，要以行为归宿。"（欲知）知之真不真，意之诚不诚，只看做不做，如何真个如此做底，便是知至意诚。"（《朱子语类》卷十五）知行在根本上是合一的，不可将知、行分作两件。如果把知、行分作两件，那么不仅使人要么停留于悬空思索，不肯着实躬行，要么懵懵懂懂，冥行妄作，而且更容易使人放松克己内省的修养。正如王阳明所说，人"有一念发动，虽是不善，然却未曾行，便不去禁止"（《传习录》卷下）。如此这般，久而久之，内心便会懈怠麻木，失却了做人做事所凭依的根本。综上所述，知天理、保有良知是整个知行精神的基础。因为只有知是非、知天理，才是真知真行，

---

[1]　朱熹：《四书章句集注》，中华书局 1983 年版，第 4 页。

也才能言行不偏，近之小之，对家人不偏爱偏恶，可以团结和睦一家人，这就是齐家；远之大之，可以教化一国或天下的人，这就是治国平天下了。否则，修身、齐家、治国、平天下都只能是空话。

中国文化向来不是讲之以口耳，托之以空言，而是要让人在生活中、在行为上实实在在地表现出来。所以，格致诚正，推而扩之，必是修齐治平。而且在中国人看来，身、家、国、天下是人生的四个阶层，致知和力行必然要体现在相应的阶层上。众所周知，修身是传统中国人的必修科目，是为人为学的根本要求和首要内容。所以《大学》中说："自天子以至于庶人，壹是皆以修身为本。"其实，修身也正是在齐家、治国中完成的。中国文化就是以家庭关系为基础，外推及于政治和社会层面，建立起一套君臣、父子、夫妇、兄弟和朋友的人伦秩序。其中，家庭在中国社会历史中扮演着非常重要的角色。作为中国人日常生活的场域，家庭是进行伦理教化的重要场所。在家庭生活中，孝于亲、友于兄弟是两个最为基本的德性。而圣人之道，无非就是身体力行这两个德性。"尧舜之道，孝弟而已矣。"（《孟子·告子下》）所以说，家庭是个人明德、成道的始基，是中国人道德生活的核心。同时，国之本在家，"一家仁，一国兴仁；一家让，一国兴让"（《大学》）。家庭伦理可直通于政治、社会生活。所以，传统中国人才会认为忠臣出于孝子之门。一国之上尚有一天下，此天下观念乃中国文化截然有别于西方文化的一种人生秩序和世界秩序观念。天下为中国人实现道德自我敞开了极大的空间，同时也意味着人要有大担当、大气魄，"居天下之广居，立天下之正位，行天下之大道"，成为大丈夫。在这一身—家—国—天下的人生结构中，中华文化的知行精神一以贯之。

三、中正仁和、义礼孝慈、忠信爱国的伦理精神

"子曰：古之学者为己，今之学者为人。"（《论语·宪问》）在孔子看来，人应该追求为己之学，努力完善和成就自己的人格。此为己之学，不是悬空的口耳之学，而是要落实到现实的伦理层面，是要把某种理想、价

值贯注到日常生活中，通过下学人事而上达天理。儒家的这种思想观念最终凝聚为中华文化的一种精神传统，我们把它称为伦理精神。具体来说，我们把伦理精神的内涵概括为：中正仁和、义礼孝慈和忠信爱国。其中，中正仁和是伦理精神的根本，义礼慈孝和忠信爱国是伦理精神的展露。

中正仁和，从其根本上来说，就是在强调人性情之正。《中庸》中说："喜怒哀乐之未发，谓之中；发而皆中节，谓之和。中也者，天下之大本也；和也者，天下之达道也。"朱熹认为，"喜、怒、哀、乐，情也。其未发，则性也，无所偏倚，故谓之中。发皆中节，情之正也，无所乖戾，故谓之和"①。在我们看来，所谓中和就是说人之性情无所偏倚、无所乖戾，皆得其正。换言之，正就是直。在我们的用语习惯中，正直亦是常常连用。仁是儒家思想的核心语词，旨在强调人的真性情，此真性情就是性情之正、之直。所以，中正仁和所意味的就是一种为人的价值原则和生活态度，代表的是伦理精神的形上内涵，义礼孝慈和忠信爱国皆以此为基础生发出来。从伦理精神的角度来说，中华文化实际上所表征的就是一种人伦日用的生活态度。中正仁和是我们中国古人的首要生活态度，也是最根本的生活态度。义礼孝慈和忠信爱国，讲的就是在家庭生活、社会生活中的原则、态度。

传统中华文化植根于农耕文明，与产生于海洋文明的传统西方文化不同，是以家庭为中心的东亚社会生活方式。"义礼孝慈"不仅仅是一种伦理观念，更是一种实践活动，是"知"和"行"的统一。所谓义者，宜也。进一步来说，义就是天理之宜，从根本上就是道义之义。所以，中国人讲究义以为上。"子曰：君子义以为质，礼以行之，孙以出之，信以成之。君子哉！"（《论语·卫灵公》）"君子喻于义，小人喻于利。"（《论语·里仁》）君子的鲜明特征就是以义为质，以礼行之。我们知道，中国素被称为"礼仪之邦"。《左传》中说，"礼，经国家，定社稷，序民人，利后嗣者也"。礼具有很强的规范性，礼仪是礼之具象化。可以说，在传统中国

---

① 朱熹：《四书章句集注》，中华书局1983年版，第18页。

若离开"礼",不但事难成,而且人难做,所谓离经叛道是也。"义"、"礼"这样的伦理观念投射到以家庭为细胞的传统中国社会中就是孝慈、忠信。中国古代特别强调五义①,即父义、母慈、兄友、弟恭、子孝。"孝"即亲亲,是子女善事父母长辈之行。"孝弟也者,其为仁之本与!"(《论语·学而》)"为人君,止于仁;为人臣,止于敬;为人子,止于孝;为人父,止于慈;与国人交,止于信。"(《大学》)孝是人的首要德性,并且爱亲亦是爱众的基础,由此方可仁民爱物。人们对"孝"的最初理解是把赡养父母作为孝的基本内容,而孔子和孟子给"孝"赋予了崇敬父母的内容。"子游问孝。子曰:今之孝者,是谓能养。至于犬马,皆能有养;不敬,何以别乎?"(《论语·为政》)这样,人便能与其他动物照料其上代的行为相区别,使孝道作为人区别于其他动物的独有特征而存在。尤其是孟子,把对父母的崇敬看作是孝道中最重要的环节。《孟子·万章上》有言:"孝子之至,莫大于尊亲。"后来的历代学者对孝道的理解基本都是沿袭了孔子和孟子的观点,认为"孝"是善待父母和崇敬父母的思想和行为,而心中对父母的"敬"和"爱"更胜于具体的"事亲"行为。"慈"与"孝"相对应,是父母长辈对儿女晚辈的和善与关爱。"孝"与"慈"的概念是互为的,即"父慈子孝",二者缺一不可,一并构成家庭伦理的基础。众所周知,孝作为人的首要品质,在日常生活中甚至衡量和判断一个人的品质、能力往往就以孝为最重要的标准。汉代就以举孝廉为选拔官吏的一种方法,认为为官者必须有孝廉之德。所以,古代中国在某种程度上就是以孝治天下。

"子曰:君子不重则不威,学则不固。主忠信。无友不如己者。""曾子曰:吾日三省吾身:为人谋而不忠乎? 与朋友交而不信乎? 传不习乎?"(《论语·学而》)朱熹认为,"尽己之谓忠。以实之谓信"②。简单来说,忠就是为人处世尽心尽力,专一不二,无一毫懈怠、怠慢。当然,忠所依凭

---

① "五义"出自《国语·周语中》:"五声昭德,五义纪宜",参见徐元诰:《国语集解》(修订本),中华书局 2002 年版,第 94 页。
② 朱熹:《四书章句集注》,中华书局 1983 年版,第 48 页。

的并不是某些外在的权威、习俗等，而是内在的仁。"信"即诚实，不欺也。"忠信"作为一种个人德性，推而广之，从亲爱家庭血缘层面升华到国家层面上，即是爱国。"临患不忘国，忠也。"（《左传》）"遵命利君，谓之忠。"（《荀子》）所以说，爱国是忠信的必然要求。或者说，爱国其实就是一种乡土情怀、家园情怀，而这种乡土情怀是孝慈忠信之人的必然呈现。因为传统的中国社会结构以每个家庭为基础，因此具有厚重的人情味道，人们的社会生活与血缘联系非常紧密，这种有着合血缘亲情与家族政治为一体的观念，人们便会把对家庭成员之间的"孝"和"慈"推扩到共同体成员间的"忠"和"信"。可以说，在有着家国同构特点的传统中国社会，由"义礼孝慈"的家庭伦理观念让渡到"忠信爱国"的国家伦理观念也显得非常自然。"义礼孝慈"的观念仿佛如中华文化的种子一般，在家国同构理念的催生下，最终成长为拥有共同的"忠信爱国"价值观的参天大树。

从上面的论述，我们可以看到"中正仁和、义礼孝慈、忠信爱国"的伦理精神构成了传统中国人社会生活的伦理枢纽。"中正仁和"成为每个中国人自我修养的圭臬；"义礼孝慈"成为共同体内部充满温情的心灵纽带、亲情宗旨；"忠信爱国"成为我们中国几千年屹立于世界民族之林不倒的价值基石和灵魂信念。

四、宁静致远、舒展安居、平凡快乐的生活精神

人不仅要生存，更要生活，要不断反思生活和生命的意义，自觉追求和憧憬一种理想的生活秩序。在这一意义上，我们认为生活精神所代表的就是一种生活的自觉和生命的觉悟，即生活的理想性、精神性追求。在我们看来，传统中国人所追求和向往的是一种宁静致远、舒展安居、平凡快乐的生活状态。宁静致远是人生活的心性状态，舒展安居和平凡快乐是人心性状态的外化。

一说到宁静致远，我们都会首先想到诸葛亮在《诫子书》中说的那句话："夫君子之行，静以修身，俭以养德。非淡泊无以明志，非宁静无以

致远。"在传统中国人那里，静是人修身养性的工夫，而且唯有宁静方可致远。简单来说，静就是心不妄动，思不游走的状态。人心妄动，思虑散乱，自然不静，亦难以致远。在老子思想中，静是人的自然纯真状态。"致虚极，守静笃。"（《老子》第十六章）老子认为，一个人的心境原本是空明宁静的状态，只因生活中私欲的扰动，而使得心灵蔽塞不安。因此，强调通过致虚、守静的工夫消解心灵的蔽障，厘清混乱的心智活动，返璞归真，恢复心灵的清明。静，在古典儒家那尚不突出。到新儒学，宋儒对"静"非常重视。周敦颐在《太极图说》中说："圣人定之以中正仁义，而主静立人极焉。"他对"静"作了一个注解，"无欲故静"。静，就是指人心无私欲杂念。所以，宋儒常常教人静坐、默坐，以澄心、养性。宋儒程颐每见人静坐，便叹其善学。当然，"静"不是说要让人身如槁木、心如死灰一般，因为人心是活的；而是说人之动作思虑、应事接物不做作、不妄为，是虽动犹静。所以说，静是人心性的自然本真状态。

我们知道，孔子本人就是一个活泼、刚健而又富有情趣的人。《论语·述而》篇曾记载孔子的生活状态："子之燕居，申申如也，夭夭如也。"所谓申申如也、夭夭如也，是说孔子容舒色愉，有中和之气。而一般人往往要么偏于太严厉，要么偏于怠惰放肆。[1] 孔子的这种燕居状态体现的是一种舒展安居、活泼愉快的生活状态。这也体现在孔子对曾晳言语的肯定。曾晳在谈到自己的生活志向时说："莫春者，春服既成，冠者五六人，童子六七人，浴乎沂，风乎舞雩，咏而归。"（《论语·先进》）孔子听后，长叹一声"吾与点也！"孔子非常赞同曾晳那种悠然自得的生活理想。更进一步来说，这是一种"与天地万物上下同流"的生活理想。其实生活本就朴实，无非日用常行，而能于此活出一种精神，动静从容，胸次悠然，自得其妙，方不失为大人。

李泽厚认为，中国文化是一种"乐感文化"，中国人强调对生存和生命的积极肯定，追求一种幸福、和乐的生活。对人的生存和生命的积极肯

---

① 参见朱熹：《四书章句集注》，中华书局1983年版，第93—94页。

定，这其实完全出于人性之自然，而这一看似平常、平实的做法，却正是对人性本性的实现，人性本性得以实现，内心自然畅快、愉悦。可以说，中国人的快乐正是从平凡中产生，而且平凡本身就是一种快乐，所以说中国人的生活情志就是追求平凡快乐。平凡作为一种生活情志，既顺乎生活的本性，又合乎人的本性，因为在生活中人触目所及皆是平常之事，惊天动毕竟不是生活常态，但人能从此中体会出价值、领悟到意义，此平凡便有深意了。此一平凡快乐是"极高明而道中庸"，即超越世俗又不离世俗。平凡中的高明，即乐之所在。如果用宋儒的话来说，那就是道之所在，天理之所在。《宋史》记载，宋儒张载年轻的时候喜欢谈兵，21岁时欲结客攻取被西夏占领的洮西之地，并上书范仲淹。范仲淹一见张载，知其有远器，就对他说："儒者自有名教可乐，何事于兵。"并劝其读《中庸》。在儒家思想看来，士人应该追求一种比世俗之乐更为宝贵的名教之乐。那么，名教有何可乐之事？因为名教中有天理天道，有圣贤境界。宋儒程颢、程颐在从学于周濂溪时，周濂溪"每令寻仲尼、颜子乐处，所乐何事"。在《论语》中就有两处直接记录了孔颜之乐。"子曰：饭疏食，饮水，曲肱而枕之，乐亦在其中矣。不义而富且贵，于我如浮云。"（《论语·述而》）"子曰：贤哉，回也！一箪食，一瓢饮，在陋巷。人不堪其忧，回也不改其乐。贤哉，回也！"（《论语·雍也》）当然，周濂溪所说的"孔颜之乐"恐怕并不限于这些文字记录。但从这两处，我们可以看到，孔子和其弟子颜回安贫乐道。所谓孔颜之乐，就是一种超越物质层面的精神追求。此一精神追求，在对"道"的体贴中所产生的自由自在、平凡快乐的生活心境。从其切近处来说，就是"从心所欲，不逾矩"，是在"志于道，据于德，依于仁，游于艺"的过程中所达到的"吾与点也"的自在之乐。

第三节　中华民族的当代理念

贺麟先生认为，"在思想和文化的范围里，现代决不可与古代脱节。

任何一个现代的新思想，如果与过去的文化完全没有关系，便有如无源之水、无本之木，绝不能源远流长、根深蒂固。文化或历史虽然不免经外族的入侵和内部的分崩瓦解，但也总必有或应有其连续性"①。对于中华文化而言，其当代发展同样也不能与传统文化脱节，尽管近代中国遭遇了西方文化的冲击和挑战，但必有或应有其连续性。在文化中往往能够保持连续性的就是精神，因为精神作为活的东西能够超越时代、地域而持存于人们的文化—心理结构中。如果中华文化的精神传统在当代没有得到继承和展开，那么中华民族及其当代文化也就不会有新的前途、新的开展。

针对当今人们观念上和实践中的问题，我们应该自觉秉承、转化中华文化的精神传统，创造性地发展中华文化，挺立中华民族文化的主体性，为中国人精神家园的重构和中华民族的伟大复兴奠定精神基础。我们认为中华文化的当代理念至少包括以下四个方面：自强不息、厚德载物、至真至善的人格精神；以人为本、公平正义、勤勇专精的实践精神；仁义孝慈、忠信爱国、友爱和谐的伦理精神；谦恭坦诚、自尊自律、舒展自由的生活精神。

一、自强不息、厚德载物、至真至善的人格精神

上面，我们已经对中华传统文化的人格精神作出一番阐释。我们认为，传统的人格精神表征了一种理想人格，激励了一批批志士仁人投身于修身、济世的活动中，并由此完善人格、实现自我。换言之，追求完善人格是人恒久的精神需求，对于当代的中国人而言同样如此。所以，自强不息、厚德载物和止于至善的精神在当代仍然是每一个中国人使其成为人的基本理念。而且，当下人们对这一人格精神的渴求愈发迫切。

今天，随着社会的发展、技术的进步，人们的物质生活已经极大丰富，可人们的精神状况、境遇并不容乐观。首先，中华文化中既有的价值

---

① 张学智编：《贺麟选集》，吉林人民出版社 2005 年版，第 130 页。

系统和精神传统遭到了一定程度的遮蔽、消解。近代中国，内忧外患，命运坎坷，在这样一个千年未有之变局中，以儒家思想为主干的中华文化也遭遇了危机，其基本精神和核心价值不断受到冲击和挑战。1949年以后，传统文化又成了"革命的对象"，不断被边缘化。历经拨乱反正、改革开放，人们开始感受到了某种程度上价值的虚无、精神的真空，但很快就投身于经济的热潮中，还没顾得上深入、完整关注和探讨此类问题。物质生活的需求在某种程度上很快就完全压倒了精神生活的需求。但人毕竟不是单向度的人，人需要从根本上占有、丰富自己的本质，需要滋养、呵护自己的精神生命。所以，人们精神生活上的问题使得我们不得不回向我们文化的精神传统、源头。

中华文化的精神传统确实能够成为当代中国人培养完善人格、培育精神生命的重要思想文化资源，其中人格精神也确实能够承载起人们的期望和理想。现代社会的模式源自西方思想传统，中国人在追求现代性的过程中自觉不自觉地要受到西方的影响。也就是说，我们在接受、追求现代性的同时，也不可避免地承受着随现代性而来的一些问题。而我们又不可能把西方的思想传统也一并学来，也就不会有如西方社会那般文化免疫力和调节力。那么，我们如何应对现代性问题？换言之，在一个非西方的国度、社会，如何构建一个健全、良善的现代社会？面对这些问题，我们还是需要立足自己的思想传统，发挥自己的大智慧。

毫无疑问，要构建健全、良善的现代社会，其前提是要培养具有健全人格的人。我们认为，自强不息、厚德载物和止于至善的理念仍然是个体修养的不二法门。而且自强不息、厚德载物和止于至善的精神在当代中国之所以能够得以新展开，就在于它们能够开发人们日趋闭塞、干枯的心灵，建构一个内不为个人习气所俘、外不为物所役的人格世界。而且，这一理念的开发，并不是向外求索，而是自作主宰。可以说，自强不息、厚德载物和止于至善的精神在当代的演进、展开，最突出的一点就是每个个人心灵的凝聚与开发。只有当每个人开始回到内心的时候，人们才可能摆脱外物的束缚，超越世俗的情绪，追求与物同体、与天合一的精神境界。

回到内心，也就意味着消解人自身的"高大"、"狂妄"。今天，人类似乎有些有恃无恐，自信心不断膨胀，对理性尤其是工具理性的运用已达到了无以复加的地步。可以说，人们对天地已经没有了敬畏之心，似乎天地万物皆可为人类所掌控、宰制。倡导和践行自强不息、厚德载物的理念有助于人们克服这种现代病症。从上面的论述中，我们知道自强不息、厚德载物的精神就是天地之道，人所要做的就是效法天地之无私、健顺，质朴敦厚而又敏锐明利，放下那种追求满盈的念头，保持一份谦逊的态度，成为一个顶天立地、堂堂正正的大人。"惟德动天，无远弗届。满招损，谦受益，时乃天道。"（《尚书·大禹谟》）"大成若缺，其用不弊；大盈若冲，其用不穷。"（《道德经·第四十章》）这都是在强调立于天地间的人不可追求满盈，要行损道，损之又损，以至于无私无为。人们往往把自强不息理解为单纯的奋斗、进取精神，而没有关注自强不息背后的精神实质。自强不息，从其根本上来说，是在为人们指出一个努力的方向、成德的方向，即天道。所以，自强不息的理念所彰显的不是要让人们努力获取什么东西，而是要努力消解心中的私欲妄念，努力往上提升生命的质量。

不可忽视的是，人们的生活世界确实发生了很大的变化，工业化、都市化和全球化在很大程度上影响了人们的生活方式、人生态度，生活世界的平面化、庸俗化倾向明显。也就是说，我们要对自强不息、厚德载物和止于至善的精神传统进行一番调整、转化。中华传统文化的这一人格精神，凝聚了传统中国人的生活态度、价值观念和理想追求，体现的是某种超越世俗世界的形上精神价值。这对于生活在日常世界的芸芸众生而言，似乎太过高远。所以，这一人格精神要解决的首要问题就是使形上价值逐渐渗透到普通民众的形下生活中。或者说，要使普通民众都能感受到在俗世生活之上还有一种更为宝贵、更为可爱的精神价值，进而使其自觉地追求和向往这一精神价值，不断充盈自己的心灵世界。这样我们就要对这一人格精神的理解作一番拓展。自强不息、厚德载物和止于至善的人格精神基本上都是在道德实践、个体修养的意义上立论，意在培养人们的浩然正气，引导人们成为道德典范、人格榜样。但在中华文化的人格精神传统中，道德实践的主体毕竟只是少数人或者说少数知识人。那么，人格精神想要真正进入当代中国人的生活、生命活动中，就必须从少数知识人走向普通民众。所以，在中华文化的当代理念中，实践精神、伦理精神和生活精神其实就是走入日常生活的人格精神。人格精神有赖于实践精神、伦理精神和生活精神的支撑，不然人格精神就容易流于空洞。

最后，在继承中华文化人格精神传统的同时，我们也加入了表征新时代的新精神维度。止于至善是传统中国人的理想境界。但这一理想境界主要强调的是道德主体的自觉修为，讲求的是道德意识的实现、道德人格的挺立，偏重于内圣一面。相比于西方文化理性至上的精神传统，中华文化的精神传统可谓是德性至上。所以，我们觉得中华文化的当代理念应该是至真至善。从止于至善的精神到至真至善的精神，我们突出的是"真"的精神。在我们看来，"真"有两个基本含义：一是性情之真，强调人率性而为，一任自然；二是求知之真，强调为求知而求知的真理精神、科学精神。可以说，至真与至善犹如车之两轮，鸟之双翼，缺一不可。这种为知而知的精神在中华文化的精神传统里并不占据主导地位，并未成为影响文化发展的主导力量。而这种精神在西方文化非常突出，是西方文化的典型特征。今天，文化的交流和融合已是大势所趋。中华文化的当代展开不可能故步自封、孤芳自赏，既要继承和转化既有的精神传统，又要积极汲取其他文化优秀的精神传统。

二、以人为本、公平正义、勤勇专精的实践精神

我们认为，实践精神指的是一种理想性的实践态度，是每一个社会成员所应具备的做人做事的基本素养。中国传统的知行精神主要立足于个体的道德心性，在此基础上追求内在人格的完善和外在事功的成就。可以说，格致诚正、修齐治平的精神主要是一种个人德性。所以，我们就要在继承这笔精神财富的同时，还要跟上时代的步伐，体现现代中国人的精神追求。进入现代社会，中国人还要使自己成为一名现代意义上的公民，具

备公民所应具备的素养、素质。其中，实践精神就是公民所应具备的基本理念。我们把这种公民所应具备的理念概括为：以人为本、公平正义、勤勇专精。

以人为本是现代中国人最为根本的实践态度。在中国传统文化中，人本思想也很深刻和丰富。张岱年认为，"所谓以人为本位即是以人为出发点、以人为终极关怀，而不诉诸宗教信仰"。"所谓人本，不是说人是世界的本原，而是肯定人是社会生活的基本，区别于以神为社会生活的依托的宗教信仰。"①在中国文化尤其是儒家思想看来，人应该努力解决现实生活中的问题，肯定自身的价值，提高道德觉悟，而不必求助于鬼神。"子曰：务民之义，敬鬼神而远之，可谓知矣。"（《论语·雍也》）另外，古代先贤们也曾提出一些民贵君轻、民为邦本的思想观念。但此一观念多停留在思想上，并没有被真正推行过。战国时代管仲也曾提出过"以人为本"，但他是把以人为本作为一种治国术，认为只有把人的问题解决好了，才能巩固国家，最后称王称霸。所以，中国传统的民本思想尤其是在统治者那，基本上就是沿着这条思路传承下来的。

今天，发展已成为当今时代的主题。时代的诸多问题也集中体现在发展上。人们过于追求经济的增长、生产力的发展，把发展单一化，甚至把物质的发展作为解决各种社会问题的主要手段；同时，人们也以此作为社会发展的理想。然而，人并不是单纯的经济动物，社会生活也无法在单一的经济生活中展现其丰富的内容。基于这种认识，人们逐渐从"以商品为中心的经济发展观"转向"以体制为中心的社会发展观"，直至提出"以人为中心的整体发展观"。②从中可以看出，当今时代正在凸显一种全新的发展理念，即发展的根本在于人本身的理念。这种以人为本的理念，意味着要以人为目的，从人的尺度和需要去理解、创造与人有关的一切价值，解决人所面临的一切问题和矛盾。如果失去对人性根本的坚守，势必

---

① 张岱年：《文化与价值》，新华出版社 2004 年版，第 87—88 页。

② 胡海波：《社会发展的双重理想》，《东北师大学报》1997 年第 5 期。

造成发展中人性价值的偏失与生活意义的失落，经济与社会的发展都无法使人类真正发展。也就是说，如果失落人本理念，发展就容易陷入片面的经济增长而不能自拔，不仅难以彻底改善人的生活质量，而且还会引发和产生分配不公、两极分化、社会动荡、生活奢靡等问题。

公平正义是现代公民的基本德性。在中国传统文化的语境中，公平、正义大都是从德性、人格的角度来谈论的。《管子·形势解》："天公平而无私，故美恶莫不覆；地公平而无私，故小大莫不载。"此处之公平，即指无所偏袒。《荀子·儒效》："不学问，无正义，以富利为隆，是俗人者也。"俗人追求的是富利，而君子追求的是"学问"、"正义"，即做人做事公正合宜的道理。从美德伦理的角度来说，公平和正义基本上就是一个含义。但在现代社会，人们生活的公共化程度越来越高，公平正义问题就已经不只是个人美德品行的问题。从政治学的角度来看，正义就是指社会对公民的基本自由平等权利的公正合法的分派和有效的社会保护；从经济学的角度来看，正义就是指机会均等和市场分配公正。① 不管如何理解，公平正义都蕴含着人类的某种理想追求，其中正义更为根本。正义是人之为人的真正之义。正义的实质是把人的发展、人的价值、人的尊严视为人的世界、人的关系以及人的行为的根本。② 在中国，公平正义问题，一开始是随着市场经济的建设和发展而出现的，尤其是在效率与公平的争论中浮出水面。效率与公平是人们用来评价经济生活的两个基本范畴。效率与公平何者优先，关涉的是人的经济生活、经济关系的价值序列选择问题。作为经济范畴，效率主要指的是资源的有效使用与公平配置。其实公平从来就不是纯经济概念，它总是含有人性的意义，涉及人的价值判断问题。当代中国的社会发展应在确立正义准则的基础上重建社会公平，达到更高的、真正的效率，而不应该把公平和效率二元化，然后再让公平置于为提高效率而"兼顾"的境地。总而言之，公平正义在现代社会主要指向的是

① 参见万俊人：《义利之间：现代经济伦理十一讲》，团结出版社 2003 年版，第 75—76 页。

② 参见胡海波、宋禾：《正义、正义观与正义理论》，《求是学刊》1998 年第 3 期。

社会成员权利和义务的分配，使每一人各得其所应得。当下，我们不仅要在经济生活中强调公平正义的理念，而且还要在政治生活、社会生活贯彻这一理念，使人过上尊严、体面的生活。

勤勇专精是现代公民的一种更为具体的实践态度。在我们看来，"勤"所意指的是一种勤勉的精神。用孟子的话来说，那就是"孳孳为善"的精神。"知、仁、勇三者，天下之达德也。"（《中庸》）勇，不是匹夫之勇，而是勇于为善的力行精神。总而言之，"勤"、"勇"是一种以仁义之心，配之浩然之气的勤勉、刚强的品质。勤、勇是中华民族的优秀传统，正是因为有了勤勇的中华民族，才创造了中国几千年的延绵历史、灿烂文明。今天，我们正处于改革攻坚期，社会处于转型期，中国的发展需要人们发扬这种勤勇的精神。高新技术发展的时代，除了需要勤勇精神外，更需要"专"、"精"的理念。通俗地来说，所谓专、精，就是指专业和精准的理念。在传统中国社会，衡量和评价一切事为的主要尺度就是道德，而道德以外的品质则常常被忽视、遗忘。现代社会，在某种程度上就是一经济社会，讲究效率和效益，而且现代社会的分工极其细化、专门化，对人的技能、技术等各方面的要求日趋专业、精准。可以说，在现代社会生活中，专、精是一种标准和准则。凡不符合此专精的标准和准则，就有可能被淘汰出局。也就是说，专、精对我们来说首先呈现为一种外在的要求。但如果只是这样来理解专、精理念的话，那么专、精只能是对人的限制、束缚，人的能力和本质得不到全面发展和全面占有，人的心智也并不自由。作为一种现代人的品质、素养，专、精不单是对人的一种要求、命令，更多的是指人的一种态度、追求，是人生成和发展的内在要求。而且只有由内而外的生发出专、精的理念来，专、精才不是对人的异化，才能成为人的本质力量的确证。

三、仁义孝慈、忠信爱国、友爱和谐的伦理精神

在走向现代化的过程中，尤其是改革开放三十多年来，中国在经济建

设上取得了举世瞩目的巨大成就。但是经济的发展未必就会伴随着某种精神的觉醒和伦理的自觉。现实往往是，经济繁荣的背后常常隐藏着深层次的精神迷茫、价值迷失等伦理困局。换言之，经济发展的顺境，与价值伦理的困境可能同时并存，甚至达到一定程度之后，这种状况会吞噬掉已有的发展成果。所以，在传统中国走向现代中国的过程中，我们必须注重构建一种自觉的、普遍的伦理精神，形成良善的伦理生活秩序，使民众享有一套与现代中国相适应的价值系统、人格结构和生活方式。

传统中国社会，按梁漱溟先生的话来说，那就是一伦理本位的社会。换言之，传统中国人在处理人与人之间的关系方面有着非常丰富的伦理思想资源，而且以这些伦理规范来治理家族、国家。所以我们才说中华文化的精神在很大程度上就表现为伦理精神。上面，我们已经把传统中国的伦理精神概括为：中正仁和、义礼孝慈和忠信爱国。毫无疑问，欲对治现代社会的伦理困局，我们必须从传统中国的伦理精神中汲取养分。根据对当代中国现实的把握和对传统文化的理解，我们认为当代的伦理精神就是：仁义孝慈、忠信爱国和友爱和谐。仁义是当代中国伦理精神的首要内涵。"仁，人心也；义，人路也。"（《孟子·告子上》）其中，仁乃义之本。仁义，总而言之，就是说人有此仁爱之心，行事方可合宜。仁义，是大道，人出入往来必由之路，不可舍此路而弗由。在日常生活中，人们也常说"仁至义尽"、"仁不仁义"。仁义，仍然是我们看待和评判某人某事的一个重要价值标准。尤其对中国人而言，仁义更是我们做人做事的要求和标准。在中华文化的语境里，我们常把道德要求、伦理要求放在非常重要的位置。孝慈，其实是仁义的进一步落实。家庭仍然是现代社会的基本维度，而且人的成长就起于家庭，孝慈等伦理规范、价值理念仍然具有其恒常的意义。更重要的一点是，现代社会不同于以往富有温情的礼治社会，是讲究契约、权利和利益的法治社会，有时候会给人一种冷冰冰的感觉。人们的社会交往完全被利益所笼罩。正是基于此，我们觉得倡导、践行"仁义孝慈"倍加珍贵，亦愈发迫切，而且当代伦理精神也必须有这一环。传统伦理精神中的忠信爱国，亦是当代不可或缺的伦理理念。忠信依然是立人之本，爱国是其必然要求。当然，忠信必须脱离原来那种臣对君的愚忠愚信。可以说，虽然时代在发展，仁义孝慈和忠信爱国所针对的具体情境亦发生了很大的变化，但其基本精神仍然是现代中国人所普遍认同的原则和规范，是我们接人待物的基本原则、伦理规范，是我们成就自身人格的重要实践方式。

当然，不可否认的是，现代中国毕竟不同于传统中国。在传统中国，其伦理精神所适用的范围是家族以及家族式的共同体，是在一对一的关系中实践的，只是维系着私人的道德。[①] 而且，传统伦理精神是与传统中国的社会结构紧密结合在一起的，伦理精神渗透在社会生活的各个方面。所有这些因素，都是我们在继承传统伦理精神的时候，需要认真考虑的问题。也就是说，我们必须考虑传统伦理精神在现代中国的适用范围和有效性，以及如何对之进行适当的转化，使其有效地融入当代的社会生活。

我们知道，传统中国社会是一个熟人社会，人们往往有着共同的价值观念、行为模式和生活方式，人们的同一性较大，文化的同质性较高。而现代社会，流动性很强，价值观念日趋多元，强调个体独立性，人们的差异性突出，文化的异质性较强。所以，当代中国的伦理精神除了义礼孝慈和忠信爱国之外，我们认为还必须强调友爱和谐。所谓友爱和谐，就是指尊重差异，与人为善，和而不同。在这里，友爱是基础，和谐是归宿。中华文化就其精神传统而言，一直在强调"和"的理念，认为在人己对待中要注重身心和谐，在家庭生活中营造和气，正所谓"家和万事兴"，在政治生活中追求"政通人和"，在国与国的关系上讲究"协和万邦"，传统中国社会的生活无一不是以"和"为贵。当代社会，身心紧张、人际疏离和文明冲突等问题困扰着人们，友爱和谐的理念作为当代人的一种精神追求，或许可以引导人们走上"各美其美，美人之美，美美与共，天下大同"（费孝通语）的生活道路。

---

① 参见韦政通：《伦理思想的突破》，中国人民大学出版社 2005 年版，第 8 页。

四、谦恭坦诚、自尊自律、舒展自由的生活精神

任何一种思想文化，无不始于对生活的本真体验和面向生活世界的深刻思考。21 世纪是一个体验的时代。由科学、技术的兴盛所开显出来的生活世界的丰富性让我们感受到了人类理性的巨大能量。在这样一个被物所萦绕的功能性生活世界中，个人的生活似乎获得了前所未有的自由选择空间，但个人却不得不独自承负诸种选择所带来的风险。对于增加一个选择就同时增加一个风险的现代个体而言，其自由选择的空间越大，生活的不确定性就越发明显。这种带有强烈不确定性的选择，或许引发的已不再是获得自由的欢欣与鼓舞，而极有可能是一种失去根基与方向的恐惧。在如此情形之下，人既不能自安，也不能相安。久而久之，生活便产生了无力之感、疏离之感，甚至人生的意义和生命的价值，亦无法在自己内心获得明确的确证。也就是说，人们需要一种属于自己的生活理念。建构当代中国的生活理念必须充分考虑现代中国生活方式的变化，与此同时我们也必须回向自己的精神传统，借鉴古人的生活智慧，以有效应对当下社会生活中种种异化的生活状况。我们认为，当代中国的生活理念是谦恭坦诚、自尊自律、舒展自由，其主旨就是要追求一种生命的真实、生活的从容。

中国人历来崇尚谦恭，反对盈满，在《尚书·大禹谟》中即有"满招损，谦受益"的说法。谦恭是一种低调的生活姿态。《周易》谦卦的卦辞是："谦：亨。君子有终。""'谦'者，屈躬下物，先人后己，以此待物，则所在皆通，故曰'亨'也。"[1] 可以说，谦是君子的一种重要德行，保有此种德行必能亨通。《论语》中，孔子说"仁者，其言也讱"（《论语·颜渊》），"君子欲讷于言而敏于行"（《论语·里仁》）。孔子所说的"讱"与"讷"，不单是指表达上的吞吞吐吐，而是告诫弟子言语上要谨慎谦卑，把谦恭作为自觉的修养要求。如实反映、呈现内心的真实状态，即是所谓"坦诚"。《周易》中孚卦说："中孚，豚鱼吉。""信发于中，谓之中孚。鱼者，虫之隐

---

[1]　《周易正义》，孔颖达疏，北京大学出版社 2000 年版，第 94 页。

微。豚者，兽之微贱。人主内有诚信，则虽微隐之物，信皆及矣。莫不得所而获吉，故曰'豚鱼吉'。"①中孚是内心诚信的意思，这里的"中"指内心，"孚"指诚信。在古代，最隆重的祭品是牛、羊、猪三牲齐备的太牢，用小猪小鱼为祭品，则属于薄祭。但祭祀者只要心中怀有诚信，则即使用很薄的祭品，也能感通神灵。因此，内心诚信，虚心待物，这是符合天道的。《中庸》说："诚者，天之道也；诚之者，人之道也。诚者不勉而中，不思而得，从容中道，圣人也。"朱熹注解："诚者，真实无妄之谓，天理之本然也。"②可以看出，诚是内外相符、表里如一，不矫揉造作、不妄自菲薄，心如是想，口如是言，身如是做。"自欺"、"欺人"则是不诚的表现。社会经济的迅速发展，使得现时代的人更容易取得前人难以企及的成就，各种相对的成功接踵而至，往往会让人产生浮躁、骄傲的心理。因此，谦恭坦诚的品格也就愈发显得重要。从根本上来说，谦恭坦诚体现的是一种人格。拥有此种品性的人，在修养上方能达到身心和谐自在。

如果说谦恭坦诚是君子应当具备的基本内心涵养，那么，自尊自律则是谦恭坦诚的外在呈现。自尊，就是要确立做人的尊严。"子曰：三军可夺帅也，匹夫不可夺志也。"（《论语·子罕》）正所谓士可杀不可辱。今天，似乎人在贬值，物在升值，而且人的尊严和人格极易遭到某种外在的践踏。但我们绝不能降低做人的水准、生活的追求，而是要在自尊中成就自我。所以说，自尊其实就是一种成人的追求。其中，对此一理想、信念和追求的践履依靠的不是他律，而是自律。自律，消极地来说就是自我节制、自我约束。颜渊问仁的时候，孔子答之以"克己复礼为仁"。在这里，克己就是自律，做到非礼勿视听言动就是自律。自律，积极地来说就是立足自身，挺立主体性。中国哲人在道德实践中非常重视主体的自觉。这也是君子与小人的区别之一，"君子求诸己，小人求诸人。"（《论语·卫灵公》）孔子强调反诸自身的内省。"见贤思齐，见不贤而内自省"（《论语·里

① 《周易正义》，孔颖达疏，北京大学出版社 2000 年版，第 284 页。
② 朱熹：《四书章句集注》，中华书局 1983 年版，第 31 页。

仁》），"见其过而内自讼"（《论语·公冶长》），最后达到心地坦然、不忧不惑的生活状态。自尊自律，说到底都是对自我做人做事的要求，是做人的尊严和做事的理念，此一理念古今中外概莫能外。

没有哪个时代像今天一样，个体之人获得了如此丰富的自由空间；但也没有哪个时代能和今天相比，个人需要承受如此大的生活负担与精神压力，生活的步伐显得紧张忙乱。生活所延展的空间似乎很大，而生命所感知的空间似乎又很狭窄。这种生活的感受和体验，铭刻的是个体人的孤独。我们需要一种舒展自由的生活理念、精神，使我们从这种紧张、忙碌的世俗生活中超拔出来。传统文化那种舒展、快乐的生活精神让我们意识到了生活的另一个向度，即生活可以过得很悠然从容、自由快乐。上面，我们已经从孔子的生活情趣中感受到了舒展快乐的生活理念。其实，身心舒展也即自由。自由，直接说来就是由自，顺着自己的自然本性去生活。这一舒展自由的生活理念，意味着人们可以从各种感官享受和繁杂事务中超拔出来，按照生命本性去自由自在地生活。无论在任何时代和社会，人的生活都必须表现意义，成就价值，彰显从容。我想，当下的时代需要这样一种"谦恭坦诚、自尊自律和舒展自由"的生活理念。

主要参考文献

1. 《马克思恩格斯文集》第 1—10 卷，人民出版社 2009 年版。

2. 《马克思恩格斯选集》第 1—4 卷，人民出版社 1995 年版。

3. 《马克思恩格斯全集》第 1、2、3、42、46 卷，人民出版社 1979 年版。

4. 《马克思恩格斯全集》第 1、3、30 卷，人民出版社 1995 年版。

5. 马克思：《1844 年经济学哲学手稿》，人民出版社 2000 年版。

6. 黑格尔：《精神现象学》，贺麟、王玖兴译，商务印书馆 1982 年版。

7. 黑格尔：《小逻辑》，贺麟译，商务印书馆 1980 年版。

8. 柏拉图：《柏拉图对话集》，王太庆译，商务印书馆 2004 年版。

9. 卡西尔：《人论》，甘阳译，上海译文出版社 1985 年版。

10. 奥伊肯：《生活的意义与价值》，万以译，上海译文出版社 1997 年版。

11. 奥伊肯：《新人生哲学要义》，张源等译，中国城市出版社 2002 年版。

12. 雅斯贝斯：《时代的精神状况》，王德峰译，上海译文出版社 1997 年版。

13. 韦伯：《新教伦理与资本主义精神》，于晓、陈维钢等译，生活·读书·新知三联书店 1987 年版。

14. 马尔库塞：《单向度的人》，刘继译，上海译文出版社 2008 年版。

15. 《海德格尔选集》，孙周兴译，生活·读书·新知三联书店 1996 年版。

16. 海德格尔：《存在与时间》（修订本），陈嘉映、王庆节译，生活·读书·新知三联书店 2006 年版。

17. 萨缪尔·亨廷顿：《文明的冲突》，周琪等译，新华出版社 1997 年版。

18. 亚里士多德：《尼各马可伦理学》，廖申白译注，商务印书馆 2003 年版。

19. 麦金太尔：《德性之后》，龚群等译，中国社会科学出版社 1995 年版。

20. 斯宾格勒：《西方的没落》，张兰平译，陕西人民出版社 2008 年版。

21. 托尼：《宗教与资本主义的兴起》，赵月瑟等译，上海译文出版社 2006 年版。

22. 罗蒂：《偶然、反讽与团结》，徐文瑞译，商务印书馆 2003 年版。

23. 罗蒂：《哲学和自然之镜》，李幼蒸译，商务印书馆 1981 年版。

24. 哈贝马斯：《现代性的哲学话语》，曹卫东等译，译林出版社 2004 年版。

25. 《王阳明全集》，上海古籍出版社 1992 年版。

26. 朱熹：《四书章句集注》，中华书局 1983 年版。

27. 《朱子语类》，中华书局 1994 年版。

28. 《梁漱溟全集》，山东人民出版社 2005 年版。

29. 冯友兰：《贞元六书》（上、下），华东师范大学出版社 1996 年版。

30. 徐复观：《中国人性论史（先秦篇）》，（台湾）商务印书馆 1990 年版。

31. 《牟宗三先生全集》，（台湾）联合报系文化基金会 2003 年版。

32. 《杜维明文集》，武汉出版社 2002 年版。

33. 《高清海哲学文存》（1—6 卷），吉林人民出版社 1997 年版。

34. 《高清海哲学文存·续编》（1—3 卷），黑龙江教育出版社 2004 年版。

35. 高清海：《找回失去的"哲学自我"》，北京师范大学出版社 2004 年版。

36. 高清海、胡海波、贺来：《人的"类"生命与"类"哲学》，吉林人民出版社 1998 年版。

37. 胡海波等：《哲学导论》，吉林文史出版社 2005 年版。

38. 陶德麟：《当代哲学前沿问题专题研究》，武汉大学出版社 1998 年版。

39. 李德顺：《价值论——一种主体性的研究》，中国人民大学出版社 2007 年版。

40. 孙正聿：《思想中的时代——当代哲学的理论自觉》，北京师范大学出版社 2004 年版。

索　引

K

L

M

后　记

　　本书是探讨当代中华民族精神生活及其生命精神的哲学著作。2008年我承担了国家社会科学基金一般项目"中华文化与中华民族共有精神家园的生命精神研究"，书中的主要内容是这一课题的结项成果。它既包含了我多年研究马克思主义哲学、中国传统哲学以及人类精神生活问题的学术观点与思想，同时也是我所带领的课题组共同研究的理论成果。

　　本书主要的学术追求是以生命观点的思维方式，立意于人的生命精神探索中华民族的精神生活与精神家园问题，在马克思主义哲学、中国传统哲学、西方哲学的学术背景以及当代人类发展的现代性问题的实践视域中，研究与论述当代人类的信仰与价值等精神性问题。按照这样的学术目标，我与课题组成员多次讨论本书写作的思路与内容，最后形成了本书的基本框架。

　　本书的写作历经五年时间，在构思与研究本书内容的过程中我曾撰写与发表了《中华民族精神家园的生命精神》等学术论文；在这些研究成果的基础上，我与崔秋锁教授、庞立生教授合作，在东北师范大学"尔雅东师——传统文化论坛"作了题为"追寻我们的精神家园"的专场学术报告；在这期间，在我为本科生开设的"哲学通论"、"哲学与人生"课程中，专门讲授了人的精神生命与生命精神、信仰与价值等专题，并于2010年在俄罗斯布里亚特国立大学、2011年在美国克莱蒙特(Claremont)大学城的国际学术研讨会上，就"中华文化的精神传统"作了学术演讲。这些研究经历及其思想探索都成为本书写作的基础，并经过凝练体现在本书的内容中。

　　虽然本书是近五年写成的，但就其思想形成的过程而言却与我此前许多年的求学与思考有关。我最初接触人类精神生活与精神生产问题是在 1984—1987 年攻读硕士学位期间，当时我师从东北师范大学马列教研部哲学教研室主任李树申教授研究历史唯物主义，主要研究的问题就是马克思主义哲学的精神生产理论。在李老师的指导下，我和我的同学系统研究了《德意志意识形态》等经典著作中关于精神生产的论述，并在中外通史的背景中研究人类精神生产发展的实践及其历史过程，撰写了几十万字的研究笔记。这些研究经历以及没有发表的习作可以视为思想的启蒙。回想起这段难忘的学习与研究历程，从内心里感恩于 2006 年故去的李树申老师。

我于 1992—1996 年在吉林大学哲学系师从高清海先生攻读哲学博士学位，一直在先生指导下研究人与哲学的问题，直至 2004 年先生辞世。高清海先生是具有自觉的民族精神和人类性意识的思想者，以哲学的方式关注与研究当代人类发展的重要问题是他终极的哲学追求。作为马克思主义哲学家，他对马克思主义哲学、中国哲学、西方哲学都进行了深入的探讨，研究了诸如"马克思主义哲学实践观点的思维方式"、"中国传统哲学的特质及其人类性价值"、"人的'类生命'与'类哲学'"等重要问题。在这些研究及其思想中，他通过哲学思想的理论方式，思考着中国人的命运与人类的未来，从当代中国以及世界的社会历史逻辑上，关注当代中国人与社会发展的重大问题。他的哲学思想深入到人的命运与人类的未来性问题之中。在他看来，哲学之于人来说，是人真正成为人的思想理论和自觉意识。哲学的研究应该思考何种问题，并不是哲学本身的需要，而是人的生成、发展与完善的需要。人发展到何种程度，人的生命遇到何种问题，人就需要怎样的哲学思想，哲学思想史其实就是人性生成与完善的人类生命自我意识的历史。先生在病重之后多次讲到这样的思想：哲学没有普遍的思想标准和绝对的理论形态。哲学总是处于具体生活境遇中的人们对自身生命问题的思想，哲学是有个性的人类文化。中国人要思考和理解自己的生命问题，不应该跟在西方哲学的后面，更不应该把西方哲学当作自己的哲学来思考自己的问题，只有属于自己的思想和理论，才能思考民族性和人类性的生命问题。在这个意义上，走向未来的中国人迫切需要自己的哲学理论，如果当代中国人长期没有自己的哲学理论，就与中华民族的悠久文化历史以及大国地位极不相称。在中国当前哲学研究的主要任务是创造属于中华民族自己的哲学。先生的这些思想对我的影响是深刻的，是我确立本书的思想主题、研究思路以及思维方式的重要思想前提。在这个意义上，本书的学术观点与思想方法，主要是我学习与发挥恩师高清海先生哲学思想的结果。

本书的基本思想和观点是由我确立的，书中的内容是由我和课题组成员合作写成的。东北师范大学马克思主义学部哲学院的崔秋锁教授（第六章）、庞立生教授（第二章）、魏书胜教授（第七章）、荆雨教授（第四章）、杨淑静副教授（第三章）、李守利副教授（第五章）都发挥了他们的专长，出色地完成了他们各自承担的写作内容，使书稿在丰富性上大为增色。我承担引论、第一章、第八章的写作任务，以及本书的修改、定稿工作。

我的研究生曲波、马军海、范萍、王一阔、吕其镁、张楠等同学也在本书写作的过程当中，参与了学习与讨论，并协助我完成了第八章的写作，以及大量的校阅工作。

本书书稿完成后，作为国家社会科学基金项目的结项成果通过了全国哲学社会科学规划办公室的结项评审，并按照评审专家的评审意见对全书作了认真修改。

东北师范大学马克思主义学部李忠军部长推荐并资助本书在人民出版社出版，人民出版社的编辑钟金铃博士为本书的出版精心编阅，提出了许多重要而细致的修改意见。

是为后记。

胡海波

2013 年 9 月 30 日于东北师范大学

责任编辑：钟金铃
装帧设计：汪　莹

图书在版编目（CIP）数据

中华民族精神家园的生命精神研究／胡海波 等　著．
－北京：人民出版社，2015.6
ISBN 978－7－01－014690－4

I.①中…　II.①胡…　III.①中华民族－民族精神－研究　IV.① C955.2

中国版本图书馆 CIP 数据核字（2015）第 056220 号

中华民族精神家园的生命精神研究
ZHONGHUAMINZU JINGSHEN JIAYUAN DE SHENGMING JINGSHEN YANJIU

胡海波 等　著

人民出版社 出版发行
（100706　北京市东城区隆福寺街 99 号）

环球印刷（北京）有限公司印刷　新华书店经销

2015 年 6 月第 1 版　2015 年 6 月北京第 1 次印刷
开本：710 毫米 × 1000 毫米 1/16　印张：21
字数：290 千字　印数：0,001－2,000 册

ISBN 978－7－01－014690－4　定价：48.00 元

邮购地址 100706　北京市东城区隆福寺街 99 号
人民东方图书销售中心　电话（010）65250042　65289539